对外经济贸易大学
优秀学术研究成果集萃
2011—2020年

对外经济贸易大学科研处◎编

对外经济贸易大学出版社
University of International Business and Economics Press

图书在版编目（CIP）数据

对外经济贸易大学优秀学术研究成果集萃：2011—2020年 / 对外经济贸易大学科研处编. -- 北京：对外经济贸易大学出版社，2021.8

ISBN 978-7-5663-2315-6

Ⅰ. ①对… Ⅱ. ①对… Ⅲ. ①对外贸易—学术研究—研究成果—汇编—中国— 2011—2020 Ⅳ. ①F752

中国版本图书馆 CIP 数据核字（2021）第 166702 号

对外经济贸易大学优秀学术研究成果集萃（2011—2020 年）

对外经济贸易大学科研处 **编**

责任编辑： 王延新

出版发行：对外经济贸易大学出版社
社　　址：北京市朝阳区惠新东街 10 号
网　　址：www. uibep. com
资源网址：www. uibepresources. com

邮政编码：100029
邮购电话：010-64492338
发行部电话：010-64492342
E-mail：uibep@ 126. com

成品尺寸：185mm×260mm
印　　张：17.5
字　　数：319 千字
ISBN 978-7-5663-2315-6

印　　刷：北京博海升彩色印刷有限公司
版　　次：2021 年 8 月北京第 1 版
印　　次：2021 年 8 月第 1 次印刷
定　　价：120.00 元

编委会名单

序

2021年，我们伟大的中国共产党迎来了百年华诞，对外经济贸易大学迎来了建校70周年庆典。在这美好的日子里，学校决定出版《对外经济贸易大学优秀学术研究成果集萃（2011—2020年）》，以记录贸大科研事业繁荣发展的历程，正当其时，十分必要。

当今世界正面临百年未有之大变局，我国经济正处在转变发展方式、优化经济结构、转换增长动力的攻关期。教育的基础性、先导性、全局性地位和作用更加凸显。对外经济贸易大学因贸易强国而生，因对外开放而兴，具有鲜明的国际合作办学特色和强大的服务国家国际贸易战略能力。10年来，贸大把握历史契机，主动融入国家发展大局，科研工作取得了令人振奋的成绩。《对外经济贸易大学优秀学术研究成果集萃（2011—2020年）》即是贸大科研能力提升的集中体现。全书记录了近10年在对外经济贸易大学默默奉献、辛勤耕耘的几代学者的勤奋与智慧，他们为提高贸大学术声誉所作出的杰出贡献，将被贸大历史永远铭记。

加快“双一流”建设需要高质量的科学研究。科学研究作为高校的重要职能，是高校前行的首要驱动力。时代是思想之母，实践是理论之源，高质量的科学研究要与历史同步伐、与时代共命运，才能赢得光明的未来。贸大坚持科研兴校，立足首都，服务国家，面向世界，瞄准学科前沿，解决重大现实问题，体现科学研究的中国特色、中国气派，基本形成了特色鲜明的开放型经济学科群。学科群是否具有显著的影响力，其中重要的指标就是学科带头人以及相应的高质量科研成果。

非常高兴的是，本书收集了贸大10年来各个学科涌现出来的学术带头人和他们具有代表性的学术成果。当然，贸大的学科带头人远不止于此，优秀科研成果也远不止于此。正是一代代学科带头人的拼搏奋斗、勇于创新，对外经济贸易大学的人才培养和学科建设才能行稳致远。

历史记录着奋斗的辉煌，也指引着未来的方向。70年来，贸大学者坚守初心、执着笃行，在国家需求的引领下栉风沐雨、薪火相传，已使贸大发展成为一所特色鲜明的“双一流”高校。新形势下，我国面临一系列新问题和新挑战，对贸大科学研究提出新的更高要求。我认为，对外经济贸易大学更要发挥自身优势，不忘初心，牢记使命，紧紧围绕党和国家重大战略，时刻准备应对重大挑战、抵御重大风险、克服重大阻力、解决重大矛盾，深度参与“一带一路”倡议、贸易强国建设，深度参与北京“四个中心”、京津冀一体化建设，深度参与国际经贸规则制定，不断提升服务国家战略能力，不断增强国际学术话语权，在构建新发展格局中贡献新的更大力量。

学史明志，鉴往知来。前辈们的努力是我们继续前行的基础，希望《对外经济贸易大学优秀学术研究成果集萃（2011—2020年）》更是对后来人的鞭策和激励。衷心感谢所有为《对外经济贸易大学优秀学术研究成果集萃（2011—2020年）》的编纂作出贡献的同仁！

夏文斌

2021年7月

前 言

2011—2020 年，我国哲学社会科学迎来了大繁荣、大发展的新阶段。党和国家出台了一系列有力举措，加快构建中国特色哲学社会科学。特别是在 2016 年 5 月 17 日，习近平总书记在哲学社会科学工作座谈会上的讲话，提出“着力构建中国特色哲学社会科学，在指导思想、学科体系、学术体系、话语体系等方面充分体现中国特色、中国风格、中国气派”。10 年间，我校响应号召、抓住机遇、顺势而为、继往开来，认真贯彻落实习近平总书记重要指示批示精神，加快党和国家政策落地，学校“双一流”建设取得阶段性成绩，科研管理规范化、制度化、信息化水平不断提高，全校师生的积极性和科研能力显著提升，我校科研事业发展实现了从数量到质量的大踏步前进。

我校科研处自 1989 年 12 月成立以来，科研管理队伍不断壮大、管理服务水平不断提升，全体科研管理工作者不忘初心、以校为荣、砥砺奋进、开拓创新。30 年来，科研管理工作者见证了我校科研事业的成长壮大，陪伴每一位学者走过艰辛而快乐的研究历程，分享了师生在科研道路的点点滴滴。科研管理已经走过 30 多年，我们将永远保持昂扬的奋斗精神，以“功成不必在我，功成必定有我”的信念，不断推进我校科研管理工作迈上新的台阶。

值此庆祝中国共产党成立 100 周年、对外经济贸易大学建校 70 周年之际，总结回顾我校科研工作的发展历程，把握科研历史规律，增强开拓前进的勇气和力量，科研处特别编写了《对外经济贸易大学优秀学术研究成果集萃（2011—2020 年）》，向党的生日献礼，向校庆献礼，向长期以来在我校教学科研一线辛勤工作、甘于奉献的学者致敬！

科研处及相关单位共同梳理了我校10年来所获得的各级各类科研奖励，从中精选出能够反映我校10年学术水平和科研实力的获奖成果。入选本书的，均为教育部高校科学研究优秀成果奖（人文社会科学）、北京市哲学社会科学优秀成果奖、商务部全国商务发展研究成果奖、“安子介国际贸易研究奖”等高层次省部级科研奖励。

本书的编辑过程，得到校领导、获奖成果入选作者、各学院主管领导和科研秘书、校庆办、图书馆以及出版社的大力支持与帮助。在此，对他们的关心和付出表示诚挚的感谢！

因水平有限、时间紧张，如有疏漏之处，敬请批评指正。

对外经济贸易大学科研处

2021年7月

目录

2011—2012年

2013—2014 年

2015—2016年

2017—2018 年

2019—2020 年

2011—2012 年

成果名称　《中国企业研发国际化：动因、结构和趋势》

作　　者　杨震宁　等

奖项名称　全国商务发展研究成果奖

获奖等级　二等奖

获奖时间　2011 年

作者简介

杨震宁　1976 年 10 月生，男，对外经济贸易大学国际商学院技术经济及管理学系教授，博士研究生导师，学系主任。2009 年 7 月，毕业于清华大学经济管理学院创新创业与战略系，获管理学博士学位，研究方向为创新战略、创业管理等。2014—2015 年，在法国高等商学院（HEC PARIS）企业战略学系做访问学者。担任清华大学全球产业研究院特约研究员、中国技术经济学会常务理事。主持国家社会科学基金一般项目、教育部人文社会科学基金规划项目和青年项目、北京市社会科学基金一般项目和多项国家科学技术部委托专项研究课题。两次获全国商务发展研究成果奖和欧洲管理发展基金会杰出博士研究奖。在《管理世界》《南开管理评论》《科研管理》《科学学研究》等国内权威期刊和国际期刊 *Journal of Business Research* 等发表论文 80 余篇，出版两部专著和国家级教材（《创业管理》，财政部“十三五”规划教材）。为本科、研究生等不同层次学生开设课程，两次获对外经济贸易大学优秀研究生导师称号，多次获教学和科研类表彰，取得了丰硕的研究成果。

成果简介

随着中国对外开放的深入和中国企业自身实力的不断增强，越来越多的中国企业开始利用海外科技资源进行自主研发或在海外进行国际化研发。20 世纪 90 年代初，上海的一些企业逐步到发达国家设立研发型企业，如上海复华实业股份有限公司于 1991 年 2 月与日本国际协力机构合资成立上海中和软件有限公司，同时在东京成立研发公司——中和软件株式会社东京支社等，成为中国海外研发投资的先驱。90 年代中后期之后，中国大量海外 R&D（Research and Development，研究与开发）投资集中在家电和 IT（Information Technology，信息技术）等行业，高新技术领域逐渐成为中国企业海外研发投资国际化的重点。同时，利用经济全球化为企业带来的重大机遇，中国企业在全球配置资源和进行资源布局，将我国比较优势与海外资源结合起来，使其成为进行技术创新和谋求发展的新渠道。本研究在文献回顾、调查访谈和跨案例研究的基础上，进行企业的调查访谈并根据“目的性”抽样和竞争性解释的原则，选取典型的中国企业进行跨案例研究，挖掘中国企业研发国际化过程的动因、结构特点和发展趋势，总结经验并分析存在的问题，进而提出鼓励高技术企业进行研发国际化的政策性建议。

成果名称 《国际碳关税发展趋势析论》

作　　者 蓝庆新

奖项名称 全国商务发展研究成果奖

获奖等级 二等奖

获奖时间 2011 年

作者简介

蓝庆新 1976 年 1 月生，男，本科、硕士、博士均就读于南开大学经济学院，获产业经济学博士学位。2005 年入职对外经济贸易大学，2006 年破格晋升为副研究员，2011 年晋升为研究员，2012 年获聘博士生导师。现为对外经济贸易大学长三角贸易研究院（筹）院长兼国际经济贸易学院副院长，《国际商务》杂志执行主编，北京市宣传文化系统“四个一批”人才，国家社会科学基金“一带一路”重大专项首席专家。主持国家社会科学 / 自然科学基金、教育部人文社会科学研究项目、北京市社会科学 / 自然科学基金及其他课题 40 余项。出版专著多部，在国内外刊物发表论文 80 余篇，20 多篇研究报告获中央领导和省部级政府部门批示或采纳。曾获教育部高等学校科学研究优秀成果奖（人文社会科学）、商务部全国商务发展研究成果奖、北京市哲学社会科学优秀成果奖等。主要成果有《我国银行业支持企业“走出去”研究》《基于“钻石模型”的中国数字贸易国际竞争力实证研究》等。

成果简介

发达国家为争夺低碳经济时代的主导权，以保护世界环境为由，大力推动对高耗能进口产品征收特别二氧化碳排放关税，目标直指以中国为代表的新兴经济体国家。作为世界低碳经济时代的新命题，正确认识碳关税问题的发展规律，剖析其本质，评价其对世界经济以及中国经贸发展的影响并提出应对策略，是十分紧迫和必要的。本成果采用普遍性与特殊性相结合的研究方法，从发达国家和发展中国家在碳关税实施问题上的主张和博弈、碳关税实施的内容和形式、碳关税可能实施的步骤和范围等角度分析了碳关税的发展趋势，并揭开现象看本质，剖析了发达国家鼓吹碳关税的意图和实质，进而从贸易、产业和宏观经济角度评价了碳关税可能对世界以及中国的影响，提出国内应对措施和国际反制措施相结合的策略框架。充分认识碳关税的发展趋势、实质和影响，有助于明晰后危机时代世界经济的发展动向和规律，对推动世界经济与政治研究，促进我国经济发展有较强的理论意义；同时，从产业、贸易、国民经济角度系统评价碳关税对以我国为代表的发展中国家的影响并提出相应对策，也对实现我国商务的健康可持续发展、获得更多低碳国际话语权、捍卫国际商务利益具有较强的参考价值。在低碳发展模式成为国际发展潮流的今天，未雨绸缪，综合评估碳关税的影响并提出可操作性对策是我国商务领域不可回避的研究重点。本成果正是这一研究重点的集中体现。

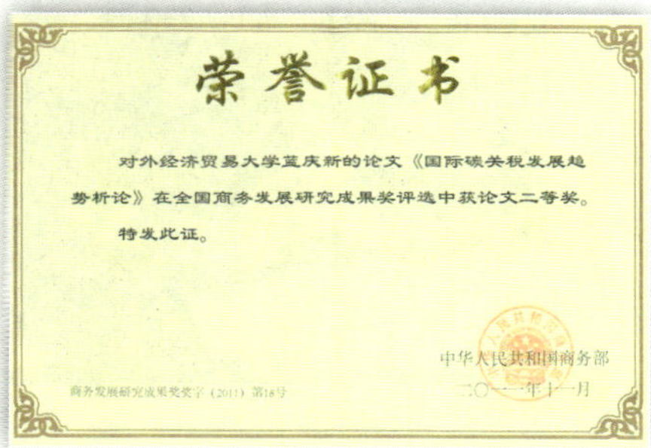

荣誉证书

对外经济贸易大学蓝庆新的论文《国际碳关税发展趋势析论》在全国商务发展研究成果奖评选中获论文二等奖。

特发此证。

中华人民共和国商务部

二〇一一年十一月

商务发展研究成果奖奖字（2011）第18号

成果名称　《WTO体制下文化政策措施的困境与出路——基于“中美出版物和视听产品案”的思考》

作　　者　陈卫东　石静霞

奖项名称　全国商务发展研究成果奖

获奖等级　三等奖

获奖时间　2011年

作者简介

陈卫东　1976年1月生，男，对外经济贸易大学法学院教授。2002年，毕业于武汉大学法学院国际法系，获法学博士学位。2016年1月—2018年6月，任对外经济贸易大学法学院领导班子成员、副院长。主要从事国际法、世界贸易组织法、国际私法的教学和研究。主持国家社会科学基金和省部级课题多项，出版专著两部。在*Journal of World Trade*和《法商研究》《法学评论》《法学》等国内外学术期刊发表论文30余篇，其中多篇被中国人民大学《复印报刊资料》全文转载。多次获省部级学术研究奖励。学术兼职包括中国法学会世界贸易组织法研究会常务理事、中国欧洲学会欧洲法研究会常务理事、中国国际经济法学会理事、中国法学教育研究会理事等。在国际贸易法理论、规则和案例研究方面有较为丰富的前期成果，在国内处于研究前沿。2009—2010年，受国家留学基金资助，在瑞士日内瓦国际与发展高级研究院从事访问学者研究。2019—2020年，受中美富布莱特项目资助，在哈佛大学法学院从事访问学者研究。

成果简介

本成果认为，文化产品具有文化和经济的双重属性。世界贸易组织（WTO）成员对于是否应在 WTO 体制中给予文化产品特殊待遇的问题持不同态度。在 WTO 现行规则中，并不存在给予文化产品特殊待遇的条款。在“中美出版物和视听产品案”中，专家组和上诉机构虽然回避了文化产品在 WTO 现行体制下是否具有特殊性的问题，但通过否定中国关于产品分类问题和援引《关税及贸易总协定》（GATT）第 20 条（a）项公共道德例外条款的主张，进一步否定了文化产品在 WTO 现行体制下具有特殊性和可能享有的文化例外待遇。可见，在 WTO 现行规则中，文化产品的文化价值属性未能得到足够的重视；只有经过适当的法律协调和相关成员的长期努力，才有可能使文化产品在 WTO 体制中享有一定的特殊待遇。本成果被《中国法学》《中外法学》等期刊论文引用 52 次，在国内同类主题文献中具有较大影响。

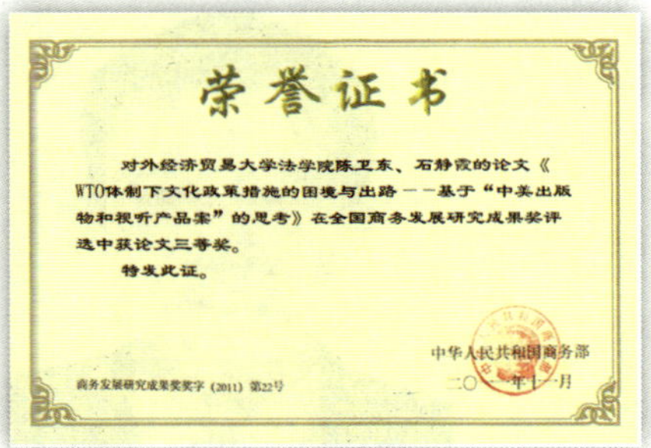
荣誉证书

对外经济贸易大学法学院陈卫东、石静霞的论文《WTO体制下文化政策措施的困境与出路——基于“中美出版物和视听产品案”的思考》在全国商务发展研究成果奖评选中获论文三等奖。

特发此证。

中华人民共和国商务部

二〇一一年十一月

商务发展研究成果奖奖字（2011）第22号

成果名称　《WTO主要成员贸易政策体系与对策研究》

作　　者　张汉林　等

奖项名称　全国商务发展研究成果奖

获奖等级　三等奖

获奖时间　2011年

作者简介

张汉林　1964年4月生，男，经济学博士，教授。1991—2013年，在对外经济贸易大学工作。1994—1999年，攻读经济学博士。1999年，破格晋升为教授。2000年，被评为博士生导师。1999—2002年，到学校科研处主持工作。2002—2013年，任对外经济贸易大学中国WTO研究院院长。研究专长为世界经济、国际贸易理论与政策、WTO、服务贸易等。在国内外刊物发表学术论文200余篇，先后主持近30项国家级、省部级课题，撰写、主编并出版了20多部有影响的专著和译著。多次获“安子介国际贸易研究奖”、北京市哲学社会科学优秀成果奖、中国高校人文社会科学优秀成果奖、司法部法学优秀科研成果奖、全国商务发展研究成果奖。1998年，获全国第六届霍英东青年教师教育基金奖。1999年，入选国家“百千万人才工程”。2000年，被教育部评为全国高等院校跨世纪优秀人才。2008年，被评为国务院享受政府特殊津贴专家。

成 果 简 介

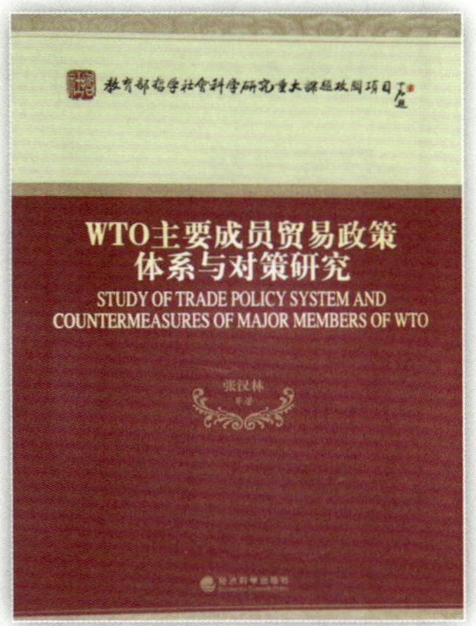

本成果从经济学、政治学、法学等多个角度，对 WTO 主要成员以及中国主要贸易伙伴的贸易政策体系进行综合、系统的研究，深入剖析 WTO 主要成员贸易政策体系的形成、运行及影响，并对中国的贸易政策及相关对策的制定和执行提出政策建议。

成果共十一章。第一章导论，建立了一个完善的贸易政策问题的分析框架。第二章对 WTO 多哈回合谈判中各议题的谈判及进展进行了深入剖析，指出 WTO 体制促进国际贸易自由化发展，进而促进国际贸易迅速发展。第三章详细分析了区域贸易体制的发展与趋势以及区域贸易体制与 WTO 多边体制的互动关系。第四章分析了 WTO 对成员贸易政策形成影响的传导机制及成员贸易体系的变革。第五章利用政治经济学方法分析了不同利益集团对贸易政策形成的影响机制。第六章主要介绍了美国、欧盟、日本、印度等 WTO 成员的贸易政策体系。第七章分别分析了美国、欧盟、日本、印度等主要成员贸易政策体系对其宏观经济、产业发展、微观经济主体的影响。第八章指出影响中国对外贸易的主要因素，并用 GTAP（Global Trade Analysis Project，全球贸易分析模型）分析中国货物贸易政策措施组合。第九章提出货物贸易政策、服务贸易政策、与贸易有关的投资政策、与贸易有关的知识产权政策改革与完善的建议。第十章着重分析了美国、欧盟、日本、印度等主要成员的贸易摩擦与预警机制，贸易摩擦与争端解决机制。第十一章分别从货物贸易、服务贸易、外资等几个方面提出监测与贸易摩擦预警机制。

成果名称 《我国外贸企业出口技能的识别与排序》

作　　者 林桂军　冷柏军　周　婷

奖项名称 全国商务发展研究成果奖

获奖等级 三等奖

获奖时间 2011 年

作者简介

林桂军　1959 年 6 月生，男，教授，博士生导师，享受国务院政府特殊津贴专家，曾任对外经济贸易大学副校长。1978 年，考入北京对外贸易学院（现对外经济贸易大学）攻读五年制国际贸易专业本科。1983 年 9 月—1985 年 7 月，在北京外贸学院攻读国际贸易专业硕士研究生。1985 年 9 月—1987 年 5 月，就读加拿大卡尔顿大学，获经济学硕士学位。1995 年，获对外经济贸易大学经济学博士学位。主要从事国际贸易、外汇政策和福利经济学等方面的研究，是国内外最早将定量分析应用于中国外贸政策研究的学者之一。在 *Review of International Economics, China Economic Review* 和《世界经济》《财贸经济》《金融研究》等国内外期刊上发表多篇高质量的论文。在 *China and Asia: Economic and Financial Integrations* 中所发表的论文 *A decade flow of funds in China*：*1995—2006* 被国际著名杂志 *Economist* 专题报道。

成果简介

本成果共分九章。第一章主要给出了本研究的选题背景和现实意义、研究问题的界定及原创性。第二章从理论和实证两个角度对国外出口技能的研究成果进行回顾和总结。出口技能作为企业竞争优势的来源之一，能够促进企业出口绩效的提高，对于企业的成功出口具有重要作用。然而，不同的企业性质、出口发展状况以及不同地区的外贸企业，对出口技能学习的重视程度也不同。同时，实证研究发现，许多国家的企业普遍存在缺乏出口技能的状况，这已成为企业开拓出口市场的重大障碍。因此，许多学者致力于识别企业成功出口所需要的重要技能并对技能的重要性进行排序，为开展我国的有关研究奠定了良好的基础。第三章构建了出口技能识别与排序理论关联模型和指标体系，且按照专业技能类别进行出口技能定义，并介绍了本次调研的实施情况。第四章至第八章是本报告的实证研究部分。第九章根据上述实证分析结果，初步设计了“出口技能识别与能力定位模式”（六个维度、七大专业技能模块和四个能力级别），并对提高我国国际贸易人才出口技能水平提出了有关建议。

成果名称　《航空物流与国际贸易的关系：基于中国的实证研究》

作　　者　王　强　等

奖项名称　全国商务发展研究成果奖

获奖等级　优秀奖

获奖时间　2011年

作者简介

王强　1966年2月生，男，香港城市大学博士，教授，博士生导师，对外经济贸易大学副校长。享受国务院政府特殊津贴专家。入选国家"百千万人才工程"，同时被授予"有突出贡献中青年专家"。国家社会科学基金重大项目首席专家。研究领域为物流与供应链管理、运输经济学等。在国内外重要学术刊物上发表论文数十篇，主持多项省部级以上科研项目，包括国家社会科学基金重大项目1项。多项研究成果获省部级以上奖励；其中，教育部高等学校科学研究优秀成果奖（人文社会科学）3项，全国商务发展研究成果奖1项，北京市哲学社会科学优秀成果奖2项。多项研究成果被国务院、教育部、国家社科规划办等部门采纳。

成果简介

本成果基于我国 1952—2007 年的相关数据，利用计量经济学方法，对航空货运、国际贸易和 GDP（国内生产总值）之间的长期和短期动态关系进行了实证分析，发现它们之间存在长期的稳定关系，互为因果、相互影响、相互促进、共同发展。根据时间序列模型的进一步分析表明，国际贸易的波动比经济的波动对航空货运的影响更大，而航空货运的冲击对国际贸易的影响比其对经济发展的影响更大。

本成果认为，我国需要大力发展航空物流，增加其对经济的推动作用。而要大力发展航空物流，需要做好以下三个方面的工作：一是加大航空物流基础设施投资，完善我国的航线网络；二是增强航空物流市场的竞争，放宽航空货运市场准入条件，完善国内航空货运价格体系，提高航空货运速度和服务质量，建立健全航空货运市场监管机制等；三是加大航空货运能力，对我国航空物流企业给予财政和政策的支持，鼓励其加大市场渗透和拓展，鼓励发展航空物流战略联盟等。

成果名称 《中国外资流入与外贸发展关系研究》

作　　者 庄芮　杨立强　等

获奖名称 全国商务发展研究成果奖

获奖等级 优秀奖

获奖时间 2011 年

作者简介

庄芮 1971 年 12 月生，女，2004 年中国人民大学毕业，获经济学博士学位；同年入对外经济贸易大学任教。现任对外经济贸易大学国家对外开放研究院党委书记、国际经济研究院副院长，教授，博士生导师。兼任商务部援外项目客座教授、《太平洋学报》编委。主要研究方向为国际区域经济合作、中国对外贸易等。在 CSSCI（南京大学《中文社会科学引文索引》）及外文学术期刊发表论文 60 余篇，出版著作 10 余部，承担省部级以上科研项目 60 余项。专著曾获北京市第九届哲学社会科学优秀成果著作二等奖。研究报告多次获全国商务发展研究成果奖等省部级以上奖项。智库要报多次获省部级以上政府机构采纳。多次被评为对外经济贸易大学优秀教师、优秀研究生导师。

杨立强 1977 年 10 月生，男，2006 年毕业于对外经济贸易大学国际经济贸易学院，获经济学博士学位。2020 年晋升为研究员。现任对外经济贸易大学国际经济研究院国际贸易研究室主任。在《统计研究》《世界经济》等国内外经管类期刊独立或合作发表学术论文 40 余篇，出版专著 3 部、合著 14 部，参编教材 9 部。主持国家社科基金项目 1 项、教育部人文社科基金项目 4 项。部分研究成果转化后，被《港澳研究之声》、北京市社科基金《成果要报》等内参采纳，报中央和北京市决策参考。获科研奖项多项。

成果简介

本成果将是我国对外开放的两大重要问题“利用外资”和“发展对外贸易”结合起来，在梳理国际直接投资与国际贸易之间的理论关系和实证关系前提下，依据我国 1979—2010 年的外资外贸数据，剖析和研究了我国外资流入与货物贸易发展之间的关系以及外资流入与服务贸易发展之间的关系，并对我国未来更好地利用外资、加快外贸发展方式转变从而进一步提高对外开放水平，提出了政策思路和建议。

该成果分为五章：国际直接投资与国际贸易的关系，中国的外资流入与外贸发展状况，外资流入与中国货物贸易的发展，外资流入与中国服务贸易的发展，外资与加快外贸发展方式转变。研究表明:（1）外资流入对我国货物贸易进口额和出口额的影响均为正；但两相比较，FDI（外商直接投资）流入带来的出口扩张效应要大于其进口扩张效应。（2）外资流入对我国货物贸易结构改善的推动作用，集中体现为“明显提升我国工业制成品的出口比重”和“推动我国机电产品尤其是高新技术产品出口”两个方面。（3）外资流入对我国服务贸易的促进作用主要表现在：制造业外资对服务贸易有“需求创造”作用，服务业外资对服务贸易有“能力外溢”作用，跨国公司服务外包有“竞争激励 + 连带外溢”作用。（4）后危机时代，我国外贸政策要重点解决由贸易大国向贸易强国转变、由中低端制造业中心向高中低端全面发展的世界制造业中心转变的问题；同时，引进外资政策需要兼顾“引”和“导”。

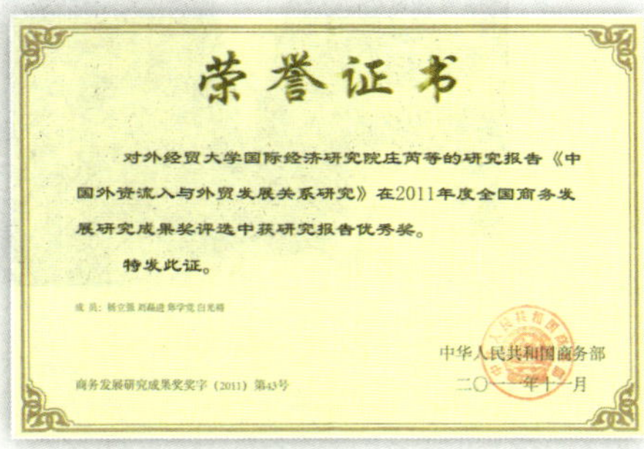
荣誉证书

对外经贸大学国际经济研究院庄芮等的研究报告《中国外资流入与外贸发展关系研究》在2011年度全国商务发展研究成果奖评选中获研究报告优秀奖。

特发此证。

中华人民共和国商务部
二〇一一年十一月

商务发展研究成果奖奖字（2011）第43号

成果名称 《欧盟贸易政策体系与互利共赢的中欧经贸关系》

作　　者 李计广

奖项名称 全国商务发展研究成果奖

获奖等级 优秀奖

获奖时间 2011年

作者简介

李计广 1981年2月生，男，经济学博士，研究员，博士生导师，国家社科基金重大项目首席专家。现任对外经济贸易大学国际经济研究院院长助理、全球经济治理研究室主任。国家社科基金决策咨询点主任。主要研究领域为全球贸易治理、国际贸易政策等。2014年，被破格晋升为研究员。

出版学术著作10余部，在CSSCI核心期刊发表学术论文50余篇，提交高水平研究报告20余篇。先后主持国家社科基金重大项目1项、国家社科基金一般项目2项、教育部人文社科研究项目2项，参与国家级和省部级研究项目20余项。7项研究成果获省部级以上奖励。

现任中宣部全国社科工作办国情调研专家组成员，中国社会科学院亚太与全球战略研究院职称评定委员会委员，中国社会科学院信息情报研究院学术委员会委员，国家开发银行专家咨询委员会委员，《国际经济评论》《统计研究》等学术期刊审稿人，中央人民广播电台、《北京日报》等媒体特约评论员。

成果简介

本成果的主要内容和特色之处在于：

第一，围绕内部贸易政策和对外贸易政策两条主线展开，详细阐释了欧盟特殊的、复杂的贸易政策体系。欧盟不仅有统一的对外贸易政策，其成员之间尚存部分贸易政策，需要把两者结合起来。

第二，欧盟贸易政策的决策过程非常复杂，通过一个政策决策的三层次博弈框架，分析欧盟的贸易政策决策问题；既有一般的框架分析，也有具体领域的具体分析。

第三，与时俱进地研究欧盟贸易政策的新进展。在经济全球化的背景下，贸易政策已不再局限于传统的边境措施，而是延伸到国内贸易政策领域。本成果反映了《里斯本条约》后欧盟贸易政策的范围、工具、决策制度、执行情况等方面的新进展。

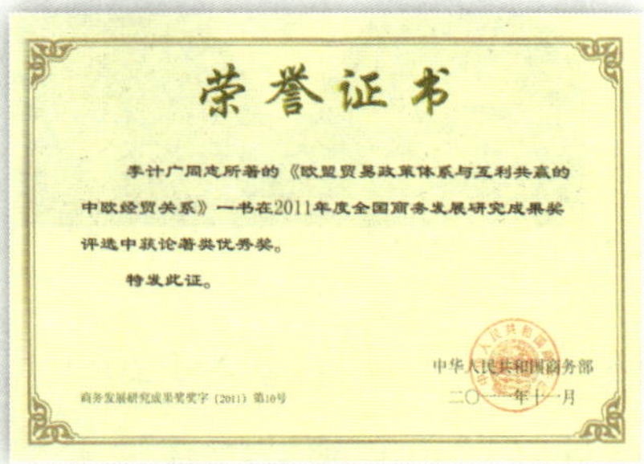

第四，从“大国优势论”的视角对欧盟的贸易政策进行绩效分析和评估，探索欧盟贸易政策与“大国优势”之间的关系及其实现路径。这有助于我国系统整合对内和对外贸易政策，实现我国的“大国优势”。

第五，在总结欧盟贸易政策体系特点的基础上，提出了中国在单边、双边、区域、多边的战略和政策构架，尤其是提出中国如何在 WTO 中实施务实共赢的战略，并基于国际政治经济考虑对发展中国家给予特殊的优惠性待遇。

成果名称 《后危机时代中国服务外包产业发展的机遇、挑战及路径选择》

作　　者 姜荣春　等

奖项名称 全国商务发展研究成果奖

获奖等级 优秀奖

获奖时间 2011 年

作者简介

姜荣春　1977 年 12 月生，女，对外经济贸易大学国际经济研究院副研究员，吉林大学管理学院工学学士、经济学硕士，中国社会科学院研究生院经济学博士，英国利兹大学商学院国家留学基金委公派访问学者，硕士研究生导师。兼任商务部《服务外包杂志》专家委员会委员、特约撰稿人。

主要从事开放型经济发展、服务外包与服务贸易、国际贸易与投资问题研究。以独立作者或第一作者获全国商务发展研究成果奖一等奖（2016、2017）及优秀奖（2011）、第二十届“安子介国际贸易研究奖”（2018）等多项外经贸研究领域权威学术奖励。曾受邀为中共中央党校求索网录制网络视频课“全方位构建开放型经济新体制：发展转型与规则重构”，讲解构建开放型经济新体制问题。

就世界经济调整、全球公共卫生治理、服务业扩大开放、服务外包与服务贸易、数字经济发展与开放型经济安全治理、“十四五”规划建议、国际消费城市建设等问题，向商务部、教育部、北京市政府等提交多部研究报告建言献策，部分观点、对策和建议得到重要领导肯定性批示，为相关决策部署提供了重要理论参考和学术支持。

成果简介

本成果全面分析了金融危机背景下国际服务外包产业新发展、新特征，系统梳理了中国服务外包产业的现状、趋势及主要问题，对后危机时代中国服务外包产业面临的机遇与挑战进行了预判与前瞻性思考，提出加快服务外包产业发展的战略选择与具体实现路径。成果指出，金融危机背景下，国际服务外包产业发展新趋势表现在大型外包合同交易额显著下滑、发展中国家和新兴市场赢得“逆势增长”新机遇、企业并购推动行业整合加快等方面。国际金融危机以来，中国服务外包产业主要特点有产业保持快速增长态势、在岸市场高速增长且离岸市场多元化加快、民营企业和外资企业占主体及本土企业份额上升、服务外包产业区域集聚效应显现和示范城市成为主要载体等。同时，也存在本土企业规模小、承接高端及综合项目能力不足、IT 支出占 GDP 比重低、国内市场发育不足、服务外包产业发展生态不成熟等问题。虽然全球服务外包市场萎缩、贸易保护主义兴起，但服务全球化趋势不会逆转，外包业务将加快向发展中国家、综合型业务、多元化领域、价值链高端转移。我们应科学、辩证地处理在岸市场与离岸市场的关系，既支持发展离岸业务，也推动国内市场加快形成；多措并举，推动产业发展从“成本导向”向“价值导向”转型升级；支持国际化进程，“引进来”与“走出去”并举；继续推进离岸市场多元化；全面优化服务外包产业生态环境。

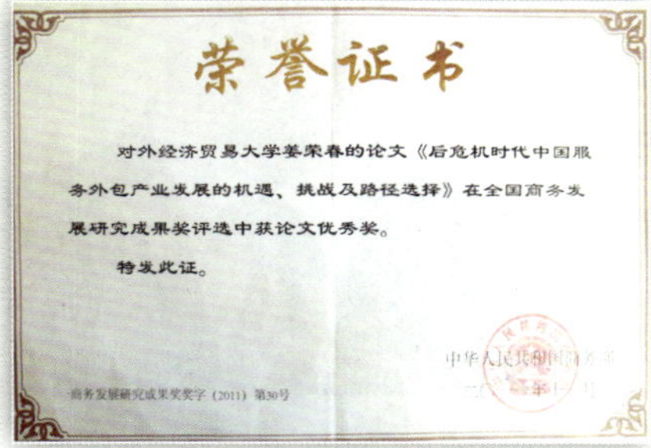
荣誉证书

对外经济贸易大学姜荣春的论文《后危机时代中国服务外包产业发展的机遇、挑战及路径选择》在全国商务发展研究成果奖评选中获论文优秀奖。

特发此证。

商务发展研究成果奖奖字（2011）第30号

成果名称 《流动性、生命周期与投资组合相异性——中国投资者行为调查实证分析》

作　　者 吴卫星　等

奖项名称 第九届全国优秀论文及调研报告评选（论文类）

获奖等级 二等奖

获奖时间 2011 年

作者简介

吴卫星　1974 年 10 月生，男，教授，博士生导师，现任对外经济贸易大学副校长。长期从事金融工程、资产定价、风险管理、家庭金融以及政府和社会资本合作等领域的研究。在 *American Economic Review*、*Management Science* 和《经济研究》《管理世界》等期刊发表学术论文百余篇，主编和参编著作十余部。论文和著作曾获第七届、第八届高等学校科学研究优秀成果奖（人文社会科学）著作论文奖，孙冶方金融创新奖论文奖（2018），全国商务发展研究成果奖（2019）等，入选国家发改委 PPP 专家库专家和财政部 PPP 专家库专家。主讲本科生课程有应用随机过程、资产定价原理、金融工程原理、金融风险定量分析和财富管理的科学等；主讲研究生课程有高级资本市场理论、高级金融经济学和金融中的最优化与数值计算等。2009 年，获评北京市优秀教师、首都教育先锋科技创新个人。2012 年，入选北京市社科理论“百人工程”。

成果简介

本成果主要从流动性和生命周期的角度研究中国居民家庭投资组合的影响因素，数据来自奥尔多投资咨询中心 2005 年所进行的“投资者行为调查”。采用 Probit 和 Tobit 模型对中国居民的股票市场参与和投资组合的影响因素进行分析，主要有以下实证发现：首先，不流动性资产特别是房地产的投资显著影响了投资者的股票市场参与和投资组合，而且影响以“替代”效应或者说“挤出”效应为主；其次，投资者在进行投资组合时，极少利用股票市场对其未来现金流所承担的风险进行对冲，也就是说，中国居民投资的“生命周期效应”不明显；最后，中国居民投资的“财富效应”非常显著，财富的增长既增加了居民参与股票市场的概率，也增加了居民参与股票市场的深度。本研究有两方面的政策含义：一是对政府发展房地产业和进行房地产价格调控有借鉴意义，二是对居民家庭使用金融市场进行生命周期消费平滑有参考价值。

成果名称　《企业财务质量与管理质量关系研究》

作　　者　张新民　钱爱民

奖项名称　北京市第十二届哲学社会科学优秀成果奖

获奖等级　一等奖

获奖时间　2012年

作者简介

张新民　1962年12月生，男，教授，博士生导师，对外经济贸易大学原副校长，教育部“新世纪优秀人才”支持计划获得者，北京市教学名师，享受国务院政府特殊津贴专家。1983年，毕业于北方工业大学，获工学学士学位。1989年，毕业于中国人民大学会计学系，获硕士学位。2001年，毕业于东北财经大学，获管理学博士。曾任全国MBA教育指导委员会委员，现任第八届国务院工商管理学科评议组成员。主要研究领域为企业财务分析、财务会计、企业财务状况质量分析等。近年来，在国内顶级期刊《管理世界》等发表数十篇具有广泛影响力的学术论文。出版多部学术专著、教材；其中，《从报表看企业》和《财务报表分析》已经成为分析中国企业财务报表分析的工具书。承担国家自然科学研究基金重大项目及面上项目，国家社会科学研究基金重点项目及一般项目，教育部、财政部和北京市研究课题多项；其中，“互联网时代的公司财务行为研究”项目为中国财经类高校首个国家自然科学研究基金重大课题。曾任多家著名上市公司独立董事和财务顾问。

成果简介

本研究是国家社会科学基金项目“企业财务质量与管理质量关系研究”（04BJY012）的成果，包括三部分内容。第一部分，是更加完善的企业财务质量分析理论，尤其是在新的企业会计准则条件下，对财务质量分析方法进行了研究与完善。第二部分，是对企业财务质量与管理质量关系进行的研究。第三部分，是运用上述理论进行的综合案例分析。企业财务质量是企业管理质量的综合反映，是企业管理质量货币形式的外在表现。通过对企业的财务质量进行较为深入且全面的分析与评价，可以从不同层面和不同方向透视企业的管理质量，并有助于企业适时发现管理中存在的问题和面临的困境，为管理决策提供较为充分的财务信息支持。本成果在研究的视角上，采用了财务分析与管理分析相结合的方法；在具体方法的运用上，采用了规范研究、案例研究与实证研究等。上述研究方法上的创新以及成果本身，对于学术界进一步开展财务领域与管理领域的交叉研究具有重要的借鉴价值。

成果名称　《统筹国内发展和对外开放：依据、内容与路径》

作　　者　桑百川　李玉梅　李计广　太　平　张军生　郑建明

奖项名称　北京市第十二届哲学社会科学优秀成果奖

获奖等级　一等奖

获奖时间　2012年

作者简介

桑百川　1966年2月生，男，对外经济贸易大学国际经济研究院院长，教授，博士生导师，享受国务院政府特殊津贴专家。国家社科基金重大项目首席专家，全国社科规划办决策咨询点首席专家，国家社科基金评审委员，中国商务部国际投资专家委员会委员，商务部“商务时评”专家，中央广播电视总台特约评论员，新华社特聘财经专家，中国贸促会特聘专家。出版专著20多部，发表学术论文360余篇。主持2项国家社科基金重大项目、50多项国家和省部级课题。12项研究成果获省部级以上学术奖励；其中，3次获“安子介国际贸易研究奖”，2次获全国外经贸研究成果奖，4次获全国商务发展研究成果奖，2次获北京市哲学社会科学优秀成果奖，1次获国家发改委优秀研究成果奖。多项研究成果获中央领导批示或被政府部门采纳。入选教育部“新世纪优秀人才”。获首都劳动奖章。

成果简介

本成果全面阐述了新时期统筹国内发展和对外开放的依据、统筹的核心内容、统筹的主要路径。第一，依据：我国进入新的发展阶段，全面建设小康社会的需要；改革开放进入新阶段的需要；在适应和参加经济全球化中，抓住主要战略机遇期、维护国家经济利益的需要；防范对外开放风险、应对挑战的需要。第二，主要内容：以开放促改革和发展；处理好内需和外需的关系；处理好技术引进和自主创新的关系；处理好开放和促进国内产业升级的关系；处理好开放与维护国家经济安全的关系；处理好对外开放与全面提升社会福利水平的关系。第三，基本路径：以国内经济社会发展需要为出发点，确立自主开放的思路和战略，确立新的发展观和开放观；在积极参加经济全球化和国际经济组织活动的同时，参照 WTO 规则和国际通行惯例，改革经济体制，调整政策法规，并在国际经济组织中发挥应有的作用；“引进来”和“走出去”相结合，扩大国内外市场需求；推动跨国经营与开放海外自然资源、矿产资源、能源相结合；利用跨国公司投资、吸引跨国公司技术转移，促进提高自主技术创新能力；鼓励外资并购，改善产业结构；利用外资，促进西部开发和区域经济协调发展；树立新的开放观，实现国民经济可持续发展。

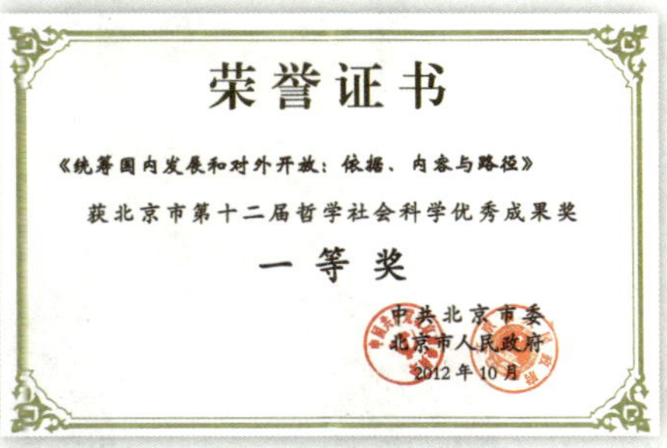

成果名称 《中国社会保障制度一体化研究》

作　　者 王国军

奖项名称 北京市第十二届哲学社会科学优秀成果奖

获奖等级 二等奖

获奖时间 2012年

作者简介

王国军 1970年6月生，男，对外经济贸易大学教授，博士生导师，校学术委员会委员，保险学院院长助理。北京大学保险与社会保障研究中心学术委员会委员，国家减灾委专家委员会专家，亚太保险学会常务理事，中国社会保险学会常务理事，中国保险学会自保专业委员会委员，中国保险协会农险专业委员会委员，中国保险行业风险评估专家委员会委员，北京市健康保障学会常务理事，南开大学农业保险研究中心学术委员会委员。研究领域为保险经济学、农业保险、社会保障等。《中国保险》编委及焦点专题栏目特约主持人。《保险研究》编委。主持完成3项国家社科和自科基金课题。学术成果获第十四届中国图书奖，北京市第八届、第十届哲学社会科学优秀成果一等奖，第十二届、十五届北京市哲学社会科学优秀成果二等奖。出版著作38部，在《经济研究》《战略与管理》等杂志发表学术论文100余篇。多次获对外经济贸易大学十佳优秀教师和十佳优秀研究生导师称号。

成果简介

本成果是国内第一部系统论述中国社会保障制度一体化建设的专著。当今世界，很多发达国家和发展中国家都已开始品尝社会保障制度碎片化的苦果，而中国的社会保障制度是一个典型的由若干补丁构成的碎片化网络。对于中国这样一个发展中的大国而言，碎片化的社会保障制度弊端重重：除造成社会不公和社会群体分割之外，还不利于人力资本的流动，导致户籍制度改革无法深入推进；社会保障在空间和时间上的财务互济和集中投资都难以实现。

本成果全面论述中国一体化社会保障的发展趋势和基本理念，梳理中国社会保障制度变迁的历史规律，借鉴其他国家社会保障制度一体化建设的经验和教训，设计出“多维度一体化”的社会保障制度发展框架，并对其中重点领域与关键环节、法律体系与技术措施进行了系统的论述。本成果是作者主持的国家自然科学基金项目“中国农村社会保障体系整体设计”、国家社会科学基金项目“中国城乡社会保障制度的比较与衔接”以及国家留学回国人员科研启动基金资助项目“农村社会保障制度的国际比较研究”的最终成果之一；是对外经济贸易大学首批学术著作出版资助项目；也是对外经济贸易大学“211 工程”三期重点学科建设资助项目；亦是第 13 批华夏英才基金支持出版的学术著作，列入华夏英才基金学术文库。

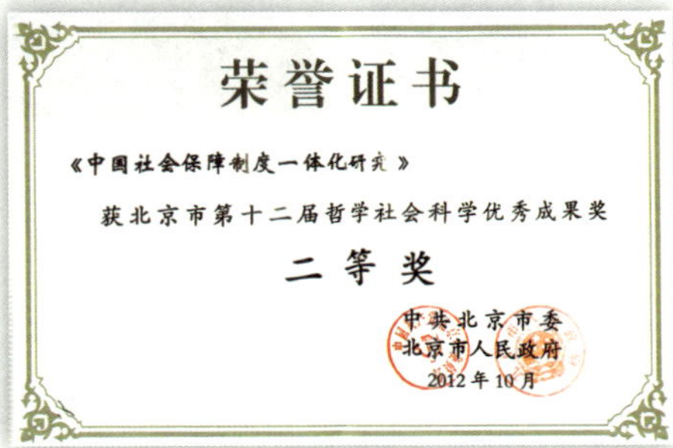

成果名称 《版权客体论》

作　　者 卢海君

所获奖项 2012年北京市第十二届哲学社会科学优秀成果奖二等奖
2017年第七届吴玉章人文社会科学奖一等奖［《版权客体论》（第二版）］

作者简介

卢海君 1980年6月生，男，法学博士。中南财经政法大学法学学士（2002.6）、法学硕士（2005.6）、法学博士（2008.6），牛津大学访问学者（2015.8—2016.8）。2008年至今，任教于对外经济贸易大学法学院，主要研究方向为知识产权法学等。在 *Queen Mary Journal of Intellectual Property* 等SSCI（美国《社会科学引文索引》）收录刊物上公开发表学术论文90余篇，多篇论文被《新华文摘》《中国社会科学文摘》《中国社会科学报》和中国人民大学《复印报刊资料》等转载。出版学术专著《版权客体论》（知识产权出版社2011年1月版）、《版权客体论》（第二版）（知识产权出版社2014年1月版）。主持完成科研项目多项。研究成果曾获2012年度北京市哲学社会科学优秀成果二等奖，第三届董必武青年法学成果奖提名奖，第五届董必武青年法学成果奖提名奖，2009年度全国知识产权类优秀博士论文评选第一名，湖北省优秀博士学位论文（第11批），“全国大学生版权征文”一等奖，中南财经政法大学2007—2008学年度校级优秀博士论文等。在版权客体制度领域的研究成果得到理论界和实务界的一致好评，产生了一定的影响。

成果简介

本成果围绕版权客体制度和版权集体管理制度展开，不仅有理论研究，而且有实践分析。主要回答了作品的本质及法律属性，指出作品的本质是一种表达形式，具体表现为意义符号的排列组合（例如作品的文本表达）以及能够被这些排列组合所直接限定的表达元素（例如作品的情节、结构、角色等）。整个作品表现为不应受版权保护的思想、应受版权保护的由作品的文本表达所能够直接限定的元素（例如作品的具体性结构）和应受版权保护的文本表达的三元结构。作品的原创性意指作者的创作行为创作出个性作品，强调的是作者的创作行为与作品之间的产出关系，并不评价创作成果是否满足特定标准。原创性是个有无问题、是个定性问题，而没有高低问题、并非定量问题。一般而言，只要存在创作自由，即可产生原创性成果。创造性、独特性、艺术价值、创作高度等，都与作品是否满足原创性要求无关。不仅如此，本成果还将上述对版权客体的认识应用到具体的司法实践中，解决了体育赛事节目的著作权法地位、单字形体的著作权法地位、著作权法中不受保护的“时事新闻”的内涵及教材教辅著作权争议等，对相关领域的立法、司法、执法以及理论研究产生了积极影响。

成果名称　《转轨时期农民工就业歧视问题研究》

作　　者　李长安

奖项名称　北京市第十二届哲学社会科学优秀成果奖

获奖等级　二等奖

获奖时间　2012 年

作者简介

李长安　1969 年 9 月生，男，对外经济贸易大学政府管理学院教授，博士生导师，管理学博士，中国社会科学院经济研究所博士后，美国纽约州立大学布法罗分校、意大利马切拉塔大学访问学者，对外经济贸易大学国家对外开放研究院、北京对外开放研究院研究员，中国劳动经济学会常务理事，中国劳动学会劳动教育分会常务理事，中国劳动学会劳动力市场分会副会长，北京青年研究会副会长，主要研究方向为宏观经济与劳动经济学。主持或作为主要成员参与国家社科基金重大重点项目、国家自然科学基金项目、教育部人文社科项目十多项，发表学术论文百余篇。撰写成果要报和内参报告多篇，获国家领导人批示和部委领导肯定。兼任多家媒体的财经专栏作家和特约撰稿人。

成果简介

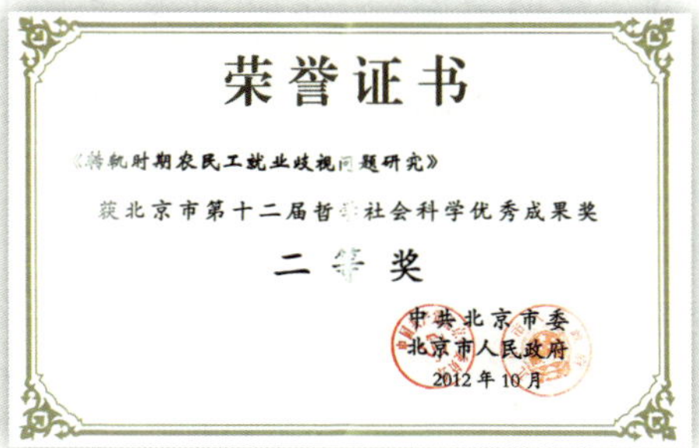

本成果认为，农民工就业歧视已经成为“和谐社会”最不和谐的现象之一。本研究结果表明，在农民工与城镇职工的收入差距中，存在明显的不能由个人特征差异解释的歧视性部分。在导致对农民工就业歧视的诸多因素中，职业分割无疑是最主要的因素之一。城乡分割的户籍制度是其中最重要的制度性根源。人力资本差异是导致农民工与城镇职工职业分割与工资差距的主要原因之一。社会资本和人力资本共同影响着农民工就业歧视的广度和深度。农民工在遭受工资性歧视之外，还要受到社会保障缺失的困扰。此外，农民工的职业流动也比城镇职工频繁得多。农民工就业歧视不仅影响农民工自身，实际上也使他们的后代陷入被歧视的境地。农民工遭受的就业歧视不仅会给被歧视者带来经济上的损失和心理上的压力，最终也会给歧视者带来负面影响。进一步，歧视行为还会抑制整个国民经济的产出水平。因此，应从制度和体制机制方面，采取多种措施消除劳动力市场上对农民工的就业歧视，实现就业公平的目标。

成果名称 《中国企业国际化经营研究报告2010》

作　　者 林汉川　张新民　雷光勇　王铁栋　汪　洋　王分棉

奖项名称 北京市第十二届哲学社会科学优秀成果奖

获奖等级 二等奖

获奖时间 2012年

作者简介

林汉川　1949年2月生，男，对外经济贸易大学二级教授，经济学博士，博士生导师，享受国务院政府特殊津贴专家。原任对外经济贸易大学学术委员会副主任、学位委员会副主任、学科建设校长顾问，惠园特聘教授，中小企业研究中心主任、北京企业国际化经营研究基地首席专家；曾兼任中国工业经济学会副理事长、中国企业管理研究会常务理事，首都经济贸易大学、浙江工业大学、杭州电子科技大学特聘教授等。主持国家社科基金与国家自科基金项目13项；其中，作为首席负责人，完成国家社科基金重大项目2项、国家自科基金重点项目2项，教育部重大课题攻关项目1项。获省部级以上科研与教学奖励26项；其中（均为第一排名），教育部高等学校科学研究优秀成果奖（人文社会科学）2项、孙冶方经济科学奖1项、北京市哲学社会科学优秀成果奖一等奖3项、蒋一苇企业改革与发展学术基金优秀著作奖1项、国家级优秀教学成果二等奖1项以及北京市政府优秀教学成果一等奖2项。4篇研究报告得到中央及部委领导批示，4篇研究报告被国家社科规划办《成果要报》采用。出版专著、教材20多部。公开发表论文200多篇；其中，在《中国社会科学》《经济研究》《管理世界》等国家权威期刊发表80多篇，国外发表8篇。

成果简介

本成果是国内率先对每年度中国企业的海外发展现状及变化趋势、政策取向变化特征及趋势进行的系统评价与分析研究，对每年度中国企业海外发展中重要热点问题、典型企业案例展开的多方位跟踪分析与探索。该成果用大量有代表性的事实与数据，真实地分析与研究了我国企业国际化经营“由小变大、由弱变强”的转变机遇、战略、风险与路径，真实地分析与研究了我国培育一批具有国际竞争力大型跨国公司的战略与路径，具有强烈的创新性、针对性、时效性与前沿性，可为我国广大企业和相关部门制定企业国际化战略与路径提供重要的参考依据。本成果得到国家商务部外贸发展事务局、中国国际贸易学会、中国贸易促进委员会北京市分会、中国轻工工艺进出口商会、北京服务贸易协会、中国水利水电第二工程局、中石油集团、中石化集团、中粮集团、中国五矿公司、中国寰球工程公司等国家专业部门或学会（协会）及大型跨国公司（集团）的采用与好评，2013 年成为教育部哲学社会科学发展年度报告培育项目。

成果名称　《发展战略与经济增长》
作　　者　徐朝阳　等
奖项名称　北京市第十二届哲学社会科学优秀成果奖
获奖等级　二等奖
获奖时间　2012年

作者简介

徐朝阳　1978年4月生，男，就读于北京大学国家发展研究院，获博士学位。现任对外经济贸易大学国际经济贸易学院经济学教授、校学术委员会委员。主要从事经济增长理论、发展经济学与宏观经济学等方面的理论研究。主持多项国家级课题研究。国家社科基金重大项目“从制造向服务转型过程中二、三产业统筹协调发展的重大问题研究”首席专家。在《中国社会科学》《经济研究》《管理世界》《经济学（季刊）》等国内顶级经济学期刊发表学术论文10余篇。入选教育部“新世纪优秀人才”支持计划和北京市优秀青年人才计划。获北京市高校优秀共产党员、霍英东教育基金会全国高等院校青年教师奖等荣誉称号。

成果简介

本成果在一个两部门的新古典增长模型基础上，构筑了一个 Ramsey 问题模型，研究政府发展战略对于产业结构升级以及经济发展绩效的影响。结果表明，产业结构内生于要素禀赋结构且随要素禀赋结构的升级而升级。政府偏离要素禀赋结构优先发展重工业，虽在一定时期内，资本密集型产业有可能得到超前发展，但由于资源配置的扭曲，生产要素无法得到有效利用，经济剩余减少，资本积累速度进而经济发展速度甚至资本密集型产业的长远发展都会受到严重影响，最终阻碍该国人均收入水平向发达国家收敛。成果价值：第一，为研究当今世界各国的发展绩效和人均收入水平的巨大差距提供了一个全新的竞争性学说。根据主流增长理论，长期增长主要由技术进步驱动，而国际收入差距则由技术、物质资本和人力资本共同解释。本研究从落后国家的发展战略入手探讨该问题，为经济学界提供了新的视角和思路。第二，为产业政策有效性的学术争论提供了一个可供借鉴的研究思路。或许我们应该跳出产业政策“非对即错”的争论误区，把重点转移到对产业政策有效性的边界和适用性条件的研究上来。第三，在 Ramsey 问题的研究方法上做出重要改进。本研究不仅首次尝试使用该框架研究产业结构问题，还放弃了传统的 Ramsey 问题文献中仁慈政府的不合理假设。此外，在传统的 Ramsey 问题模型中，税收一般是线性的；而在本研究模型中，税收进入生产函数和效用函数，具有非线性特征。本研究模型在技术处理方面更具一般意义。

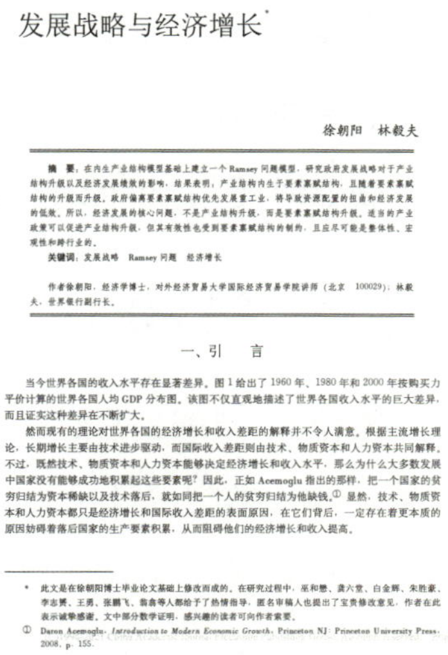

发展战略与经济增长*

徐朝阳　林毅夫

摘　要：在内生产业结构模型基础上建立一个 Ramsey 问题模型，研究政府发展战略对于产业结构升级以及经济发展绩效的影响。结果表明：产业结构内生于要素禀赋结构，且随着要素禀赋结构的升级而升级。政府偏离要素禀赋结构优先发展重工业，将导致资源配置的扭曲和经济发展的低效。所以，经济发展的核心问题，不是产业结构升级，而是要素禀赋结构升级。适当的产业政策可以促进产业结构升级，但其有效性也受到要素禀赋结构的制约，且应尽可能是整体性、宏观性和跨行业的。

关键词：发展战略　Ramsey 问题　经济增长

作者徐朝阳，经济学博士，对外经济贸易大学国际经济贸易学院讲师（北京　100029）；林毅夫，世界银行副行长。

一、引　言

当今世界各国的收入水平存在显著差异。图 1 给出了 1960 年、1980 年和 2000 年按购买力平价计算的世界各国人均 GDP 分布图。该图不仅直观地描述了世界各国收入水平的巨大差异，而且证实这种差异在不断扩大。

然而现有的理论对世界各国的经济增长和收入差距的解释并不令人满意。根据主流增长理论，长期增长主要由技术进步驱动，而国际收入差距则由技术、物质资本和人力资本共同解释。不过，既然技术、物质资本和人力资本能够决定经济增长和收入水平，那么为什么大多数发展中国家没有能够成功地积累起这些要素呢？因此，正如 Acemoglu 指出的那样，把一个国家的贫穷归结为资本稀缺以及技术落后，就如同把一个人的贫穷归结为他缺钱。① 显然，技术、物质资本和人力资本都只是经济增长和国际收入差距的表面原因，在它们背后，一定存在着更本质的原因妨碍着落后国家的生产要素积累，从而阻碍他们的经济增长和收入提高。

* 此文是在徐朝阳博士毕业论文基础上修改而成的。在研究过程中，巫和懋、龚六堂、白金辉、朱胜豪、李志赟、王勇、张鹏飞、翁翕等人都给予了热情指导，匿名审稿人也提出了宝贵修改意见，作者在此表示诚挚感谢。文中部分数学证明，感兴趣的读者可向作者索要。

① Daron Acemoglu, *Introduction to Modern Economic Growth*, Princeton NJ: Princeton University Press, 2008, p. 155.

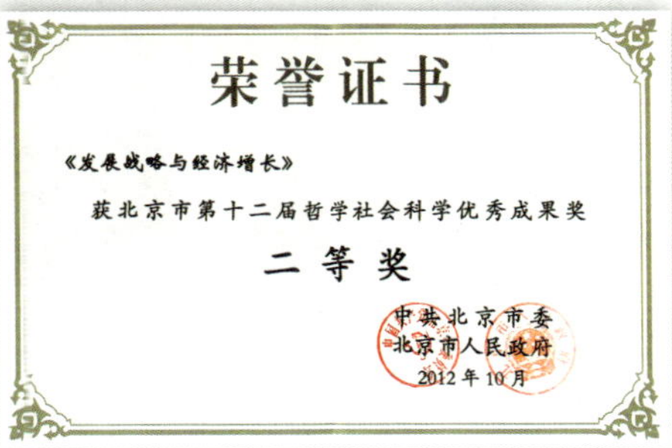

成果名称 《美国对华公共外交战略》

作　　者 檀有志

奖项名称 北京市第十二届哲学社会科学优秀成果奖

获奖等级 二等奖

获奖时间 2012 年

作者简介

檀有志 1981 年 1 月生，男，2008 年，北京大学国际关系学院外交学专业毕业，获博士学位；同年，入职对外经济贸易大学。2012 年，晋升为副教授。2016 年，晋升为教授。2018 年，获评博士生导师。曾任对外经济贸易大学国际关系学院国际政治经济学系主任、外交学系主任，现任英国利兹大学商务孔子学院中方院长。主要研究领域为公共外交、网络安全、全球治理、大国关系等。先后主持国家社科基金项目、北京市社科项目以及其他省部级课题多项，已出版学术专著两部并发表专业论文数十篇。入选第一批北京市高等学校“青年英才计划”并先后获得北京市第十二届哲学社会科学优秀成果奖二等奖、北京市第十四届哲学社会科学优秀成果奖一等奖。

成果简介

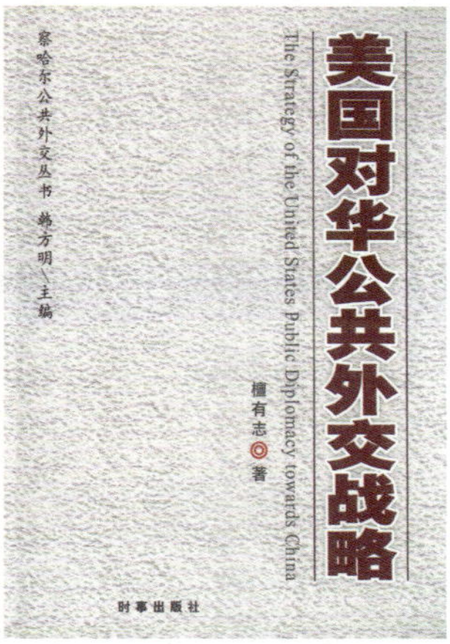

本成果以第二次世界大战以来美国对华公共外交战略为研究对象，紧紧围绕美国对华公共外交实际运作中，目标与效果之间的错位与调适这一核心线索展开广泛而深入的探究分析。大体遵循“概念理论系统梳理”“现状个案深度解析”“未来态势总体研判”这三层逻辑关系来确定基本的框架结构，绪论与结论之间分为三大部分，共计七章。在系统梳理力求厘清公共外交这一概念学理内涵的基础之上，紧扣美国对华公共外交战略的发展脉络，将最具代表性、最有影响力的典型个案进行详尽具体的扫描透析。借由对美国对华公共外交战略的学理认知，努力为构建中国的公共外交体系提供若干鉴戒。

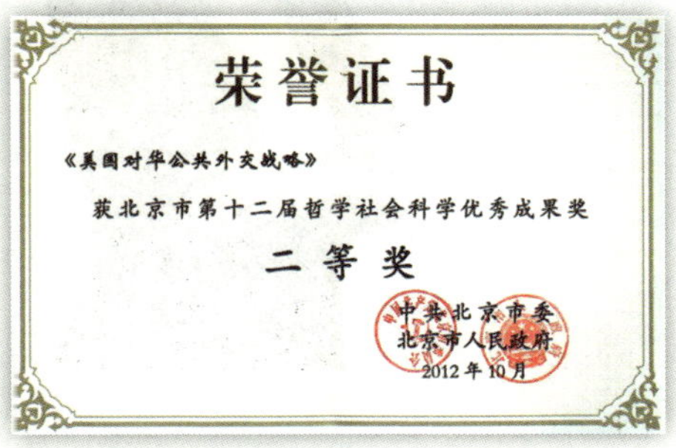

随着中美关系的起伏跌宕，美国对华公共外交战略呈现出较为明显的阶段性特征：从双向合作到单向输出，从恢复稳定到调整发展。交好之时，公共外交遍地开花；紧张之际，公共外交蓄势待发。可见，美国对华公共外交战略的调整转变与中美两国外交关系的整体状况十分紧密地联系在一起，反映出也受制于并最终服务于两国关系。有鉴于此，本研究追寻美国对华公共外交战略的发展轨迹，观其如何“相时而动”、析其怎样“因势而变”，助益中国在公共外交建设时“不走老路，少走弯路，开拓新路”，力争在较短的时间内以较快的速度提升和壮大中国开展公共外交的能力。

成果名称 *The 'Specificity' of Cultural Products versus the 'Generality' of Trade Obligations-Reflecting on 'China-Publications and Audiovisual' Products*

作　　者 石静霞　陈卫东

获奖名称 第十七届“安子介国际贸易研究奖”

获奖等级 优秀论文二等奖

获奖时间 2012 年

作者简介

石静霞　1970 年 8 月生，女，美国耶鲁大学法学硕士和博士，武汉大学国际经济法专业法学博士。主要研究领域为国际经济法等。在《中国社会科学》及 *Journal of World Trade* 等权威学术刊物上发表中英文学术论文数十篇，著有中英文专著 *Free Trade and Cultural Diversity in International Law* 及《WTO 服务贸易法》等。任第七届国务院学位办法学科评议组成员、教育部法学教育指导委员会委员、全国法律专业学位研究生教育指导委员会委员、最高人民法院国际商事专家委员会首批专家委员等。受中国政府推荐，当选罗马国际统一私法协会理事会成员。任世界银行投资争议解决中心调解员、国际破产协会董事会成员，曾任亚洲区域委员会首任共同主席等。担任多家英文法学刊物外部审稿人和多所国外法学院博士论文外审和答辩专家。获国家级、省部级奖项及荣誉称号数十项，包括第七届全国十大杰出青年法学家、教育部高等学校科学研究优秀成果奖（人文社会科学）等。主持国家社科基金重大重点项目，教育部、国务院学位办奖励基金项目，联合国教科文组织、世界银行、亚洲开发银行、国家开发银行、商务部课题等多项。中英文讲授《国际经济法》及前沿问题以及《世界贸易组织法》《国际服务贸易法》等。

成果简介

本成果第一部分为“引言”，从经济全球化背景下的文化与贸易间的冲突入手，扼要提出了论文的选题意义。第二部分，简要回顾了“中国出版物和视听产品案”的发生背景和案件进程。第三部分讨论在 WTO 争端解决中援引《文化多样性公约》的可能性及困难所在。在该案中，中国试图援引该公约来论证相关涉案措施在保护公共道德目标方面的重要性。第四部分分析了 GATT 第 20 条“公共道德例外”适用于文化产品的问题。第五部分阐述了文化产品的分类问题。第六部分探讨了界定文化产品“同类性”时，考虑文化因素的必要性与可行性。

第三至第六部分，是本成果的重点内容，分别研究了该案最核心的四个法律问题。

最后的“结论”部分指出，在协调文化保护与自由贸易之间的冲突方面，可以从“中国出版物和视听产品案”获得若干启示，特别是 WTO 成员需要在国内法和国际法层面上共同努力，解决全球化背景下自由贸易和文化多样性价值的冲突问题。

成果名称 *Southern Innovation and Reverse Knowledge Spillovers: A Dynamic FDI Model*

作　　者 何 茵 等

奖项名称 第十七届“安子介国际贸易研究奖”

获奖等级 优秀论文二等奖

获奖时间 2012 年

作者简介

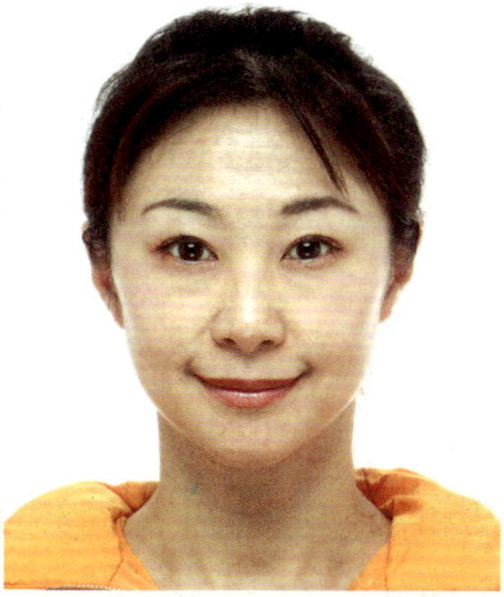

何 茵 1975 年 12 月生，女，1998 年，北京大学经济学院经济学系毕业，后赴美国科罗拉多大学（博德）经济系学习。2004 年，获经济学博士学位后，在北京大学经济研究中心（现北京大学国家发展研究院）担任助理教授。2008—2009 年，再赴美国科罗拉多大学（博德）访学。此后半年，在《财经》杂志社担任特邀经济学家。2009 年 9 月，进入对外经济贸易大学国际经济贸易学院。研究方向主要有国际贸易、直接投资、知识产权以及创新与经济增长的理论和实证研究。成果发表于国内外学术期刊，如 *International Economic Review*、*World Economy* 和《金融研究》《世界经济》等。曾获 2012 年第十七届“安子介国际贸易研究奖”论文二等奖。

成果简介

本成果首次在具有发达国家（北方）创新、发展中国家（南方）模仿、贸易和垂直型外商直接投资的动态模型中，纳入发展中国家的创新。重要结论之一是：只要发展中国家具有较强的学习、模仿和创新能力，同时，南方创新的技术和产品可为北方学习而用于进一步创新，对于世界而言，不仅高强度的知识产权保护可提高垂直型直接投资水平、世界知识创新和经济增长的速度，另一极端，比较弱的知识产权保护也可带来同样的效果。成果在理论上填补了动态模型框架下，贸易、直接投资和技术创新模型中尚未有人考虑的发展中国家创新和“反向技术溢出”空白。现实中，该成果对发展中国家的知识产权制度设置有重要的政策建议，即类似中国和韩国这样具有强大学习、模仿和一定创新能力的发展中国家，如希望致力于自主创新和技术积累，对知识产权保护的力度应保持在合适的中间水平。因为发展中国家的创新还不能完全依靠自己已有的技术，过强的知识产权保护力度虽可带来国外更多的先进产品和技术，但由于学习这些技术的成本高、知识产权保护提供的垄断利润高，而且更为简单的模仿性生产以及受雇于外商直接投资企业的劳动力多带来本国劳动力成本上升，本国创新反而会被抑制。该结论强有力地告诉欧美等发达国家，在发展中国家创新能力崛起的世界新形势下，继续要求南方实施强有力的知识产权保护不再合理，发展中国家可以也更应通过中等偏弱的知识产权保护实现促进自身发展和推动世界技术进步的双重目标。

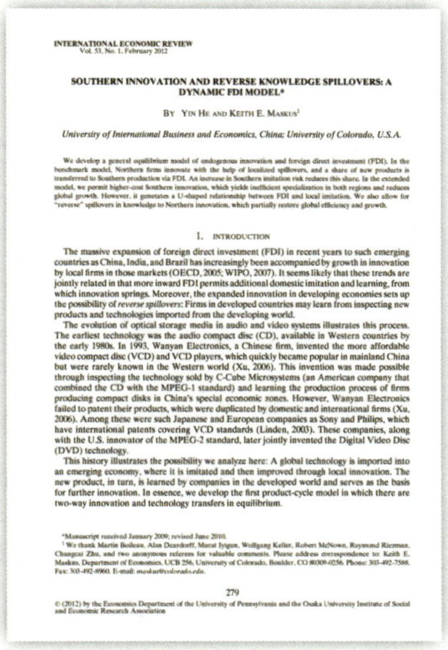

INTERNATIONAL ECONOMIC REVIEW
Vol. 53, No. 1, February 2012

SOUTHERN INNOVATION AND REVERSE KNOWLEDGE SPILLOVERS: A DYNAMIC FDI MODEL*

BY YIN HE AND KEITH E. MASKUS[1]

University of International Business and Economics, China; University of Colorado, U.S.A.

We develop a general equilibrium model of endogenous innovation and foreign direct investment (FDI). In the benchmark model, Northern firms innovate with the help of localized spillovers, and a share of new products is transferred to Southern production via FDI. An increase in Southern imitation risk reduces this share. In the extended model, we permit higher-cost Southern innovation, which yields inefficient specialization in both regions and reduces global growth. However, it generates a U-shaped relationship between FDI and local imitation. We also allow for "reverse" spillovers in knowledge to Northern innovation, which partially restore global efficiency and growth.

1. INTRODUCTION

The massive expansion of foreign direct investment (FDI) in recent years to such emerging countries as China, India, and Brazil has increasingly been accompanied by growth in innovation by local firms in those markets (OECD, 2005; WIPO, 2007). It seems likely that these trends are jointly related in that more inward FDI permits additional domestic imitation and learning, from which innovation springs. Moreover, the expanded innovation in developing economies sets up the possibility of *reverse spillovers*: Firms in developed countries may learn from inspecting new products and technologies imported from the developing world.

The evolution of optical storage media in audio and video systems illustrates this process. The earliest technology was the audio compact disc (CD), available in Western countries by the early 1980s. In 1993, Wanyan Electronics, a Chinese firm, invented the more affordable video compact disc (VCD) and VCD players, which quickly became popular in mainland China but were rarely known in the Western world (Xu, 2006). This invention was made possible through inspecting the technology sold by C-Cube Microsystems (an American company that combined the CD with the MPEG-1 standard) and learning the production process of firms producing compact disks in China's special economic zones. However, Wanyan Electronics failed to patent their products, which were duplicated by domestic and international firms (Xu, 2006). Among these were such Japanese and European companies as Sony and Philips, which have international patents covering VCD standards (Linden, 2003). These companies, along with the U.S. innovator of the MPEG-2 standard, later jointly invented the Digital Video Disc (DVD) technology.

This history illustrates the possibility we analyze here: A global technology is imported into an emerging economy, where it is imitated and then improved through local innovation. The new product, in turn, is learned by companies in the developed world and serves as the basis for further innovation. In essence, we develop the first product-cycle model in which there are two-way innovation and technology transfers in equilibrium.

*Manuscript received January 2009; revised June 2010.

[1] We thank Martin Boileau, Alan Deardorff, Murat Iyigun, Wolfgang Keller, Robert McNown, Raymond Riezman, Changcai Zhu, and two anonymous referees for valuable comments. Please address correspondence to: Keith E. Maskus, Department of Economics, UCB 256, University of Colorado, Boulder, CO 80309-0256. Phone: 303-492-7588. Fax: 303-492-8960. E-mail: *maskus@colorado.edu*.

279

© (2012) by the Economics Department of the University of Pennsylvania and the Osaka University Institute of Social and Economic Research Association

證 書

《Southern Innovation and Reverse Knowledge Spillovers: A Dynamic FDI Model》（何茵 Keith E. Maskus）荣获第十七届“安子介国际贸易研究奖”优秀论文二等奖

安子介国际贸易研究奖励金
委员会
二零一二年十二月

成果名称　《全球竞争政策——WTO框架下竞争政策议题研究》
作　　者　白树强
奖项名称　第十七届“安子介国际贸易研究奖”
获奖等级　优秀著作三等奖
获奖时间　2012年

作者简介

白树强　1958年7月生，男，对外经济贸易大学国际经济贸易学院教授，博士生导师。1982年，毕业于原北京对外贸易学院对外贸易管理系海关管理专业并留校任教。20世纪80—90年代，先后在美国休斯顿大学、南卡罗兰纳大学，澳大利亚国立大学做访问学者。在对外经济贸易大学获经济学博士学位。1995年，入选北京市社科战线跨世纪理论人才“百人工程”。1996年，当选为北京市高等教育中青年优秀骨干教师。2006—2007年，美国乔治敦大学法学院国际经济法研究中心客座研究员，富布赖特高级访问学者。自20世纪80年代初开始研究GATT/WTO问题，曾任国务院关税委员会专家咨询委员会委员、商务部世贸司专家组成员。2002年3月，作为中国常驻WTO代表团首批成员，被派往WTO总部工作，担任外交一等秘书。1995—1996年，被亚洲开发银行聘为法律顾问，负责外部审计（海关稽查）、风险管理、反商业欺诈等项目。主要著作有《GATT海关估价协议评注》（1993）、《海关估价概论》（1996）、《全球竞争论》（2000）、《WTO海关估价协议导读》（2002）、《全球竞争政策》（2011）、《互联网跨境数字化与关税征收》（2017）等，发表有关学术论文多篇。

成果简介

本成果论述竞争政策作为市场竞争规律和国家规制经济职能相互作用的产物，在传统贸易壁垒逐渐不再成为突出贸易障碍的今天，受到 WTO 成员的极大关注，协调贸易政策和竞争政策已经成为国际社会的共识。建立贸易与竞争政策多边协调机制仍然是大势所趋，而 WTO 应该是创建这一机制的最好场所。因此，对 WTO 贸易政策与竞争政策问题进行深入的研究，具有重大的理论和现实意义。

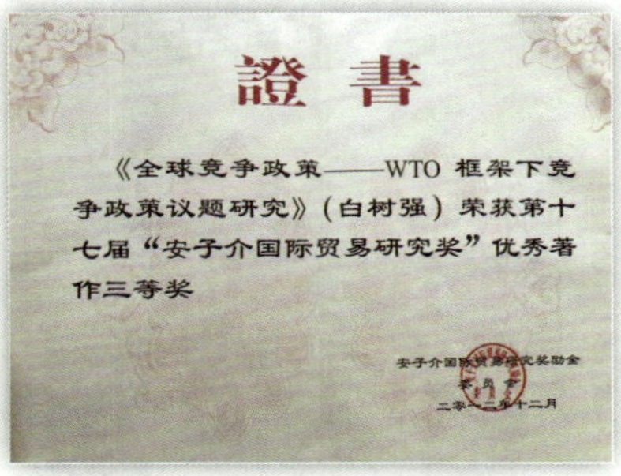

本成果是国内首部全面研究 WTO 框架下竞争政策问题的专著，在分析 WTO 主要成员关于竞争政策多边规则谈判基本立场的基础上，重点研究了制定国际竞争规则的途径选择，提出多边竞争政策议题谈判中需要特别关注的问题，对未来 WTO 框架下的竞争政策框架协议进行了设想。同时，还对 WTO 框架下中国竞争政策的定位与国际协调问题进行了探讨，为我国建立和完善竞争政策和法律制度提供有价值的理论参考依据。在我国打造市场化、法治化、国际化营商环境的探索过程中，本成果的基础性和前瞻性研究具有较大的实用价值和理论探讨意义。

成果名称 *Foreign Direct Investment and Wage Inequality: Evidence from China*

作　　者 陈志鸿　葛赢　等

奖项名称 第十七届“安子介国际贸易研究奖”

获奖等级 优秀论文三等奖

获奖时间 2012年

作者简介

陈志鸿 1975年6月生，女，对外经济贸易大学国际经济贸易学院数量经济学系教授。就读于南开大学数学学院，获概率论与数理统计学士学位，就读于美国波士顿学院，获经济学硕士和博士学位。美国哥伦比亚大学经济系访问学者。研究领域为计量经济学。目前的研究包括因子模型的理论及其在宏观预测中的应用、需求系统的估计以及相关的福利问题等。在*Journal of Econometrics*、*Canadian Journal of Economics*、*World Development*及《财经研究》《国际贸易问题》等中外学术期刊发表论文多篇，主持国家自然科学基金、教育部“新世纪人才”等研究项目。曾获中国留美经济学会邹至庄最佳学生论文奖、第十七届“安子介国际贸易研究奖”等奖项。

成果简介

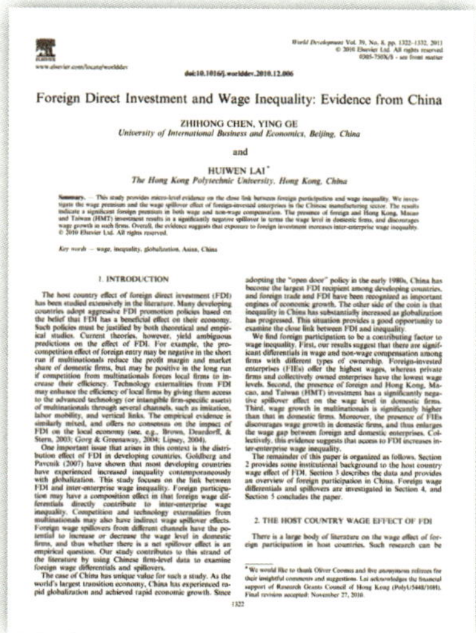
World Development Vol. 39, No. 8, pp. 1322–1332, 2011
© 2010 Elsevier Ltd. All rights reserved
0305-750X/$ - see front matter
www.elsevier.com/locate/worlddev
doi:10.1016/j.worlddev.2010.12.006

Foreign Direct Investment and Wage Inequality: Evidence from China

ZHIHONG CHEN, YING GE
University of International Business and Economics, Beijing, China
and
HUIWEN LAI *
The Hong Kong Polytechnic University, Hong Kong, China

Summary. — This study provides micro-level evidence on the close link between foreign participation and wage inequality. We investigate the wage premium and the wage spillover effect of foreign-invested enterprises in the Chinese manufacturing sector. The results indicate a significant foreign premium in both wage and non-wage compensation. The presence of foreign and Hong Kong, Macao and Taiwan (HMT) investment results in a significantly negative spillover in terms the wage level in domestic firms, and discourages wage growth in such firms. Overall, the evidence suggests that exposure to foreign investment increases inter-enterprise wage inequality.
© 2010 Elsevier Ltd. All rights reserved.

Key words — wage, inequality, globalization, Asian, China

1. INTRODUCTION

本成果论述国际贸易和外国直接投资对发展中国家收入分配的影响是个重要的课题。大多数发展中国家在加入经济全球化的进程中，都伴随着不平等的增加。而收入分配的公平正义，恰是我国目前重要的社会问题之一。本成果使用来自中国企业层面的微观数据，研究外国直接投资与中国不同所有制企业间工资不平等的关系，发现：（1）不同所有制企业在工资和其他非工资待遇上存在显著差异。外资企业工资水平最高，而私营企业和集体所有制企业工资水平最低。国有企业养老和健康保险、住房补贴、失业保险等非工资待遇最好，外资企业次之，而私营企业和集体所有制企业最差。（2）外资企业对本土企业工资水平有显著的负溢出效应。（3）外资企业工资增长显著高于本土企业工资增长，而且外资企业的存在抑制了本土企业工资增长，使得外资与本土企业收入分配差距进一步增加。当然，这样的不平等可以由政府通过各种政策进行调节和再分配，而不是在初次分配中搞平均主义。

成果创新：（1）相关研究主题文献大多使用汇总的宏观数据，而本成果使用公司层面的微观数据，在估计工资方程时能严格控制公司规模、劳动力质量、资本密集程度、所属行业等影响工资水平的其他因素的影响，因而能更准确地估计外资企业与其他企业的工资差距。（2）使用两位有时甚至精确到三位、四位的行业编码，侧重研究同一产业内不同所有制企业之间的不平等，视角更为微观。（3）不但研究工资的不平等，还研究养老和健康保险、住房补贴、失业保险等非工资待遇的不平等。

成果名称　《WTO服务贸易法专论》

作　　者　石静霞

获奖名称　第四届钱端升法学研究成果奖

获奖等级　三等奖

获奖时间　2012年

成果简介

本成果是关于国际服务贸易法律问题的专题论述，既包括对GATS（General Agreement on Trade in Services，《服务贸易总协定》）产生背景与促进贸易自由化价值的分析，也包括对服务贸易领域核心法律问题（如定义与范围、最惠国待遇、国民待遇、市场准入等）的深入阐述；既包括对GATS条文的理论释义，也包括对GATS案例中重点法律问题的评述；既包括中国在服务贸易领域相关承诺的分析，也包括对新一轮谈判中的主要议题及中国谈判立场的展望与探讨。

作为WTO法律制度中的新领域，服务贸易中的许多问题是需要深入研究的。本成果抓住了GATS基本规则中的核心及焦点问题进行探讨，对每一论题的剖析与研究均有相当深度而非泛泛之谈，是目前为数甚少对WTO服务贸易法律问题进行精深论述的著作之一，相关结论均能为读者提供新的思路和方法。

2013—2014 年

成果名称 《顾客创新论：全球竞争环境下“价值共创”之道》

作　　者 王永贵　等

奖项名称 第六届高等学校科学研究优秀成果奖（人文社会科学）

获奖等级 二等奖

获奖时间 2013年

作者简介

王永贵　1973年7月生，男，南开大学经济学学士、硕士和管理学博士，香港城市大学哲学博士（服务管理方向）。教授，博士生导师。曾任教于南开大学、南京大学。获霍英东青年基金和教育部“新世纪优秀人才”基金。美国西北大学凯洛格商学院富布赖特访问学者。中国市场学会常务理事、学术委员会委员，中国高校市场学研究会常务理事、学术委员会委员。担任《营销科学学报》等多本中外期刊主编或编委，国家自然科学和社会科学基金以及教育部人文社科项目评审专家，教育部学位与研究生教育评估专家。曾赴哈佛商学院访问进修。发表中英文论文百余篇，出版中文著作或教材近20部，翻译菲利普·科特勒《营销管理》（第13和14版）和彼得·德鲁克《管理：使命、责任与实务》等名著10余部。主持多项国家自然科学基金等国家级研究项目，获教育部和北京市等省部级奖励多项。研究方向为服务营销与国际营销、顾客行为与关系管理、价值创新与顾客创新等。

成果简介

本成果紧紧围绕顾客创新这一主题，立足于消费品和组织两个市场、个体顾客和组织顾客两个层面、制造业与服务业两个产业、供应商和顾客企业两个视角，深入而系统地剖析了顾客创新的动因、顾客创新的过程、驱动因素、绩效影响和具体的影响过程，揭示了供应商反应性的作用原理，构建并完善了适合中国特殊经济发展环境的“顾客创新和价值共创的理论框架与实施体系”。

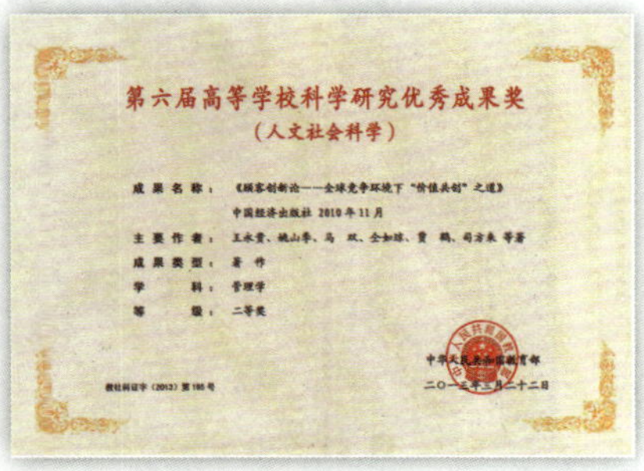

第一部分从阐述顾客创新现象入手，系统地回顾和梳理了顾客创新管理的相关研究；第二部分围绕着消费品市场的顾客创新展开了深入研究；第三部分分别以软件市场和服务业为例，对组织市场上的顾客创新进行了探讨。

作为国内第一部系统研究顾客创新的学术著作，在借鉴国际前沿研究成果和领先企业实践的基础上，本成果立足于我国企业的实情，率先对顾客创新管理的相关问题进行了系统而深入的理论探讨与实证研究，不仅反映了国内外营销、服务和创新管理等领域中的前沿问题，而且囊括了国内外企业在“价值共创”实践中所面临的关键问题，从而深化、拓展并丰富了国内外的相关研究。

成果名称 《关于"高校毕业生低收入聚居群体"（蚁族）的调研报告》

作　　者 廉思 等

奖项名称 第六届高等学校科学研究优秀成果奖（人文社会科学）

获奖等级 二等奖

获奖时间 2013年

作者简介

廉思 1980年6月生，男，对外经济贸易大学惠园特聘教授，博士生导师。法学博士，政治学博士后。美国芝加哥大学社会学系访问学者。中国新兴群体的瞭望者，首创"蚁族""工蜂""洄游""蜂鸟"等社会学概念，提出"拐点一代""战疫一代"等青年称谓。

国家"万人计划"哲学社会科学领军人才，首批青年拔尖人才，中宣部文化名家暨"四个一批"理论人才，教育部"新世纪优秀人才"，北京市高校首批"青年英才"。全国青联常委、中国青少年研究会副会长、中国青年志愿者协会副会长、中国社会学会青年社会学专委会副理事长、中国人才研究会青年人才专委会副理事长、国家中长期青年发展规划专家委员、国家保密战略专家咨询委员、中央社会主义学院统一战线高端智库特约研究员等。由其领衔的研究团队，以擅长田野调查著称，长期蛰居在不同群体中进行深度观察研究，具有对话各种身份、跨越学科分野的能力。发表学术论文百余篇，撰写的研究报告20余次得到中央领导同志的批示和高度重视。

成果简介

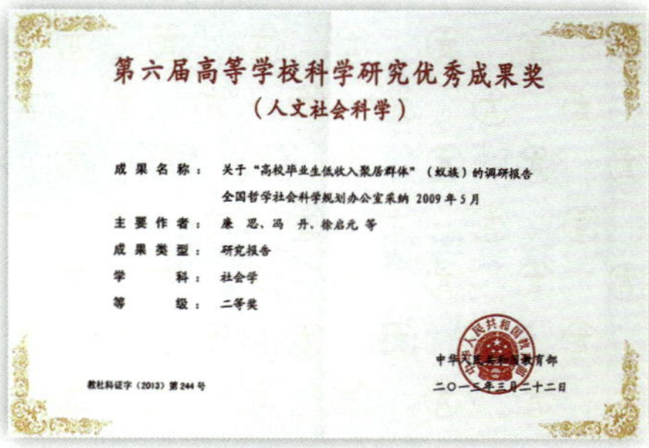

本成果论述：近年来，在我国的城市特别是大城市中，出现了一个以刚毕业大学生为主体的新群体——“高校毕业生低收入聚居群体”（别称“蚁族”）。该群体的出现折射出我国城市管理、大学生就业、社会分配制度、户籍管理制度、社会群体稳定等现实问题，特别是在高等教育持续扩招、城市管理日趋复杂、国际金融危机导致的就业形势严峻的大背景下，这一现象尤其值得关注。

本成果首次发现了“大学毕业生聚居”现象，第一次提出并定义了“蚁族”概念，采用立意抽样的方式，对这一群体的类型、生活状态、空间分布进行透视，剖析他们工作、学习、生活等方面的特点和规律，分析其心理特征与行为方式。本成果中的实证数据不仅丰富了我国青少年研究中底层青年的知识储备，而且对于研判大学生毕业后的集体行动具有重要的学术价值。本成果从现实环境与虚拟环境互动的角度探究“蚁族”群体的动员模式。该群体所持的知识资本，使其具有不同于一般流动人口的行动逻辑。由于现实生活中话语权的缺失，导致他们较少有向社会表达的机会。但是在虚拟环境中，对现代网络工具的熟练使用，使他们的心理特征和精神诉求得以更直接地表达。

本成果在 2009 年就预见性地研判出“蚁族”群体对社会稳定的冲击和影响，探索性地总结出“蚁族”群体的生存状况、家庭背景和思想倾向，提炼出一些能够解释和预测我国知识青年集体行动的关键要素，为更全面了解和更有效引导该群体提供了理论准备和政策参考。

成果名称 *The Impact of Information Technology on the Financial Performance of Third-party Logistics Firms in China*

作　　者 王 强　等

奖项名称 第六届高等学校科学研究优秀成果奖（人文社会科学）

获奖等级 三等奖

获奖时间 2013 年

成 果 简 介

本成果根据企业调研结果，对中国内地从事第三方物流服务企业（3PL）的信息技术战略进行研究，实证分析信息技术对企业经济绩效的作用，并对我国物流企业制定信息技术战略提供对策建议。主要内容：介绍研究背景和研究目的；对相关研究进行了总结和回顾；介绍理论基础、研究模型和方法；根据问卷调查数据，利用路径分析和样条回归模型分析本成果的研究模型、研究假设，并定量分析 IT 优势和 IT

Research paper

The impact of information technology on the financial performance of third-party logistics firms in China

第六届高等学校科学研究优秀成果奖
（人文社会科学）
成果名称：The Impact of Information Technology on the Financial Performance of Third-party Logistics Firms in China
Supply Chain Management: An International Journal
2008年3月第13卷第2期
成果类型：论 文
学　　科：管理学
等　　级：三等奖
二〇一三年三月二十二日

参与性与企业经济绩效之间的关系；对我国物流企业通过改进 IT 水平提高企业竞争力战略提供建议；总结并提出未来的研究方向。研究结论：（1）第三方物流企业的信息技术水平对企业的经济绩效有显著的正影响，IT 应用程度越高，企业获得的成功越大。因此，第三方物流企业应该从战略层面强调 IT 的重要性，投入必要的资源以改进 IT 水平。（2）当企业的 IT 战略和经营战略匹配时，IT 优势越大，第三方物流企业的经济效益越大。（3）IT 优势和 IT 参与性具有互补性。只有 IT 优势和 IT 参与性结合起来，第三方物流企业才能获得更大的经济效益。

成果名称 《贸易自由化、要素分布和制造业集聚》

作　　者 邓慧慧

奖项名称 第六届高等学校科学研究优秀成果奖（人文社会科学）

获奖等级 三等奖

获奖时间 2013 年

作者简介

邓慧慧 1984 年 10 月生，女，对外经济贸易大学国际经济研究院教授，博士生导师。中国人民大学经济学博士，日本东北大学公派联合培养博士，密歇根大学访问学者。曾获对外经济贸易大学杰出青年学者、优秀青年学者、科研标兵等荣誉称号。在区域与城市发展、产业经济等领域取得了较为显著的成绩，出版专著多部，在国内外权威期刊发表学术论文 30 余篇。论文和专著，先后获教育部高等学校科学研究优秀成果奖（人文社会科学）2 次、北京市哲学社会科学优秀成果奖二等奖 2 次（均排名第一）。主持完成国家自然科学基金面上项目、教育部人文社会科学基金项目和北京哲学社会科学重大项目等省部级课题 8 项。担任国家自然科学基金、北京自然科学基金、教育部学位中心通讯评审专家以及《经济研究》《中国工业经济》《经济学（季刊）》《世界经济》等权威期刊的匿名审稿人。近年来，在北京高质量发展和北京自贸试验区建设领域成果丰硕，多篇研究报告获北京市委市政府主要领导和中央部委批示或被采纳。

成果简介

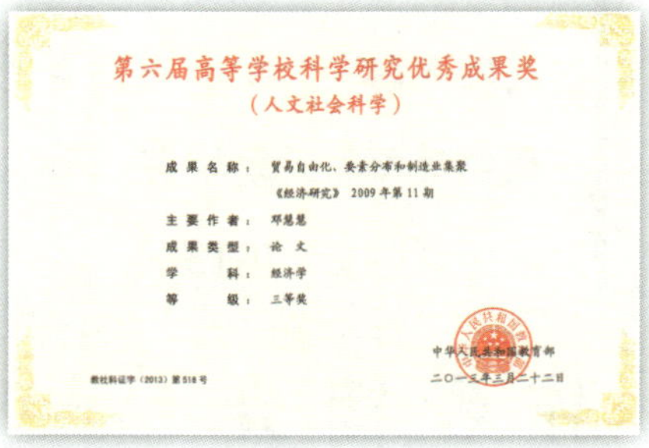
第六届高等学校科学研究优秀成果奖
（人文社会科学）
成果名称：贸易自由化、要素分布和制造业集聚
《经济研究》2009 年第 11 期
主要作者：邓慧慧
成果类型：论文
学　　科：经济学
等　　级：三等奖
中华人民共和国教育部
二〇一三年三月二十二日
教社科证字（2013）第 518 号

本成果以中国为背景，建立了一个新经济地理学框架下的多区域、多产业、多要素一般均衡模型，研究国际贸易自由化程度的变化以及一个发展中国家内部不同规模区域开放程度差异的变化对两种重要的生产要素——资本与劳动力分布的影响，进而讨论对国内制造业分布和贸易模式的影响。

基本观点：第一，当东部的贸易优势远大于中西部时，即使国内区域间贸易壁垒很强，资本和制造业仍然会向东部聚集，并且资本集聚的程度高于劳动力的集聚程度。第二，制造业中，资本、技术密集度的提高会强化制造业在东部的集聚。第三，制造业产业布局的趋势更多遵循需求和市场的分布而不是要素禀赋的分布，而贸易自由化使得资本和制造业在大国（区域）集聚的程度增强。

主要创新和学术价值：把转型经济的重要特征纳入开放经济下的空间模型，从三个方面对新经济地理学理论进行扩展和深入研究。第一，契合渐进式开放的现实，模型中区分了国内东部和中西部不同的外贸成本。第二，基于产业结构和出口结构的转型背景，重点讨论了要素密集度对产业分布的影响机制。第三，使用一维变量变化两步均衡分析方法，克服了非线性方程组通常不能得到二维变量同时变化的解析解的困难，对相关研究的处理方法提供了经验参考；对贸易保护主义盛行背景下，劳动力红利逐渐消失后的中国制造业生产和贸易的竞争优势来源和发展取向，也具有丰富、深刻的启示。

成果名称 *Telecommunications Universal Services in China:Making the Grade on A Harmonious Information Society*

作　　者 石静霞

获奖名称 第六届高等学校科学研究优秀成果奖（人文社会科学）

获奖等级 三等奖

获奖时间 2013 年

成果简介

JOURNAL OF TECHNOLOGY LAW & POLICY

VOLUME 13　JUNE 2008　NUMBER 1

ARTICLES

RESTRICTING FAIR USE TO SAVE THE NEWS: A PROPOSED CHANGE IN COPYRIGHT LAW TO BRING MORE PROFIT TO NEWS REPORTING　*Ryan T. Holte*

THE ETHICS OF LEGAL PROCESS OUTSOURCING—IS THE PRACTICE OF LAW A "NOBLE PROFESSION," OR IS IT JUST ANOTHER BUSINESS?　*Aaron R. Harmon*

KENTUCKY FRIED BLOG: HOW THE RECENT EJECTION OF A BLOGGER FROM THE COLLEGE WORLD SERIES RAISES NOVEL QUESTIONS ABOUT THE FIRST AMENDMENT, INTELLECTUAL PROPERTY, AND THE INTERSECTION OF LAW AND TECHNOLOGY IN THE 21ST CENTURY　*Christian J. Keeney*

TELECOMMUNICATIONS UNIVERSAL SERVICE IN CHINA: MAKING THE GRADE ON A HARMONIOUS INFORMATION SOCIETY　*Jingxia Shi*

CASE NOTE

MICROSOFT CORP. v. AT&T CORP.: AMPUTATING THE LONG ARM OF PATENT LAW WITH REGARD TO SOFTWARE PATENTS, 127 S. Ct. 1746 (2007)　*G. Matthew Brockway*

UNIVERSITY OF FLORIDA LEVIN COLLEGE OF LAW

本成果篇章结构：围绕建立电信领域的普遍服务问题进行论证，分为引言、中国电信普遍服务的历史发展及现状、关于电信普遍服务的框架、作为融资机制的电信普遍服务基金以及结语。基本内容：传达普遍、平等和可支付三方面含义的普遍服务，是电信业发展的最高宗旨。建立合适可行的电信普遍服务制度，是中国构建和谐信息社会进程中的关键环节。深入分析电信立法中有关普遍服务的内容，勾勒一个相对实用的电信普遍服务框架，并特别探讨该机制的目标、竞争机制以及所涉及的技术问题；同时，重点讨论将普遍服务基金作为提供电信普遍服务的可持续融资机制的相关问题。主要创新：电信普遍服务是一个动态发展的概念，需根据一国的经济发展水平和社会经济状况等因素综合确定；应充分利用外资参与带来的资金和技术优势，同时注意防范和避免外资参与对普遍服务的实现可能带来的负面效果；无线技术和配套教育应同时进行，并适当兼顾 WTO 贸易义务下的技术中立原则和促进国内自主知识产权的技术发展的双重目标等；在外资参与的背景下，考虑基金的整体设计。上述观点对于中国建立长久可持续的电信普遍服务制度从而构建和谐的信息社会，有着现实的参考价值。社会影响：本成果发表于美国著名的专业法律类杂志；同时，被世界三大法律数据库收录并被研究电信法的美国学者、业界同行所引用。

成果名称 《操纵人民币汇率的可能与现实》

作　　者 孙华妤　潘红宇

奖项名称 第六届高等学校科学研究优秀成果奖（人文社会科学）

获奖等级 三等奖

获奖时间 2013年

作者简介

孙华妤　1964年5月生，女，经济学教授，博士生导师。北京大学经济学学士、硕士。对外经济贸易大学经济学博士，美国南加州大学、华盛顿大学访问学者，教育部“新世纪优秀人才”支持计划入选者，深圳市地方级领军人才。现暨南大学深圳校区管委会副主任、国际金融与商务研究所所长，对外经济贸易大学国际经济贸易学院原教师、中国国际货币研究中心主任。主要从事国际货币理论和中国宏观经济研究。在 *Review of International Economics* 等SSCI期刊和《经济研究》《金融研究》《世界经济》《数量经济技术经济研究》等CSSCI期刊发表论文60余篇，出版专著《汇率制度货币政策和宏观经济运行》。主持完成国家社会科学基金重点项目2项、面上项目2项，教育部社科研究规划基金项目1项。获教育部第六届“高等学校科学研究优秀成果奖（人文社会科学）”优秀论文三等奖、第十五届“安子介国际贸易研究奖”优秀论文奖一等奖、第十二届“安子介国际贸易研究奖”优秀论文奖二等奖、全国商务发展研究成果奖（优秀报告）、第九届广东省优秀金融科研成果评选优秀论文二等奖、深圳市第八届哲学社会科学优秀成果评选优秀学术论文二等奖。

成果简介

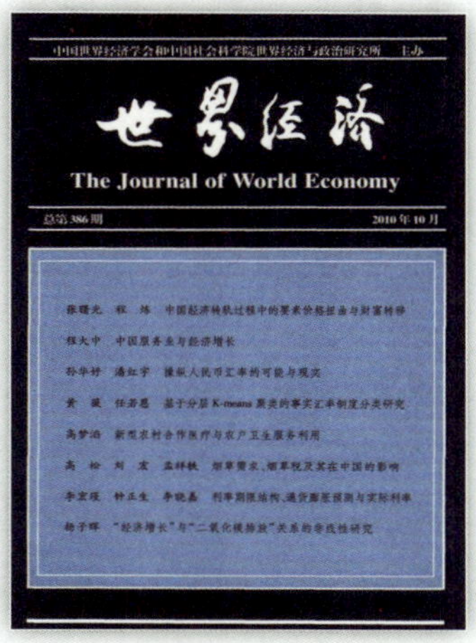

本成果梳理了名义汇率直接和间接影响贸易差额的各种可能性，指出贸易差额可能受名义汇率的影响，但这种影响是不确定的。本成果采集了 2005 年 7 月到 2008 年 12 月的月度数据，运用协整-误差修正方法检验人民币 / 美元名义汇率与中美双边贸易差额的关系。

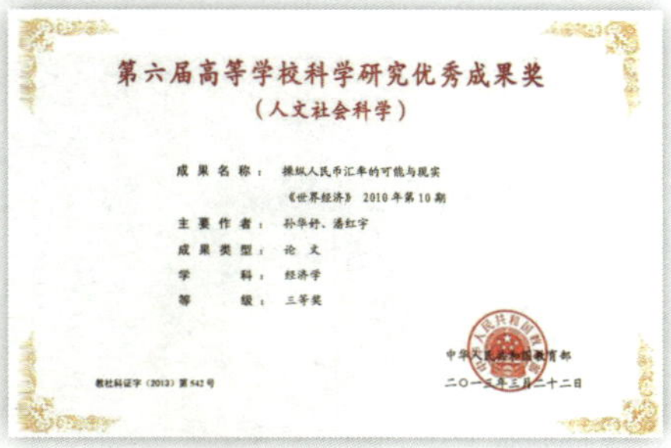
第六届高等学校科学研究优秀成果奖
（人文社会科学）
成果名称：操纵人民币汇率的可能与现实
《世界经济》2010 年第 10 期
主要作者：孙华妤、潘红宇
成果类型：论文
学 科：经济学
等 级：三等奖
教社科证字（2013）第 542 号
中华人民共和国教育部
二〇一三年三月二十二日

协整方程估计结果显示中国对美国贸易顺差与人民币 / 美元名义汇率成反向关系且参数估计显著。误差修正模型显示，名义汇率不是中美贸易差额的原因。由于协整检验、误差修正模型都没有发现名义汇率与贸易差额有正向关系，说明中国政府无法依靠“操纵人民币汇率”令人民币低估以扩大净出口。

成果名称 *Coordination of Supply Chains by Option Contracts: A Cooperative Game Theory Approach*

作　　者 赵映雪　等

奖项名称 第六届高等学校科学研究优秀成果奖（人文社会科学）

获奖等级 三等奖

获奖时间 2013 年

作者简介

赵映雪　1976 年 6 月生，男，对外经济贸易大学教授，博士生导师。主要从事物流与供应链管理的研究。在该领域国际一流学术期刊包括 UTD 国际顶级期刊上发表 SSCI 和 SCI（美国《科学引文索引》）收录论文 30 多篇。主持和完成 3 项国家自然科学基金项目。多次以排名第一获国内外重要科研奖项，包括两次以排名第一获教育部高等学校科学研究优秀成果奖（人文社会科学）。在国际著名出版社 Springer 出版英文学术专著一部，收录于管理科学领域英文原版丛书 *International Series in Operations Research & Management Science* 中。

成果简介

EUROPEAN JOURNAL OF OPERATIONAL RESEARCH

ScienceDirect

本成果共分为七个部分：第一部分讨论了研究问题的背景及其理论和实践意义；第二部分对相关研究领域进行了综述；第三部分对模型进行了描述；第四部分研究了基本的期权合同模型，作为后面进一步研究协调的期权合同机制的基础；第五部分给出了能够协调供应链并达到帕累托改进的期权合同形式；第六部分进一步研究了在考虑供应链成员的风险偏好和谈判力的情况下，期权合同的选择、执行问题，给出理论模型框架并利用数量模型定量刻画了供应链成员的风险偏好和谈判力对合同选择、执行的影响；第七部分进行了总结，并给出未来进一步研究的方向。

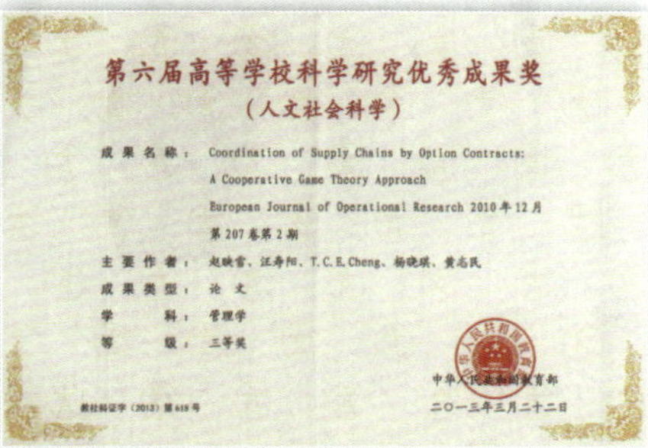
第六届高等学校科学研究优秀成果奖
（人文社会科学）

成果名称：Coordination of Supply Chains by Option Contracts: A Cooperative Game Theory Approach
European Journal of Operational Research 2010 年 12 月
第 207 卷第 2 期
主要作者：赵映雪、汪寿阳、T.C.E.Cheng、杨晓琪、黄志民
成果类型：论文
学　　科：管理学
等　　级：三等奖

中华人民共和国教育部
二〇一三年三月二十二日

教社科证字（2013）第615号

本成果把金融衍生工具期权的概念引入供应链管理中，给出能够协调供应链并达到帕累托改进的期权合同形式，建立了在考虑供应链成员的风险偏好和谈判力的情况下的期权合同谈判模型，并利用数量模型定量刻画了供应链成员的风险偏好和谈判力对期权合同的选择、执行的影响。本成果以期权合同为例，建立了供应链合同的选择、执行问题的理论模型框架，对进一步发展供应链合同的理论研究以及推动供应链合同的实践应用具有重要的意义。

成果名称 《新准则下利润结构质量分析体系的重构》

作　　者 钱爱民　张新民

奖项名称 第六届高等学校科学研究优秀成果奖（人文社会科学）

获奖等级 三等奖

获奖时间 2013年

作者简介

钱爱民　1970年8月生，女，经济学博士，对外经济贸易大学国际商学院副院长，教授，博士生导师。获北京市“教学名师”奖，入选教育部“新世纪优秀人才”和财政部“会计名家”培养工程。美国威斯康辛大学访问学者。现任中国会计学会会计教育专业委员会委员。中国注册会计师（非执业会员），先后担任格力电器、特变电工等多家上市公司的独立董事。

主要研究领域为财务质量分析与公司治理、会计信息质量与资本市场等。先后出版专著2部，编著“十二五”国家级规划教材《财务报表分析》等教材10余部，翻译国外专业著作3部，在权威专业期刊上发表论文50余篇。主持国家自然科学基金面上项目“金融生态、企业财务质量与资本配置效率”、教育部社科基金一般项目“会计信息质量、资源配置效率与产业升级研究”、北京哲学社会科学“十一五”规划重点项目“北京高新技术企业国际化经营与财务状况质量关系研究”的研究工作。论文《新准则下利润结构质量分析体系的重构》获教育部第六届高等学校科学研究优秀成果奖（人文社会科学）三等奖，专著《企业财务质量与管理质量关系研究》获北京市第十二届哲学社会科学优秀成果奖一等奖。

成果简介

本成果选择对于企业的盈利质量以及企业未来发展前景至关重要的利润结构质量问题展开研究，从新准则在利润信息披露方面的主要变化入手，在对以往的利润结构质量分析体系进行修正与完善的基础上，重新构建新准则下的利润结构质量分析体系。创新点体现在：（1）拓展了盈利持续性的研究视角。本成果从利润结构的内在质量、资产增值质量以及现金获取质量等三个维度对利润结构质量加以全面分析与评价，从而拓展了盈利持续性的研究视角，进一步完善了现有的财务分析理论。（2）丰富了盈利质量的评价指标，建立了一套较为实用的分析方法。通过提出“核心利润”等一系列新概念，构建了“核心利润率”“经营性资产报酬率”“投资性资产报酬率”等适用于新准则的财务分析指标，较好处理了会计准则、会计实践与会计理论研究之间的关系，有利于更加科学地评价企业的盈利质量。

本成果受到会计理论界的广泛关注和普遍认可，被中国会计学会评为 2008 年度优秀学术论文二等奖。“核心利润率”“经营性资产报酬率”等指标，已成为证监会、财政部、审计署等部门评价企业业绩的重要指标。以此为基础的专著《企业财务质量与管理质量关系研究》获北京市第十二届哲学社会科学优秀成果一等奖。相关教材《财务报表分析》被列为“十二五”普通高等教育本科国家级规划教材，2019 年获评北京市高校优质教材（重点项目）；相关课程财务报表分析，2008 年被评为国家级精品课程，2020 年入选国家首批一流本科课程（线上）。

成果名称 *Minimizing the Expected Complete Influence Time of a Social Network*

作　　者 倪耀东　等

奖项名称 第六届高等学校科学研究优秀成果奖（人文社会科学）

获奖等级 三等奖

获奖时间 2013 年

作者简介

倪耀东　1981 年 7 月生，男，教授，博士生导师，对外经济贸易大学信息学院副院长。2004 年、2006 年，分别于清华大学数学科学系获学士和硕士学位。2009 年，就读于香港城市大学创意媒体学院，获博士学位。现任国际电子商务联合会中国分会理事长、常务理事，中国运筹学会智能计算分会副理事长、常务理事，中国运筹学会不确定系统分会常务理事，香港研究资助局海外评审专家，多个国际学术期刊客座主编，20 余个国际学术期刊的评审专家。获北京高等学校青年英才、对外经济贸易大学高层次人才特殊支持计划“惠园杰出青年学者”等学术荣誉。主持国家自然科学基金项目 2 项。获校级重大项目预研基金课题支持，牵头建设 2 支校青年学术创新团队。发表 SSCI、SCI 检索期刊论文 30 余篇。获教育部高等学校科学研究优秀成果奖（人文社会科学）1 项。研究兴趣主要是应用信息科学的理论和技术解决管理科学和经济学中的决策问题，具体包括不确定环境下的决策优化、不确定规划、社会与经济网络、电子商务管理决策、智能计算、智能规划等。

成果简介

本成果是社会网络影响扩散理论中的一项重要成果。研究了社会网络中优势影响的扩散机制与扩散优化问题，创新性地提出递增机会模型，给出递增机会模型的数学性质。提出社会网络期望完全影响时间最小化问题，建立了该问题的决策模型，设计了基于贪婪算法的启发式算法框架，并实施了一系列实验以验证算法的有效性和稳定性。

主要创新：研究了社会网络中优势影响最终被全部社会成员接受的情形，创新性地提出刻画社会网络中优势影响的递增机会模型，成为已有的社会网络影响扩散模型的重要补充，完善了社会网络影响扩散理论。提出完全影响时间的概念，刻画了社会网络中优势影响最终被全部社会成员接受的情形下的重要决策目标。提出并研究了完全影响时间最小化问题，为社会网络管理决策制定者提供了一套决策支持的理论和方法。

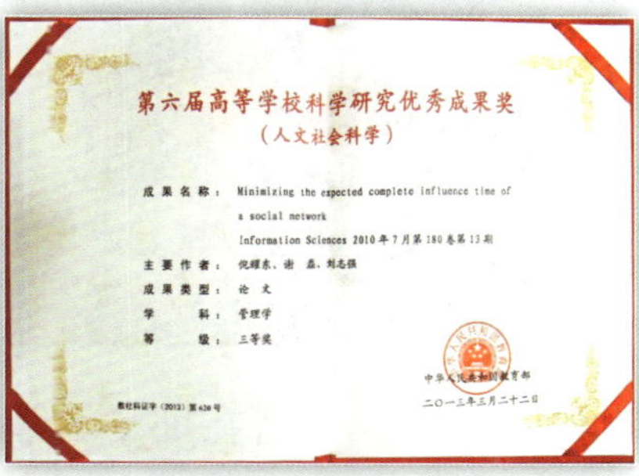
第六届高等学校科学研究优秀成果奖
（人文社会科学）

成果名称：Minimizing the expected complete influence time of a social network
Information Sciences 2010 年 7 月第 180 卷第 13 期
主要作者：倪耀东、谢磊、刘志强
成果类型：论文
学科：管理学
等级：三等奖

中华人民共和国教育部
二〇一三年三月二十二日

教社科证字（2013）第 620 号

社会影响：社会网络影响扩散问题是近年来的国际热点问题，吸引了来自社会学、经济学、管理学、信息科学、传染病学等领域的诸多学者。本成果不仅被 SSCI、SCI 数据库收录，而且被 SSCI 和 SCI 收录的期刊论文引用 26 次。可以为网络营销（如病毒式营销等新兴营销模式的策略制定与优化）、信息安全（如网络信息保密与有效过滤）、医药卫生（如传染病的预测和防止）等现实问题提供理论支持和决策方法。

成果名称 *Interkulturelle Kompetenz als Prozess*

作　　者 潘亚玲

奖项名称 第六届高等学校科学研究优秀成果奖（人文社会科学）

获奖等级 三等奖

获奖时间 2013 年

作者简介

潘亚玲　1966 年 6 月生，女，对外经济贸易大学外语学院教授，博士，博士生导师。就读于上海同济大学，获德语语言文学学士和硕士学位。就读于德国耶拿大学，获博士学位（Dr. Phil.）。研究与教学重点为跨文化交际、外语教学法和德国研究等。主持省部级项目 5 项。在国内外出版专著 3 部、译著 2 部，发表论文数十篇。其专著曾获教育部高等学校科学研究优秀成果奖（人文社会科学）。

在德国美因兹大学公派留学两年，多次赴德国研究访问，包括两次作为受德国学术交流中心资助的高级访问学者在耶拿大学和柏林洪堡大学访学。作为客座教授，在多所德国大学就中德跨文化交际主题讲授短期课程。2019 年，获德国爱尔兰根・纽伦堡大学授予的荣誉勋章。

2013 年至今，任教育部高等学校外国语言文学类专业教学指导委员会德语专业教学分委员会委员，任德国学术期刊 *Interculture Journal* 专家委员会成员和《德语人文研究》编委。

成果简介

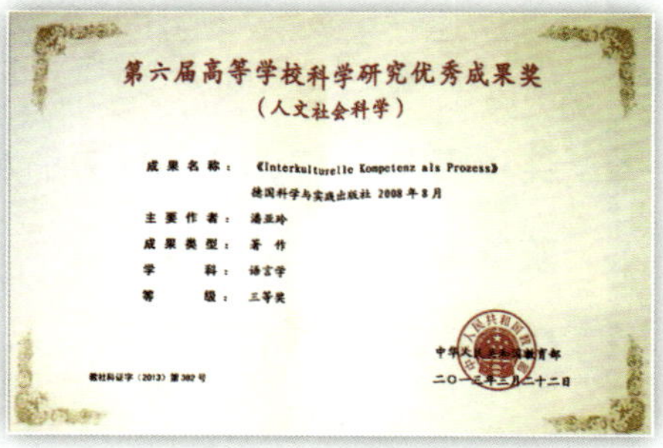

本成果对欧美学术界的跨文化能力研究进行了总结性梳理和批判性评述，指出：迄今为止，有关“跨文化能力”的研究主要是从西方视角出发，大部分论著中存在问题。之后，采用质性实证研究中的专家访谈法采集数据，并基于通过 MAXQDA 软件对访谈数据的系统分析，创新性地建立了“跨文化能力多层面开放型发展模型”，从全新的角度诠释了作为开放型、不断学习过程的多层面动态发展的跨文化能力的内涵。从跨文化外语教学和跨文化能力培养的角度，全面深入剖析了中国高校的外语教学尤其是德语专业的发展以及其存在的问题与发展机遇，并以“跨文化能力多层面开放型发展模型”为指导，对中国高校德语专业学生跨文化能力培养提出系统性方案。

“跨文化能力多层面开放型发展模型”充分显示出跨文化交际多层面交互影响、开放性和动态发展的特点。该模型在跨文化交际研究和跨文化培训中得到应用，并在一定程度上扩大了中国文化对跨文化交际研究的影响。此外，本成果采用欧美研究公认的方法，对跨文化交际研究中普遍存在的西方中心主义进行了有理有据的批判，“以其人之道”证其学术之问题与弊端。在批判性地借鉴欧美跨文化能力研究成果的同时，本成果也把中国文化的精髓融入跨文化交际研究中，将全球化语境与中外跨文化合作的实践融为一体，兼顾了文化差异以及中国文化在跨文化交际中的积极作用。

成果名称 《“走出去”战略与中国跨国公司崛起——迈向经济强国的必由之路》

作　　者 卢进勇

奖项名称 2012/2013年度全国商务发展研究成果奖

获奖等级 二等奖

获奖时间 2013年

作者简介

卢进勇　1957年9月生，男，对外经济贸易大学国际经济贸易学院二级教授，经济学博士，博士生导师，学院教授委员会副主任、外国直接投资研究中心主任，享受国务院政府特殊津贴专家。1982年，中国人民大学毕业，获经济学学士学位。1987年，中国人民大学毕业，获经济学硕士学位。2003年，对外经济贸易大学毕业，获经济学博士学位。国家级重点学科国际贸易学学科带头人，国家社会科学基金重大项目首席专家。加拿大维多利亚大学和澳大利亚莫纳什大学访问学者，美国西东大学和哥伦比亚大学研究学者。兼任中国国际经济合作学会副会长、商务部第二届经贸政策咨询委员会专家工作组国际投资专家、中国贸促会专家委员会委员、国际投资论坛专家委员会委员等。

主要研究领域为国际直接投资与跨国公司、中国利用外资与海外投资、国际经济合作、对外开放战略与“走出去”战略、投资促进与招商引资、企业并购与重组、国际投资条约与协定等。单独或合作撰写、公开发表学术论文270多篇，编著或参与编写的著作和教材已出版80余部。获各种科研和教学奖励40余次。单独或参与撰写提交的政策建议报告，多次获国家领导人的肯定和批示。

成果简介

本成果入选“2012年度迎接党的十八大重点图书选题出版计划”，内容受到专家肯定。成果既论述了“走出去”战略、中国企业对外投资、中国跨国公司的竞争力、中国跨国公司成长的理论与产业基础，也分析了跨国公司崛起与中国走向经济强国的关系。显著特点：（1）选题意义深远。不论是“走出去”战略还是跨国公司崛起，对未来20年中国经济的可持续发展都具有重大意义，是中国由经济大国走向经济强国的必由之路。（2）具有理论创新性。从理论上探讨中国跨国公司发展的一般性规律和特殊性规律，并创新性地提出中国特色的跨国公司理论。（3）内容论述丰富深刻。对中国跨国公司的成长战略、品牌战略、人才战略、投资战略、产业基础、国际竞争力和风险控制手段、企业案例等均进行了深入探讨，这些都是该领域的重点和难点问题。（4）研究方法比较科学。分别采用理论分析、历史与逻辑结合、案例分析和中外比较等方法，对不同问题进行分析、概括、提炼和比较。成果价值：（1）集中研究“走出去”战略和发展中国家跨国公司等内容是目前我国开放型经济发展领域的重大学术与现实问题。（2）推动了“走出去”战略和中国跨国公司理论的探讨，提出新的学术观点和理论学说，一定程度上推动了该领域理论的发展，具有理论创新性和学术价值。（3）对重大现实问题展开系统研究，特别是提出有针对性的对策建议和实施方案，将对推动我国这些领域业务的发展起到积极作用。

成果名称 《经济全球化视角下的FDI与自主创新》

作　　者 李玉梅

奖项名称 2012/2013年度全国商务发展研究成果奖

获奖等级 二等奖

获奖时间 2013年

作者简介

李玉梅 1976年6月生，女，经济学博士，中国人民大学经济学院博士后。对外经济贸易大学国际经济研究院教授，博士生导师。主要研究领域为国际直接投资、对外开放、产业转型升级等。在国际直接投资、对外开放理论与政策、世界经济等领域取得一系列学术成果。出版学术专著3部、合著7部。在《管理世界》《国际经济评论》《经济社会体制比较》《人民日报》等国内外报刊发表论文50余篇；其中，多篇论文被《新华文摘》《红旗文摘》《中国社会科学文摘》等转载。发表国家社科基金项目《成果要报》2篇、《新华社内参》16篇；其中，10篇研究报告获中央领导肯定性批示。主持完成国家社科基金项目和教育部项目3项，担任国家社科基金重大项目子课题负责人3项。获省部级奖励10项；其中，个人学术论文获“安子介国际贸易研究奖”优秀论文三等奖，专著获全国商务发展研究成果奖著作二等奖，以排位第二身份获北京市哲学社会科学优秀成果奖一等奖。2017年，获对外经济贸易大学惠园杰出青年学者称号。2018年，获对外经济贸易大学科研标兵称号。

成果简介

本成果抓住我国商务领域研究的重点和难点问题，把利用 FDI 与自主创新结合起来研究，以对外开放和利用外资存量规模巨大为基点，首先从理论上研究利用 FDI 与自主创新的关系，分析利用 FDI 对自主创新的影响机理，并实证分析利用 FDI 推动自主创新的影响，最终构建利用 FDI 推动自主创新的保障体系。将定量分析与实证分析相结合，逻辑分析和历史分析相结合，发展了创新和开放型经济理论，尤其是对后发国家自主发展道路进行探索，具有较强的理论创新和较高的学术价值。同时，对开放转型条件下实现自主创新的路径研究，为政府部门和企业决策提供了参考，具有较强的实践意义。

主要观点：（1）自主创新是一种开放式创新。（2）利用 FDI 促进自主创新的机理，一是 FDI 通过技术渠道来影响自主创新，二是通过非技术渠道影响自主创新。（3）利用 FDI 提升自主创新能力的作用，一方面取决于 FDI 技术转移效应和技术溢出效应的大小，另一方面，则取决于 FDI 的政策体制框架、国内产业竞争力、企业自主创新的动力和能力、市场结构、制度环境等因素。本成果提出的“利用外资推动自主创新”的政策主张被商务部采纳，得到商务部领导批示并上报中共中央办公厅。

成果名称 《缔结“区域贸易安排”能否有效促进发展中经济体的服务出口》

作　　者 周念利

奖项名称 2012/2013 年度全国商务发展研究成果奖

获奖等级 二等奖

获奖时间 2013 年

作者简介

周念利　1977 年 11 月生，女，经济学博士。2006 年 7 月至今，在对外经济贸易大学中国 WTO 研究院工作。2009 年、2014 年，先后晋升为副教授，教授。2015 年，被评定为博士生导师。主要研究方向为服务贸易和数字贸易规则。兼任国家数字贸易专家工作组咨询专家、国务院发展研究中心高级研究员、全球化智库（CCG）高级特邀研究员、中国（四川）自由贸易试验区成都区域专家咨询委员会专家委员、对外经济贸易大学国家对外开放研究院研究员和北京对外开放研究院研究员等。在《经济研究》《世界经济》《金融研究》《数量经济技术经济研究》等经济学权威及核心期刊上发表学术论文多篇。多篇研究报告刊发在中宣部《成果要报》、新华社《参考清样》等，研究报告曾获中央领导重视和批示。主持国家社科基金重大项目、国家社科基金重点项目、国家社科基金一般项目、国家自然科学基金项目、教育部人文社科重点研究基地重大项目等国家及省部级以上课题多项。曾获商务部商务发展研究成果奖、北京市第十四届哲学社会科学优秀成果奖等。

成果简介

本成果运用静、动态面板引力模型对一个典型的“发展中经济体”对外缔结各类“区域贸易安排”的服务贸易影响进行研究。结果显示:(1)发展中经济体对外缔结“区域贸易安排”能对其双边服务出口产生显著的正向影响。(2)单纯缔结“区域货物贸易安排”不会对双边服务出口产生显著的正向影响。(3)“南北型”区域贸易安排对双边服务贸易的促进作用明显强于“南南型”。基于该结论，从纯技术角度出发，认为：为改善服务逆差状况，发展中经济体应更注重与发达经济体缔结“南北型”区域贸易安排。在货物和服务贸易自由化顺序上，不必拘泥于“货物贸易自由化先行”策略，可采取“货物、服务贸易自由化并行”甚至“服务贸易自由化先行”策略。成果创新:(1)通过引入“多边阻力因子”的解释变量以及利用扩展的静态面板引力模型对区域贸易安排的“服务贸易效应”进行回归分析。期望能最大限度克服由解释变量遗漏、测量偏误等带来的区域贸易安排的“内生性偏倚”问题。(2)基于缔约对象经济发展水平差距和彼此承诺内容差别对区域贸易安排的“异质性”进行刻画，再针对细分后的每类区域贸易安排的“服务贸易效应”展开逐一测评。通过较精准区分，提出有的放矢的政策建议。(3)由于经验事实证实双边贸易流量具有高度的持续性，尝试将双边服务贸易的滞后项纳入面板引力方程式中，并分别运用一阶差分广义矩和系统广义矩方法对动态化的面板引力模型展开评估。

成果名称 《中国出口产业国际竞争力研究报告2011》

作　　者 桑百川　张军生　蓝庆新　等

奖项名称 2012/2013年度全国商务发展研究成果奖

获奖等级 二等奖

获奖时间 2013年

成果简介

本成果在马克思经济理论与迈克尔·波特价值链理论的基础上，提出全新的产业国际竞争力概念，即产业国际竞争力应该涵盖价值创造、价值实现、价值分配三个环节的竞争力，包括生产效率和生产能力、持续获取利润的能力、掌握比较优势并形成竞争优势的能力、持续创新的能力、占据国际市场份额的能力。根据产业竞争力的形成路径，通过多因素分析法构建了中国出口产业国际竞争力的三层次评价指标体系。价值创造层次是从生产角度来考察产业竞争力，该层次体现了产业竞争力的来源；价值实现层次是从交换角度来考察产业竞争力，该层次体现了产业竞争力的表现；而价值分配则侧重于产业的利润实现和议价能力，该层次体现了产业竞争力的结果。通过三个层次的考察，运用国家统计局数据和联合国工发组织数据库，对2015年我国19个制造业细分产业国际竞争力进行测度，反映出我国主要出口产业的国际地位。

成果提出提升中国出口产业国际竞争力战略的总体思路：在调整经济结构中，针对不同产业的竞争优势和竞争劣势，分别从价值创造、价值实现、价值分配三个环节入手，根据影响价值创造、价值实现和价值分配的具体因素，寻求提升产业竞争力的路径，重点强化在价值创造和价值分配中的国际竞争力。

成果名称 《中国贸易顺差增长与波动的政治经济学分析——中国式分权体制的视角》

作　　者 王剑锋　等

奖项名称 2012/2013 年度全国商务发展研究成果奖

获奖等级 三等奖

获奖时间 2013 年

作者简介

王剑锋　1974 年 6 月生，男，教授，博士生导师。主要研究领域为现代金融中介与金融合约、金融制度与金融创新、互联网借贷、政府金融、小微及农村金融等。在研究生阶段开设现代金融中介与金融合约等课程。在《管理世界》、*Applied Economics* 等杂志发表过多篇论文。获 2018 年对外经济贸易大学师德先进个人。兼任中国智能金融专委会（筹）常务理事、副秘书长，北京市国际金融学会理事，商务部政策研究室国际投资工作组专家委员，教育部学位论文中心评审专家，中国农业银行总行博士后合作导师。担任《管理世界》《南开经济研究》等杂志的审稿人。曾主持完成对外经济贸易大学《金融学专业与国家级重点学科的对标分析》《金融学培养方案的国际与国内对标分析》等研究报告。主持和参与的教学研究课题有学校精品课程、北京市金融学教学团队、金融学国家级特色专业、北京市综合改革课题等多项。

成果简介

本成果基于中国分权体制下“储蓄 - 投资”失衡的研究视角，详细考察了我国贸易顺差增长与波动的成因问题，得到以下基本结论：中国式分权体制改革及其实施过程中，国有企业与财政支出结构改革导致的储蓄转化率下降以及地方政府竞争带来的国民储蓄率上升，在长期中具有提高贸易顺差比重的作用。在不同宏观经济形势下，中央与地方围绕融资体系储蓄转化率所展开的博弈，则是导致我国贸易顺差占比出现短期波动的重要因素。上述过程的具体发生机制如下：第一，分权体制下具有增长激励的地方政府，更为偏好 GDP 和税收创造能力强的资本密集型产业结构。在这一产业由于政府优惠措施而享有较高收入份额的情况下，地方政府间经济竞争强度的加大，不仅会提高资本密集型产业比重，还会推高收入部门加权的国民储蓄率。第二，财政支出规模和结构调整、国有银行的商业化改革以及中央与地方围绕货币政策展开的博弈，影响了储蓄向投资的转化率。从 1978 年到 2003 年，国有企业与财政支出结构改革，降低了我国融资体系的储蓄配置率并导致了 1994 年以来的持续贸易顺差。然而，自 2004 年以来，为了应对地方政府竞争带来的体制性经济过热问题，中央政府不得不大规模发行央行票据，并带来信贷渠道配置率和总配置率的大幅下降。我国贸易顺差也因此呈现出大幅上升的态势。2008 年底以来，我国推行积极的货币政策与财政政策，再次提高了国内储蓄的配置率，并与主要贸易国的进口需求下降共同导致了贸易顺差占比的下滑。

证 书

王剑锋同志、顾标同志的论文《中国贸易顺差增长与波动的政治经济学分析——中国式分权体制的视角》在2012/2013年度全国商务发展研究成果奖评选中获论文三等奖。

特发此证。

商务发展研究成果奖奖字（2013）第066号

成果名称　《中国高技术产业价值链地位的测度和影响因素分析》
作　　者　汤　碧
奖项名称　2012/2013 年度全国商务发展研究成果奖
获奖等级　三等奖
获奖时间　2013 年

作者简介

汤　碧　1974 年 7 月生，女，毕业于南开大学国际经济与国际贸易专业，获经济学博士学位，后进入清华大学公共管理学院从事博士后研究。对外经济贸易大学教授，博士生导师，国际经济研究院院长助理。曾任《国际贸易问题》执行主编，入选教育部“新世纪优秀人才”。对外经济贸易大学优秀研究生导师、研究生教学管理优秀工作者。哈佛大学访问学者。主要研究领域为国际区域经济合作、国际贸易与投资。多次获全国商务发展研究成果奖。主持国家自然科学基金课题、教育部课题多项，出版专著、合著多部，在《管理世界》《财贸经济》等核心期刊发表论文数十篇。

成果简介

本成果依照贸易结构反映生产结构的逻辑，一国或地区的出口复杂度可反映出该国和地区在全球价值链所处的地位，即我国高技术产业在全球价值链中的地位也会反映在生产和出口产品的技术复杂度水平上，首先分析我国高技术产业发展历程、现状及进出口贸易特征；在此基础上，采用 Hausmann 等（2005）提出的出口复杂度（EXPY）测算方法，根据美国高技术产品（Advanced Technology Products，ATP）分类采集数据，通过 100 多个国家的 HS4 位码贸易数据测算我国 2001—2010 年高科技产业的产品出口复杂度，对我国高技术产品出口的技术含量进行宏观分析和国际比较研究。结论：中国高技术产品出口的技术含量不断增加，在高技术产品贸易中的地位日益提升，高技术产业带动的人均收入也不断增加，但中国高技术产品出口的技术含量并不高。我国高技术产业进出口以加工贸易为主，集中在劳动密集型的中间生产环节，技术要求较低，仍然处于全球产业链的低端环节。随后，从国际和国内两个方面进一步考察影响我国高技术产业价值链地位提升的因素。最后，根据以上定性和定量研究分析的结果，提出推动我国高技术产业进一步升级、提升我国高技术产品出口价值链地位的政策建议。本成果对推动我国高技术产业进一步升级、优化高技术产品贸易主体结构、鼓励企业研发、完善本国知识产权体制、提高对国际技术转移和溢出的消化吸收能力、促进中国高技术产业从“大”向“强”发展，具有重要的政策参考价值。

证　书

汤碧同志的论文《中国高技术产业价值链地位的测度和影响因素分析》在2012/2013年度全国商务发展研究成果奖评选中获论文三等奖。

特发此证。

成果名称　《中国开放新阶段的政策选择》

作　　者　李计广

奖项名称　2012/2013 年度全国商务发展研究成果奖

获奖等级　三等奖

获奖时间　2013 年

成果简介

本成果论述：在当前经济全球化步伐减缓、中国贸易快速增长潜力受限、要素条件变化减弱传统比较优势、对外开放面临的“全球化红利”和“要素红利”均发生阶段性变化的背景下，我国应自主推动下一阶段对外开放，目标定位于服务国内经济转型与构建全球战略并重，重点为生产性服务业开放、培育下一代出口产品、实施“外围突破”型知识产权战略以及提供“发展导向型”全球公共产品。

本成果提出，自主开放应成为中国新一轮对外开放的主要方式；同时，下一阶段我国对外开放应向全球战略迈进，着重提供全球公共产品。随着经济总量和综合国力与发达国家的差距逐渐变小，中国将真正成为世界大国。在这一过程中，中国对外开放政策也要升级，由以往更多关注国内经济建设转向实施全球战略，核心是提供“发展导向型”的全球公共产品，展示“负责任大国”形象，为中国和平发展创造良好的国际环境。我国可以提供的全球公共产品的特点包括提供进口市场、资本输出以直接投资（FDI）为主、在全球经济治理中倡导“发展议题”等。

成果名称 《新经济地理学框架下跨国公司在中国分层区位选择研究》

作　　者 余 珮 等

奖项名称 2012/2013 年度全国商务发展研究成果奖

获奖等级 三等奖

获奖时间 2013 年

作者简介

余 珮 1982 年 9 月生，女，武汉理工大学经济学院副教授，博士生导师。武汉大学经济与管理学院国际经济与贸易专业学士，法国里昂高等商学院硕士，法国巴黎第一大学经济学硕士、博士。2012—2014 年，在对外经济贸易大学国际经济贸易学院任教。2015 年，调入武汉理工大学经济学院。主要从事跨国公司理论与战略方面的研究。主持法国教育部博士科研基金、国家社会科学基金一般项目及青年项目等科研项目 10 余项，在《经济研究》《世界经济》《金融研究》《国际贸易问题》《经济学动态》等期刊和 *Asia Pacific Business Review*、*Management and Organization Review* 等 SSCI 期刊上发表论文 20 余篇。论文获商务部商务发展研究成果奖三等奖、湖北省社会科学优秀成果奖三等奖、国际商务学会（AIB）年会“Best Paper Award in Emerging Economies Research”、世界经济学 2015 年十佳论文（国际投资方向）等奖项。获法国里昂青年大使称号。

成果简介

本成果论述：改革开放以来，以跨国公司在华投资为代表的国际商务模式，通过综合优势和总体效益，对我国经济开放型发展起了重要作用。党的十八大报告更是强调了面对全球化新形势，我国全面提高开放型经济水平的重要性。然而，我国经济在招商引资方面的区域不平衡状态，使外商投资仍呈现“中心—外围”阶梯式分布，尤其是在经济相对落后的“外围”，这也成为制约中西部地区借助国际商务力量发展地区经济的瓶颈。因此，如何合理地纳入区域经济和地理结构因素，客观分析跨国公司在华区位选择战略，将为各区域制定积极、合理和有效的引资政策提供有意义的参考，这也是我国未来发展外向型商务的重点。本成果创新性地从跨国公司个体异质性出发，以《财富》（2008）世界500强中，美国制造业公司1997—2007年在华跨越29个省、设立以生产为职能的294家子公司为样本，运用嵌套Logit模型（评定模型）模拟样本公司“区域—省”的选择过程，纳入区域经济地理因素，在微观层面分析跨国公司在华个体区位战略。结果表明，美国公司并不是把各省、直辖市和自治区放在同一层次上进行比较，而是采用“中心—外围”和“七大地理区域”分层逻辑对子公司进行区位选择。市场完善程度、劳动市场成本和质量、内陆交通运输条件以及公司和产业层面的集聚效应都呈现出经济地理特征，区域级和省级经济特征对优质外资存在不同级数的吸引力。

成果名称 《产品异质条件下市场势力估计与垄断损失测度：运用新实证产业组织方法对白酒制造业的研究》

作　　者 周末　等

奖项名称 2012/2013年度全国商务发展研究成果奖

获奖等级 三等奖

获奖时间 2013年

作者简介

周末 1984年10月生，男，副教授，硕士生导师。2003年，就读于南京大学商学院经济系。2007年，保送中国人民大学商学院贸易经济系；2008年，获免试直博资格。2009年，就读于加州大学伯克利分校哈斯商学院。2012年7月，毕业于中国人民大学，获经济学博士学位。2012年8月，来到对外经济贸易大学；2015年底，担任国际商学院技术经济及管理系副主任。主要从事商务智能与大数据、微观计量经济学、实证产业组织理论、反垄断与政府经济管制方面的研究。主要成果刊载在《中国工业经济》《财经研究》《国际金融研究》《南开管理评论》《科学学研究》《江苏社会科学》等权威期刊上。曾获IBM 2016年大数据分析师奖、教育部IBM大数据与商务智能教育教学研究基金奖，并两次获商务部全国商务发展研究成果奖。连续三年获本科教育教学评价优秀奖励（前10%）并获对外经济贸易大学教育教学成果奖和北京市相关奖励。

成果简介

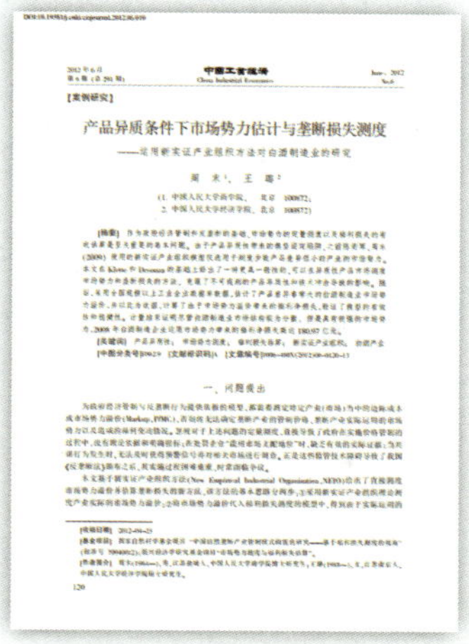
中国工业经济
China Industrial Economics
2012 年 6 月
June, 2012
【案例研究】
产品异质条件下市场势力估计与垄断损失测度
——运用新实证产业组织方法对白酒制造业的研究
周 末[1]，王 璐[2]
一、问题提出

本成果论述：作为政府经济管理和反垄断的基础，市场势力的定量测度以及福利损失的有效估算是至关重要的基本问题。由于产品异质性带来的模型设定陷阱，陈甬军、周末（2009）使用的新实证产业组织模型仅适用于测度少数产品差异很小的产业的市场势力。本成果在 Klette 和 Desouza 的基础上给出一种更具一般性的，可以在异质性产品市场测度市场势力和垄断损失的方法，克服了不可观测的产品异质性和技术冲击导致的影响。随后，采用全国规模以上工业企业数据库数据，估计了产品差异非常大的白酒制造业市场势力溢价，并以此为依据计算了由于市场势力溢价带来的福利净损失，验证了模型的有效性和稳健性。计量结果证明，尽管白酒制造业市场结构较为分散，但是具有极强的市场势力。2008 年，白酒制造企业运用市场势力带来的福利净损失高达 180.97 亿元。

证 书
周末同志、王璐同志的论文《产品异质条件下市场势力估计与垄断损失测度：运用新实证产业组织方法对白酒制造业的研究》在2012/2013年度全国商务发展研究成果奖评选中获论文三等奖。
特发此证。

成果名称　《境外国有资产监管问题研究》

作　　者　周 煊

奖项名称　2012/2013 年度全国商务发展研究成果奖

获奖等级　三等奖

获奖时间　2013 年

作者简介

周 煊　1974年10月生，男，对外经济贸易大学国际商学院教授，博士生导师。2004年，毕业于北京大学光华管理学院，获企业管理博士学位。现任对外经济贸易大学私募投资基金研究中心主任，中国影视产业研究中心主任。研究专长为企业发展战略、跨国经营、价值投资等。担任多家上市公司独立董事、战略发展顾问。

成 果 简 介

本成果论述：境外国有资产流失，是我国近年来国有资产监管面临的新挑战。境外国有资产规模的增长使得国有资产的境外监管问题日益突出，一系列国有资产流失事件暴露出来。在当前全球一体化的背景下，全球经济和金融呈现联动趋势，导致境外的投资环境非常复杂。境外企业必须同时应对汇率的波动、国家文化的差异以及意识形态对立等多方面的挑战，容易发生决策失误。本成果总结分析大量境外投资相关案例，研究如何有效防范境外国有资产流失的问题，对我国国有资产监管实践工作具有重大的实践指导意义。

证　书

周煊同志所著的《境外国有资产监管问题研究》一书在2012/2013年度全国商务发展研究成果奖评选中获论著类三等奖，

特发此证。

全国商务发展研究成果奖奖字（2013）第014号

成果名称 《国际品牌：一个新的概念框架及实证分析》

作　　者 王分棉　林汉川

奖项名称 2012/2013 年度全国商务发展研究成果奖

获奖等级 优秀奖

获奖时间 2013 年

作者简介

王分棉　1981 年 1 月生，女，经济学博士学位，对外经济贸易大学国际商学院管理学系副主任，副教授，硕士生导师。北京企业国际化经营研究基地研究员，美国马里兰大学史密斯商学院访问学者，中国影视产业研究中心副主任。主持国家自然科学基金 1 项、国家社科基金项目 1 项、教育部项目 1 项、北京市社科项目 2 项；发表论文近 20 篇，出版教材 1 部“十二五”国家级规划教材《中小企业管理》（第 4 版）、专著 2 部，研究报告 2 篇（其中 1 部获北京市主要领导同志批示）。获省部级奖励 7 项；其中，教育部高等学校科学研究优秀成果奖（人文社会科学）一等奖 2 项，北京市哲学社会科学优秀成果奖一等奖 2 项。作为主要成员完成的教学成果《“中小企业管理”的三层次课程体系创新与人才培养模式探索》，分别获国家优秀教学成果二等奖和北京市优秀教学成果一等奖。2020 年，获对外经济贸易大学第三届优秀教学奖三等奖。

成果简介

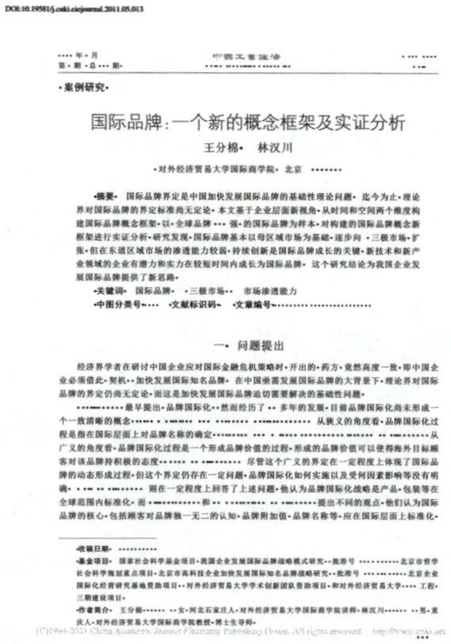
DOI:10.19581/j.cnki.ciejournal.2011.05.013

·案例研究·

国际品牌：一个新的概念框架及实证分析

王分棉 林汉川

（对外经济贸易大学国际商学院，北京）

〔摘要〕 国际品牌界定是中国加快发展国际品牌的基础性理论问题，迄今为止，理论界对国际品牌的界定标准尚无定论。本文基于企业层面新视角，从时间和空间两个维度构建国际品牌概念框架，以"全球品牌100强"的国际品牌为样本，对构建的国际品牌概念新框架进行实证分析。研究发现，国际品牌基本以母区域市场为基础，逐步向"三极市场"扩张，但在东道区域市场的渗透能力较弱；持续创新是国际品牌成长的关键；新技术和新产业领域的企业有潜力和实力在较短时间内成长为国际品牌。这个研究结论为我国企业发展国际品牌提供了新思路。

〔关键词〕 国际品牌；"三极市场"；市场渗透能力

一、问题提出

经济界学者在研讨中国企业应对国际金融危机策略时，开出的"药方"竟然高度一致，即中国企业必须借此"契机"，加快发展国际知名品牌。在中国亟需发展国际品牌的大背景下，理论界对国际品牌的界定仍尚无定论，而这是加快发展国际品牌迫切需要解决的基础性问题。

本成果论述：经济界专家学者在研讨中国企业应对国际金融危机策略时，开出的“药方”竟然高度一致，即中国企业必须借此“契机”，加快发展国际知名品牌。在中国亟须发展国际品牌的大背景下，理论界对国际品牌的界定尚无定论，而这是加快发展国际品牌迫切需要解决的基础性问题。本成果基于企业层面新视角，从时间和空间两个维度构建了国际品牌概念框架，既体现其历史积淀，又体现其在国际市场空间范围的扩张。本成果丰富和完善了国际品牌研究的相关理论，同时，可为企业和相关部门制定加快发展国际品牌战略与路径提供重要的参考依据。本成果利用新框架实证分析了“全球品牌 100 强”中的国际品牌，通过计算它们 2001—2008 年在“三极市场”的渗透能力，揭示了这些国际品牌的成长规律。这给我国企业发展国际品牌提供了新思路和启发：要以国内市场为根基、以区域市场为重点、以持续创新为核心，传统行业要充分挖掘其历史资源，以新技术和新产业为突破口，加快培育国际品牌。

证 书

王分棉同志、林汉川同志的论文《国际品牌：一个新的概念框架及实证分析》在2012/2013年度全国商务发展研究成果奖评选中获论文优秀奖。

特发此证。

商务发展研究成果奖奖字（2013）第074号

成果名称 《“同类产品”判定中的文化因素考量与中国文化贸易发展》

作　　者 石静霞

获奖名称 2012/2013 年度全国商务发展研究成果奖

获奖等级 优秀奖

获奖时间 2013 年

成果简介

本成果论述：在 WTO 法框架下，进口产品享受国民待遇的前提之一是与相关国产品的同类性。本成果分析了 GATT 第 3 条有关同类产品的法理以及涉及文化产品的两个案例（“加拿大期刊案”和“中国出版物和视听产品案”），指出：专家组和上诉机构在判定产品同类性方面忽视了对文化因素的考量以及中国在“出版物和视听产品案”中的同类性问题上抗辩不足。鉴于在经济全球化时代协调自由贸易和保护文化多样性及中国发展国际文化贸易的现实需要，建议可以通过两种途径考虑文化因素在确定产品同类性中的作用：一是考察文化因素与判定同类性的传统标准之一，即“消费者品位和习惯”之间的联系；二是重新思考“目的和效果”理论的价值，因该理论能够对争端裁决者考虑贸易措施背后的文化政策目标提供适当的灵活性。

证　书

石静霞同志的论文《“同类产品”判定中的文化因素考量与中国文化贸易发展》在2012/2013年度全国商务发展研究成果奖评选中获论文优秀奖。

特发此证。

商务发展研究成果奖奖字（2013）第086号

成果名称 《论经济全球化与国际劳工标准之互动关系及其对中国的影响》

作　　者 李卫刚 等

奖项名称 2012/2013 年度全国商务发展研究成果奖

获奖等级 优秀奖

获奖时间 2013 年

作者简介

李卫刚 1974 年 12 月生，男，中国人民大学法学院博士研究生毕业，法学博士。美国加州大学伯克利分校法学院高级访问学者。曾任澳大利亚格里菲斯大学客座教授等职。现任对外经济贸易大学法学院教授，博士生导师，博士后合作导师，宪法学与行政法学学科带头人，国家对外开放研究院、北京对外开放研究院研究员；兼任国家社科基金同行评议专家、国家留学基金委评审专家、教育部人文社会科学研究项目评审专家、中国教育智库联盟教育政策法律研究中心主任等职。主要教学和研究领域为宪法、行政法、经济法、国家治理与法治改革智库研究等。曾在 CSSCI 及核心期刊等学术刊物发表论（译）文数十篇，出版专著及教材多部，主持国家社科基金项目等科研项目多项，应邀作为法学专家为数十部法律、法规提供立法咨询意见，主持完成数十篇智库研究报告，获国家和省部级机关内参及《人民日报》（内参）《光明日报》（内参）等采用，多次获国家和省部级领导批示。

成果简介

本成果论述：经济全球化对国际劳工标准的影响深远且复杂，既有积极的影响，也有消极的影响；同时，国际劳工标准对经济全球化的影响也越来越大，既有积极的影响，又有消极的影响。这些影响，主要是通过国际劳工标准与国际贸易挂钩的问题体现出来。因此，中国需要积极、认真应对国际劳工标准问题，从政府、企业和社会三方面入手，加强劳动法律与国际劳工公约的落实；让劳动监察机构、劳动仲裁机构和人民法院真正成为劳工权益的有效保障者，国内的消费者组织、人权组织、妇女组织、宗教组织等非政府组织及新闻媒体和学术团体形成合力，共同推动社会各界对改善劳工生存与发展条件的支持。只有这样，才能在国际劳工标准问题上取得主动权，为自己的发展创造有利的国际环境，保证我国在经济全球化的时代背景之下，取得经济发展与社会发展的双赢。

成果名称 《中国企业在拉美投资的政治风险及其对策》

作　　者 李紫莹

奖项名称 2012/2013 年度全国商务发展研究成果奖

获奖等级 优秀奖

获奖时间 2013 年

作者简介

李紫莹 1974 年 3 月生，女，法学博士，教授，博士生导师。本科毕业于对外经济贸易大学西班牙语专业。2009—2020 年，曾在对外经济贸易大学外语学院任教，历任西班牙语系教师、系主任、外语学院副院长。现任北京外国语大学区域与全球治理高等研究院副院长、西葡语学院副院长（兼），国际学术期刊 *Interacción Sino-iberoamericana* 副主编，教育部外语专业教学指导委员会西班牙语分委会委员，中国拉丁美洲学会常务理事，中国拉丁美洲史研究会理事，国际儒学联合会理事，国家社科基金项目通讯评委。

主要学术方向为拉美政治、拉美国际关系、拉美区域国别方向和经贸西班牙语教学研究。进入高校工作前，曾公派常驻拉美国家多年，从事贸易和金融工作。从事高等教育工作后，近年来在包括权威期刊在内的 CSSCI 收录期刊上发表高水平学术论文多篇，出版专著、教材若干。代表性学术成果获部级科研成果奖两项，研究报告多次被国家级高端智库要报和新华社内参采纳。主持并完成国家级社科基金项目和部级科研项目各一项。

成果简介

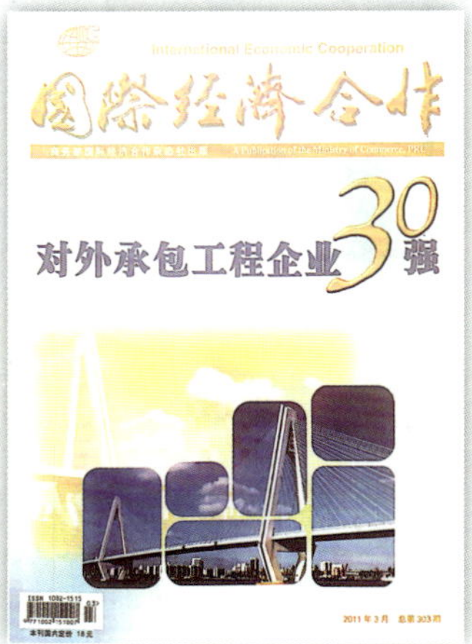

本成果对于中国企业在拉美投资所面临的政治风险及其应对策略进行了系统的梳理和研究，总结并分析了拉美能源国有化浪潮、劳工风险、环保要求带来的追加投资、拉美一些国家对中国过高的期望值以及其他不可忽视的因素等风险问题，并且从加强风险意识和致力于长期投资的本地化战略、扩大投资领域、关注社会问题等角度，提出中国企业的应对策略和建议。拉美是新时期中国企业投资的“热地”，然而由于地理位置遥远，语言障碍等客观因素，我国学界的相关研究还很薄弱，企业界的风险认识明显不足，这成为制约我们进一步扩大在拉美投资和有效收益的主要障碍。本研究立足于对该地区政治和社会问题的全局性思考和分析，紧紧围绕可能出现的风险问题，特别注意借鉴欧美等国在拉美投资的成功策略与经验，分析风险并提出对策，具有一定的新意，填补了我国对这一问题系统研究的不足，对于我国政府制定在拉美的投资战略、企业进行投资决策具有切实的指导意义。

证　书

李紫莹同志的论文《中国企业在拉美投资的政治风险及其对策》在2012/2013年度全国商务发展研究成果奖评选中获论文优秀奖。

特发此证。

商务发展研究成果奖奖字（2013）第073号

本成果正式发表后，分别被《国际商报》整版转载，被国务院发展研究中心信息网和新华网采录，被商务部内刊《中国机电经贸》转载；其缩写版发表于新华社内刊《世界问题研究》。在第三届中拉经贸关系国际研讨会上，作者就该成果作外文专题学术报告，受到中拉关系著名学者称赞。

成果名称 《后 TRIPs 时代国际商标立法：从最低保护到规则统一》

作　　者 薛 源

奖项名称 2012/2013 年度全国商务发展研究成果奖

获奖等级 优秀奖

获奖时间 2013 年

作 者 简 介

薛 源　1974 年 10 月生，女，对外经济贸易大学法学学士、法学硕士、法学博士，教授、博士生导师。2005 年起在对外经济贸易大学法学院任教。主要研究领域为国际私法、国际商事争议解决、国际商法。主持国家社科基金项目 2 项、教育部人文社科项目 1 项和中国法学会部级课题 1 项。在核心期刊发表论文 20 余篇。获 2012/2013 年度全国商务发展研究成果奖、第二十届"安子介国际贸易研究奖"优秀论文奖。

成果简介

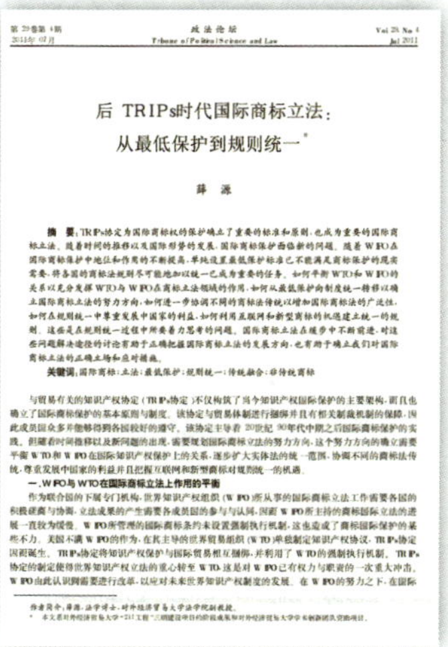

第29卷第4期　　政法论坛　　Vol.29 No.4
2011年07月　　Tribune of Political Science and Law　　Jul 2011

后TRIPs时代国际商标立法：
从最低保护到规则统一*

薛 源

摘 要：TRIPs协定为国际商标权的保护确立了重要的标准和原则，也成为重要的国际商标立法。随着时间的推移以及国际形势的发展，国际商标保护面临新的问题。随着WIPO在国际商标保护中地位和作用的不断提高，单纯设置最低保护标准已不能满足商标保护的现实需要，将各国的商标法规则尽可能地加以统一已成为重要的任务。如何平衡WTO和WIPO的关系以充分发挥WTO与WIPO在商标立法领域的作用，如何从最低保护向制度统一转移以确立国际商标立法的努力方向，如何进一步协调不同的商标法传统以增加国际商标法的广泛性，如何在规则统一中尊重发展中国家的利益，如何利用互联网和新型商标的机遇建立统一的规则，这些是在规则统一过程中所要着力思考的问题。国际商标立法在缓步中不断前进，对这些问题解决途径的讨论有助于正确把握国际商标立法的发展方向，也有助于确立我们对国际商标立法的正确立场和应对措施。

关键词：国际商标；立法；最低保护；规则统一；传统融合；非传统商标

与贸易有关的知识产权协定（TRIPs协定）不仅构筑了当今知识产权国际保护的主要架构，而且也确立了国际商标保护的基本原则与制度。该协定与贸易体制进行捆绑并且有相关制裁机制的保障，因此成员国众多并能够得到各国较好的遵守。该协定主导着20世纪90年代中期之后国际商标保护的实践。但随着时间推移以及新问题的出现，需要规划国际商标立法的努力方向，这个努力方向的确立需要平衡WTO和WIPO在国际知识产权保护上的关系，逐步扩大实体法的统一范围，协调不同的商标法传统，尊重发展中国家的利益并且把握互联网和新型商标对规则统一的机遇。

一、WIPO与WTO在国际商标立法上作用的平衡

作为联合国的下属专门机构，世界知识产权组织（WIPO）所从事的国际商标立法工作需要各国的积极磋商与协调，立法成果的产生需要各成员国的参与与认同，因而WIPO所主持的商标国际立法的进展一直较为缓慢。WIPO所管理的国际商标条约未设置强制执行机制，这也造成了商标国际保护的某些不力。美国不满WIPO的作为，在其主导的世界贸易组织（WTO）中推动制定知识产权协议，TRIPs协定因而诞生。TRIPs协定将知识产权保护与国际贸易相互捆绑，并利用了WTO的强制执行机制。TRIPs协定的制定使得世界知识产权立法的重心转至WTO，这是对WIPO已有权力与职责的一次重大冲击。WIPO由此认识到需要进行改革，以应对未来世界知识产权制度的发展。在WIPO的努力之下，在国际

作者简介：薛源，法学博士，对外经济贸易大学法学院副教授。
* 本文系对外经济贸易大学"211工程"三期建设项目的阶段成果和对外经济贸易大学学术创新团队资助项目。

本成果论述：TRIPs协定（《与贸易有关的知识产权协定》）为国际商标权的保护确立了重要的标准和原则，也成为国际商标法的重要条约。随着时间的发展以及WIPO（World Intellectual Property Organization，世界知识产权组织）在国际商标保护中地位和作用的不断提高，新的国际商标立法问题不断涌现，包括如何平衡WTO和WIPO的关系以充分发挥WTO与WIPO在商标立法领域的作用，如何从确立最低保护向制度统一转移以确立国际商标立法的努力方向，如何在立法中进一步协调不同的商标法传统以增加国际商标法的广泛性，如何从推行商标保护的标准到尊重发展中国家的利益，如何积极面对互联网和新型商标对商标立法的挑战，等等，这些方面有许多工作要做。国际商标立法在缓步中不断前进，对这些问题解决途径的讨论有助于正确把握国际商标立法的发展方向，也有助于确立我们对国际商标立法的正确立场和应对措施。

成果名称 《技术进步对中国二氧化碳排放的影响——基于省际面板数据的经验研究》

作　　者 魏巍贤　等

奖项名称 第十一届全国统计科学研究优秀成果奖

获奖等级 三等奖

获奖时间 2013 年

作 者 简 介

魏巍贤 1963 年 10 月生，男，1995 年，就读于西安交通大学系统工程专业，获工学博士学位。1996—1998 年，中国矿业大学管理学院博士后工作。1998 年 11 月，在厦门大学经济学院工作。2008 年 1 月，调至对外经济贸易大学国际经济贸易学院工作至今。主要从事能源环境经济学与绿色金融学相关研究。作为首席专家在国内重要学术期刊发表论文 30 余篇、第一作者（通讯作者）在国际权威期刊发表论文 12 篇。主持完成国家社科基金重点项目，主持北京市社科基金重大项目，主持教育部后期资助重大项目，主持研究国家统计局重大专项项目。重视与实业界结合，将理论应用于现实，曾担任世界银行、亚洲开发银行、亚太经贸合作组织等国际组织和政府机构的项目咨询专家。教育部学位中心学位论文网上通讯评议专家，教育部长江学者通讯评审专家。国家自然科学基金、国家社科基金以及国内外权威学术期刊匿名评审专家。

成果简介

本成果将内生增长理论与环境污染模型相结合，运用 1997—2007 年中国省市面板数据，对我国二氧化碳排放的影响因素进行实证分析，着重研究技术进步（包括自主研发和技术引进）对二氧化碳减排的贡献，结论如下：总体而言，我国二氧化碳排放总量上升与经济总量的扩大、工业化水平的提高以及贸易自由化进程的加快等因素正相关；自主研发、技术引进对我国的二氧化碳减排具有显著的促进作用，但自主研发对引进技术的吸收能力较低，在促进生产率提高和节能减排方面，与技术引进形成互补优势的能力尚待提高；技术进步对我国二氧化碳排放的影响表现出明显的地区差异。研究结论的重要政策含义：

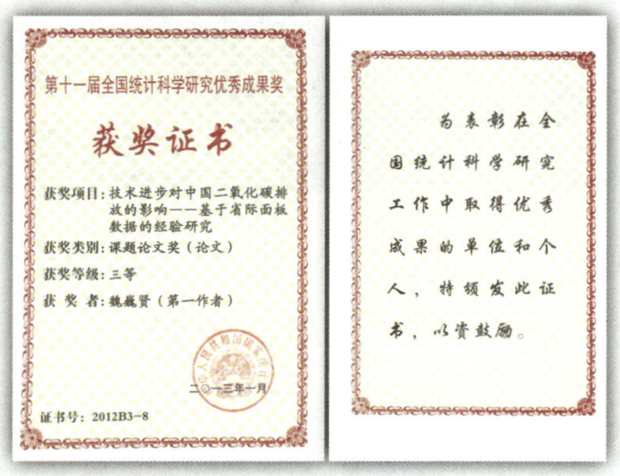

（1）实现我国节能减排的关键是依靠科技进步、促进生产率的提高、发展低碳技术。（2）通过市场机制和行政手段相结合的方式推动企业技术创新，为其营造良好的外部环境。（3）注重引进并学习国外的先进技术，加快自身发展速度，发挥自主研发的双重效应。（4）制定政策要考虑各地区的经济基础和技术发展条件。东中部地区与国外技术水平的差距相对较小，在提高自主创新能力的同时，通过消化和吸收发达国家的核心能源技术以发挥技术引进对技术提升的促进作用。而西部地区与国外技术水平的差距相对较大，需要进一步加强和改善相关基础设施和配套环境。

成果名称 《中国对外开放史》

作　　者 孙玉琴　赵崔莉　孙　倩　李玉梅　等

奖项名称 北京市第十三届哲学社会科学优秀成果奖

获奖等级 一等奖

获奖时间 2014 年

作者简介

孙玉琴　1965 年 10 月生，女，首都师范大学历史学硕士（经济史专业），对外经济贸易大学经济学博士（国际贸易专业）。教授，博士生导师。中国商业史学会第五、第六届副会长，对外贸易史分会会长。长期从事中国对外贸易史、中国对外贸易理论与政策的教学与研究，主要著作有《中国对外贸易体制改革的效应》《中国对外贸易史》等，在《中国经济史研究》《国际贸易》《国际贸易问题》《国际商务》等期刊发表多篇论文，承担并完成多项国家及省部级课题。

成果简介

本成果涵盖两汉以来两千余年的中国对外开放史，贯穿中国的封建社会、半封建半殖民地社会及新中国成立后60余年的发展历程。

第一卷为自两汉到鸦片战争前的中国古代对外开放史。包括各个时期对外开放的社会经济基础，中国对外开放孔道的形成、发展与转移，各时期对外开放的政策及其演进和绩效。

第二卷为中国近代对外开放史。主要涉及各阶段被迫输入型及自主性对外开放制度的演进，近代对外开放与区域经济的发展，近代利用外资与对外贸易的变化，不同时期对外开放的宏观经济效应。

第三卷为新中国对外开放史。以1978年改革开放为界，分为两部分：第一部分为新中国成立后，前30年对外开放的曲折历程，主要从对外贸易和对外经济技术合作等的发展背景、曲折过程、效果等方面进行梳理和分析。第二部分为改革开放以来的对外开放史，主要研究对外开放政策的发展演变，重点探讨对外贸易体制改革、利用外资、对外投资及对外经济援助政策的演变，以及方式、规模、结构的变化及成效与问题，并对对外开放与贸易增长、经济增长的关系进行实证分析。

成果名称 《中国企业转型升级若干问题的调研报告》

作　　者 林汉川　蓝庆新　王分棉　等

所获奖项 2014 年北京市第十三届哲学社会科学优秀成果奖一等奖

2015 年第七届高等学校科学研究优秀成果奖（人文社会科学）一等奖

成果简介

本成果聚焦和服务于中国企业国际化经营与中小企业转型升级战略两方面重大需求问题，通过深入全国 17 个省、市、自治区对 400 多家企业的求真务实调查研究，完成一系列具有前瞻性、战略性、针对性与可操作性的调研报告。成果中，9 篇调研报告得到党和国家领导人的批示或被相关政府部门采用，2 篇被国家社科规划办《成果要报》采用，4 篇被《新华社内参》采用，为中国企业转型升级及提升竞争力重大战略决策提供高质量智力支持作出较突出的贡献，并为政府决策和企业发展提供了创新性思路与对策建议。

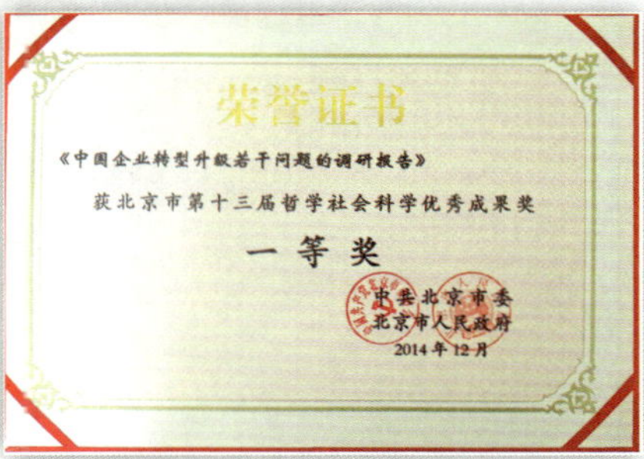

成果名称　*Testing the Moderating Effects of Toolkits and User Communities in Personalization: the Case of Social Networking Service*

作　　者　王永贵　等

所获奖项　2014 年北京市第十三届哲学社会科学优秀成果奖二等奖
2015 年第七届高等学校科学研究优秀成果奖（人文社会科学）三等奖

成果简介

本成果论述：为满足顾客个性化的需求，越来越多的企业开始向顾客提供各种有效的定制化工具。如何吸引顾客参与个性化服务创新过程中并对顾客进行授权以便进一步提升个性化服务创新的效果，日益成为众多企业面临的战略课题。本成果在前人相关研究的基础上，对企业所提供的两种相当流行的使能方法——顾客创新工具箱和用户社区进行研究，并对他们在个性化服务创新中的角色和作用进行了剖析，从理论上探讨了他们与创新用户的两个主要特征——领先优势状态和用户创新以及个性化创新效果之间的关系；又基于社会网络服务的个案，利用面向网络服务用户的调查问卷数据，进行系统的实证分析，得出富有理论价值和实践意义的结论，从而弥补了国际上这一研究领域的缺陷，为未来更为深入的研究奠定了基础。

成果名称 《中国制造业集聚与对外贸易：微观经济视角的分析》

作　　者 邓慧慧

所获奖项 2014 年北京市第十三届哲学社会科学优秀成果奖二等奖

2015 年第七届高等学校科学研究优秀成果奖（人文社会科学）三等奖

成果简介

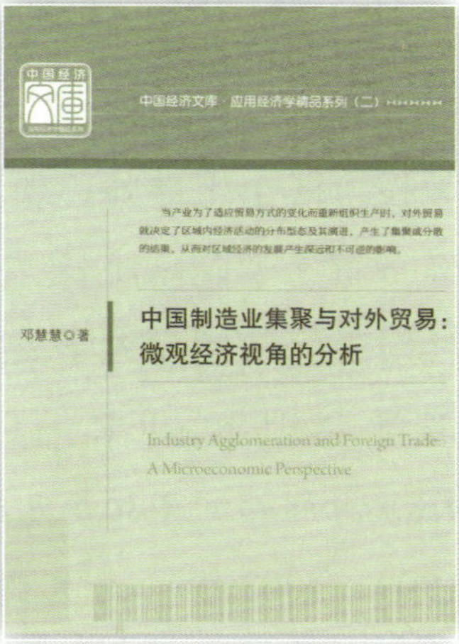

本成果应用空间经济学最新成果，从微观视角深入分析对外贸易在中国产业空间分布的形成与发展过程中的作用，回答了贸易会使中西部和东部沿海地区的区域差异扩大还是缩小、资本流动和劳动力流动有何内在关联等问题。贸易可导致内部经济地理的重构，政策的实施如能直接或间接导致集聚与分散力量的此消彼长，则必然对经济活动的空间分布产生影响。本成果结合中国具体背景，把转型经济的重要特征纳入开放经济下的空间模型来认识产业集聚发生、发展的一般性与特殊性，以弥补相关产业分布理论研究的不足；对开放经济下制造业集聚的内在机制和演化路径的研究，在产业升级、产业转移及区域协调发展方面具有很强的政策含义和借鉴意义；对中国经济新常态下中国制造业生产和贸易的竞争优势来源和发展取向具有深刻的启示。

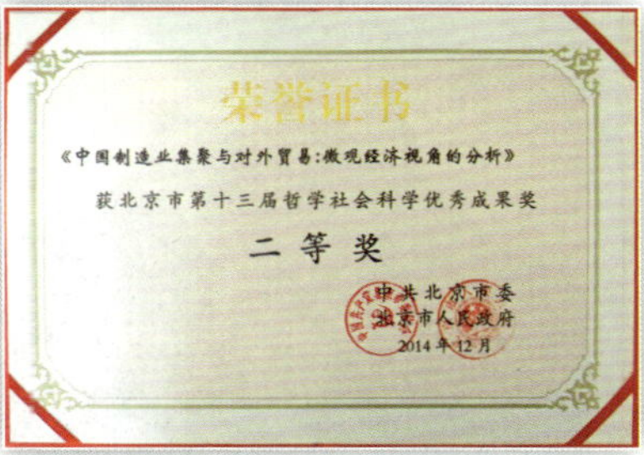

成果名称 *Effects of High-speed Rail and Air Transport Competition on Prices, Profits and Welfare*

作　　者 杨杭军　等

奖项名称 北京市第十三届哲学社会科学优秀成果奖

获奖等级 二等奖

获奖时间 2014年

作者简介

杨杭军　1981年9月生，男，管理学博士，教授，博士生导师。现任对外经济贸易大学国际经济贸易学院副院长、教授委员会委员，九三学社对外经济贸易大学支社主委。兼任中国工业经济学会理事、JCR一区期刊 *Transport Policy* 和 *Transportation Research Part D* 的编委和客座主编。1999—2003年，就读于浙江大学数学系，获理学学士学位；2003—2011年，就读于加拿大不列颠哥伦比亚大学，获理学硕士和管理学博士学位。2011年起，在对外经济贸易大学国际经济贸易学院任教；2013年，破格晋升副教授；2016年，破格晋升教授。2019年，入选国家“万人计划”青年拔尖人才。主要研究领域为运输经济学、产业经济学、物流管理。发表国际一流期刊论文30余篇。先后主持国家社科基金重大项目等10余项。获教育部霍英东青年教师奖，教育部第七届、第八届高等学校科学研究优秀成果奖（人文社会科学），北京市第十三届、第十四届和第十五届哲学社会科学优秀成果奖等省部级奖项。

成果简介

Transportation Research Part B

Contents lists available at SciVerse ScienceDirect

journal homepage: www.elsevier.com/locate/trb

Effects of high-speed rail and air transport competition on prices, profits and welfare

Hangjun Yang, Anming Zhang

ARTICLE INFO

Keywords:
Air transport
High-speed rail
Vertical competition
Price discrimination

ABSTRACT

This paper investigates the effects of competition between air transport and high-speed rail (HSR). While airlines are assumed to maximize profit, HSR may maximize a weighted sum of profit and social welfare. We show that both airfare and HSR fare fall as the weight of welfare in the HSR's objective function increases, while airline decreases, and rail fare increases, in the airport access time. Furthermore, airfare decreases in rail speed if the impact of HSR marginal cost with respect to rail speed is not too large. On the other hand, whether rail fare increases in rail speed depends not only on the HSR marginal cost but also on the weight of welfare. We further compare prices, profits and welfare between "with price discrimination" in which airlines price discriminate business from leisure passengers, and "without price discrimination". Welfare in the HSR system can be either higher or lower with price discrimination. In particular, it is higher under price discrimination when the difference of gain from travel is sufficiently larger than the time value difference between business and leisure passengers. Finally, a numerical study on China's markets is conducted in which both price and schedule frequency are considered as decision variables.

© 2012 Elsevier Ltd. All rights reserved.

1. Introduction

The first modern high-speed rail (HSR) – the route between Tokyo and Osaka with a maximum speed of 210 km/h – went into operation in 1964 in Japan. In 1976, British Railways opened an HSR line between London and Bristol. France commenced the operation of its first HSR between Paris and Lyon in 1981. Since then, many European countries have built HSR lines, including Spain, Germany, Italy, Belgium, and the Netherlands. In Asia, South Korea started its first HSR line between Seoul and Daegu in 2004 (which later was extended to Busan), and Taiwan started its HSR service between Taipei and Kaohsiung in 2007.

Yet, the most ambitious HSR development so far is in China: Its original plan, first elaborated in a National Development Plan in 2003, was to build a 12,000 route-km HSR network by 2020, based on a network of four vertical and four horizontal trunk lines. The stimulus package launched by China in 2008 to mitigate the impact of the global financial crisis has more than doubled the investment funds available for railways for the period 2008–2010, enabling its Ministry of Railways to accelerate the HSR construction. The total investment in the HSR network is about USD 300 billion. As a result, the

本成果的主要观点：（1）航空公司不管是国有的还是民营的，其主要目标是利润最大化；而高铁往往需要兼顾利润和社会福利。（2）随着高铁倾向于旅客和社会福利，机票价格和高铁票价都会降低。（3）通过对商务旅客和休闲旅客的价格歧视，航空公司能获利，但高铁运营公司和乘客的利益却有可能受损。（4）航空公司和高铁间的竞争，不仅仅是票价，班次频率和准点率也是很重要的影响因素。（5）航空公司应避免与高铁的直接价格竞争，可积极开展“空铁联运”与高铁实现合作双赢。高铁可采用类似航空公司的动态定价，对不同类型的旅客实行价格歧视。

主要创新：国内外关于高铁与民航竞争的研究较多，但绝大部分文章都没有理论模型，而是以分析实际案例或调研数据为主。本成果的主要创新和学术价值在于建立了一个相对比较完善的关于民航与高铁竞争的理论模型，把高铁与民航竞争的主要因素（包括票价、速度、旅行时间、旅行距离、高铁车站与飞机场的便捷性、线路、班次频率等）包含在模型中，同时对建立的模型进行定性和定量的分析，得出高铁与民航竞争对票价、利润、市场份额和社会福利的影响等。

成果名称 《从报表看企业——数字背后的秘密》

作　　者 张新民

奖项名称 北京市第十三届哲学社会科学优秀成果奖

获奖等级 二等奖

获奖时间 2014年

成果简介

本成果从管理者的视角出发，以开创性的“八看”分析框架为路径，从战略、经营资产管理与竞争力、效益和质量、价值、成本决定机制、财务状况质量、风险及前景等方面入手，对企业财务报表进行透视。成果基于企业财务理论发展趋势和中国企业经营决策特有的复杂多样性对理论创新的需求，将企业财务状况质量分析与企业管理透视有机地结合起来，探索出通过财务分析来透视企业管理状况的方法体系。提出研究企业经营状况的“八看”分析路径，通过对路径分析概念的内涵及其相互关系的分析，形成一组逻辑一致且相互支撑的概念体系。以此为基础，探索构建一个能够揭示中国公司管理质量特点和内在机制的理论分析框架，揭示企业财务数字背后的管理秘密，为中国公司财务分析与评价研究的展开提供一个理论平台。

成果名称 《DNA 证据研究》

作　　者 陈学权

奖项名称 北京市第十三届哲学社会科学优秀成果奖

获奖级别 二等奖

获奖时间 2014 年

作者简介

陈学权 1978 年 3 月生，男，诉讼法学博士。现为对外经济贸易大学教授，博士生导师。研究领域为刑事诉讼法学和证据法学。在《中国法学》《法学研究》等刊物独立发表论文百余篇，独立出版专著《科技证据论》《DNA 证据研究》、教材《模拟法庭实验教程》（第四版）。主持国家 / 北京市社科基金以及教育部、司法部、中国法学会等科研项目 10 余项。科研成果独立获中国法学会中青年刑事诉讼法学优秀科研成果奖（2007、2011、2015、2017、2019）、司法部全国优秀法学教材与科研成果奖（2009）、北京市哲学社会科学优秀成果奖（2014）、中国法学教育研究成果奖（2015、2019）等。曾获北京市优秀教师（2013 年）、北京市高等学校青年教学名师（2020）等荣誉称号。

成果简介

本成果是国内公开出版的第一本有关DNA证据研究的法学著作。主要观点包括：（1）遗传学和统计学是DNA证据的科学原理。DNA证据虽然能够有力地促进案件事实、真相的发现，但不能完全取代指纹鉴定等人身识别证据；同时，还可能给程序公正带来一些负面影响。（2）采集、检测和分析自然人的DNA样本，涉嫌侵犯隐私权、人身自由权、身体权和不被强迫自证其罪权等基本权利。依据法律保留原则，强制从人身上收集DNA样本之行为应以法律授权为前提。法庭科学DNA数据库具有侦查破案、犯罪预防、错案纠正的功能；但是，其建立和运行在法治上面临一些新问题。我国法庭科学DNA数据库立法处于空白，相关立法应该尽早启动。（3）我国刑事司法中，DNA证据的运用存在如下问题：DNA证据在指控犯罪方面的功能尚未得到充分发挥，DNA鉴定不够规范，辩方对DNA证据的质证能力比较欠缺；DNA鉴定在错案发现和纠正方面的功能有待挖掘。（4）DNA证据的证明力已经被过分夸大，DNA证据的真实面目是：DNA鉴定的理论前提存在例外，得出的是概率而非确定性结论且鉴定结论存在误差和错误。将DNA证据请下神坛，要求我们树立科学的DNA证据观和确立DNA证据运用的补强规则。

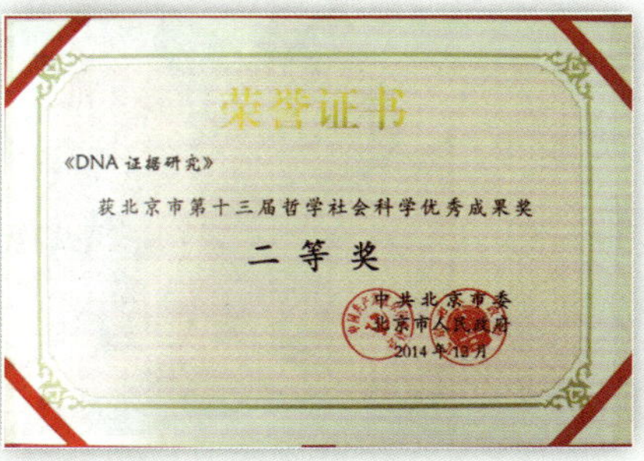

成果名称 《中国国民收入的要素分配份额研究》

作　　者 钱震杰

所获奖项 2014 年北京市第十三届哲学社会科学优秀成果奖二等奖
2015 年第七届高等学校科学研究优秀成果奖（人文社会科学）二等奖

作者简介

钱震杰 1976 年 11 月生，女。1999 年，就读于复旦大学，获理学学士学位。2004、2008 年，就读于清华大学，先后获数量经济学硕士和博士学位。2013 年起，任教于对外经济贸易大学金融学院，副教授。研究领域为国民收入分配。作品曾发表于《中国社会科学》《经济研究》《世界经济》《金融研究》和 *Journal of Comparative Economics*、*China Economic Review* 等国内国际期刊。代表作品曾获北京市优秀博士论文、黄达 - 蒙代尔经济学奖、张培刚发展经济学优秀成果奖、北京市哲学社会科学优秀成果奖、教育部高等学校科学研究优秀成果奖等研究类奖项。

成果简介

本成果关注1978年来我国要素分配份额的变化，以新古典分配理论为基础，解释了1995年以来劳动收入份额下降、资本份额上升的现象，拓展了新古典要素分配理论，为中国经济结构变迁提供了分配视角的考察。发现1995—2007年间，劳动份额统计数据的下降，40%以上来自核算方法的变化；剔除核算方法影响后，产业结构转型和工业内资本收入份额的变化，是1978年以来我国总体要素分配变化的两大主要力量，它们对1995—2003年间总体资本收入份额上升的贡献分别为60%和30%；对工业部门的考察发现，其子资本收入份额上升的1/4来自行业垄断力增强，1/2来自国有企业改革。

本成果较完整地揭示了1995年以来要素分配份额的变化原因，为收入分配问题的研究和中国经济结构转型的讨论提供了新的视角和思路。对国家统计局国民收入核算方法中涉及要素分配各种规定的分析，为未来研究中国要素分配问题提供了较好的数据基础。对国内外要素分配文献的研究，为未来借鉴现有国际成果分析中国现实问题奠定了较全面的文献基础。以本研究为基础发表的期刊成果包括CSSCI文章6篇、SSCI文章1篇、报刊文章2篇。本成果分别被《新华文摘》《中国社会科学文摘》以及中国人民大学《复印报刊资料》全文转载。

成果名称 《网络空间威慑：报复是否可行》

作　　者 董青岭　戴长征

奖项名称 北京市第十三届哲学社会科学优秀成果奖

获奖等级 二等奖

获奖时间 2014 年

作 者 简 介

董青岭 1981 年 4 月生，男，现任对外经济贸易大学国际关系学院教授，博士生导师。主要致力于大数据科学与国际关系的交叉研究。主持国家社科基金重大项目、北京市社科基金重大项目、国家社科基金青年项目、教育部人文社科研究项目、校级科研项目以及中国博士后科学基金项目多项。出版个人学术专著《复合建构主义：进化合作与进化冲突》《大数据与机器学习：复杂社会的政治分析》，在《中国社会科学》《世界经济与政治》《国际政治科学》《外交评论》《欧洲研究》《国际政治研究》等期刊发表学术论文 20 余篇。曾获北京市第十三届哲学社会科学优秀成果奖二等奖、北京市第十五届哲学社会科学优秀成果奖二等奖。

成果简介

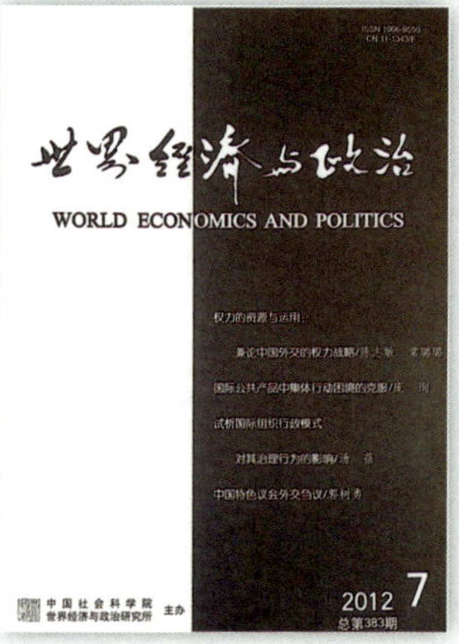

本成果以网络行为体遵循理性选择为前提假设，重点研究了网络空间中的威慑原理，构建了以报复和惩罚为基本逻辑的网络空间威慑学说。它假定网络攻击者是具有成本/收益算计能力的工具理性行为体，只有当攻击收益大于攻击成本及其所招致的报复损失成本时，网络行为体才有可能发动网络攻击行为。在不同的风险特征假定下，网络空间的行为体因具有不同的风险嗜好和预期成本/收益算计而遵循不同的攻击决策模式，由此决定了针对不同类型的网络攻击也应采取不同的威慑战略，否则便会威而无慑、慑而不止。针对风险偏好型网络攻击，加大进攻发现概率和惩罚归因力度将是最为可取的政策。针对风险中性型攻击，降低预期收益可能会带来最优威慑效果；此时，劝止性威慑胜于报复性威慑。而对于风险规避型攻击，威慑的效果在理论上取决于报复惩罚的强度，与进攻发现概率和惩罚概率关系并不十分明显；此时，将有限的资源投入进攻性网络武器的开发与第二次打击能力建设上，进而提高报复性惩罚的力度和意愿方是明智之策。

成果名称 *Exploring the Role of Government Involvement in Outward FDI from Emerging Economies*

作　　者 洪俊杰　等

奖项名称 第十八届“安子介国际贸易研究奖”

获奖等级 优秀论文一等奖

获奖时间 2014 年

作者简介

洪俊杰 1976 年 12 月生，男，1994—2001 年，就读于南开大学，获经济学学士和硕士学位。2005 年，就读于新加坡国立大学，获经济学博士学位。现任对外经济贸易大学党委常委、副校长、经济学部部长。教育部“长江学者”特聘教授，国家“万人计划”领军人才、首批青年拔尖人才，中宣部文化名家暨“四个一批”人才，教育部“新世纪优秀人才”，国家社科基金重大项目首席专家，享受国务院政府特殊津贴专家。担任教育部经济与贸易类教指委秘书长、商务部经贸政策咨询委员会专家，连续入选 *Elsevier* 中国高被引学者。研究领域涵盖国际贸易与国际商务、区域经济与运输物流，提出并系统论证了中国开放型经济的“共轭环流论”和国际化的“制度促进论”，在国内外产生广泛的影响。公开发表高水平学术论文及专著近百部，包括国际顶级学术期刊在内的 SSCI 收录期刊 20 余篇和国内顶级期刊 10 余篇。

成果简介

Exploring the Role of Government Involvement in Outward FDI from Emerging Economies

Chengqi Wang, Junjie Hong, Mario Kafouros and Mike Wright

Introduction

In contrast to the theoretical prediction that emerging-market enterprises (EMEs) do not possess strong capabilities, and will therefore remain the world's production workshop, EMEs increasingly internationalize operations through foreign investment (Bhaumik, Driffield, & Pal, 2010; Luo & Tung, 2007). Although this phenomenon has important economic implications, and opens up new avenues for academic theorizing, knowledge of the business models and forces driving outward foreign direct investment (OFDI) from emerging economies and how these differ from internationalization by developed nations remains incomplete (Child & Rodrigues, 2005; Ramamurti, 2012). This study addresses this lack of understanding, and extends previous research in two important ways.

First, the resource-based view (RBV) offers valuable insights into how variations in assets influence OFDI. However, it overlooks how an important

C. Wang (✉)
Nottingham University Business School, University of Nottingham, Nottingham, UK
e-mail: Chengqi.Wang@Nottingham.ac.uk

J. Hong
School of International Trade & Economics, University of International Business and Economics, Beijing, China
e-mail: hongjunjie@alumni.nus.edu.sg

M. Kafouros
Centre for International Business, University of Leeds (CIBUL), Leeds University Business School, Leeds, UK
e-mail: mk@lubs.leeds.ac.uk

M. Wright
Imperial College Business School, London, UK

本成果识别并考察了母国制度影响企业对外直接投资的机制。具体而言，政府通过协助企业降低交易成本和资源约束、干预企业管理者配置资源的方式，影响企业的国际化行为。进一步分析认为，母国制度对企业的支持，是企业充分发挥母国资源优势、扩大国际化程度的重要因素；政府参与类型和参与程度不仅影响新兴市场经济体的海外投资决策，还影响投资的地点和类型；与更高级别的政府产生网络关系连接，更有助于推动企业寻求海外市场投资。这一发现的意义在于，揭示了新兴经济体企业的对外直接投资势头与传统的对外直接投资理论不完全契合。在此基础上，考虑其不同的类型和层次，对政府如何影响中小企业海外投资的能力和意愿，并对外直接投资的地点和类型提供更完整的解释。虽然制度力量对新兴经济体对外直接投资单独产生的效应，强于资源性因素单独产生的效应，但当二者相结合时，对新兴经济体对外直接投资的效应影响显著。

證　書

《 Exploring the role of government involvement in outward FDI from emerging economies 》（王成岐　洪俊杰　Mario Kafouros　Mike Wright）荣获第十八届“安子介国际贸易研究奖”优秀论文一等奖

安子介国际贸易研究奖励金
委员会
二零一四年十二月

成果名称 *Free Trade and Cultural Diversity in International Law*

作　　者 石静霞

所获奖项 2014 年第十八届“安子介国际贸易研究奖”优秀著作二等奖

2015 年第七届高等学校科学研究优秀成果奖（人文社会科学）二等奖

成果简介

本成果试图协调在经济全球化背景下自由贸易和关键的非贸易价值之一——文化多样性之间的冲突。首先比较各种视野下对文化的多种认识，从而解释国际法为什么应当关注和促进文化多样性的问题。随后检视各国政策制定者在新媒体环境下采取文化措施所面临的传统挑战和新问题。在分析联合国教科文组织（UNESCO）对文化多样性的理论和方法后，重点探讨在 GATT/WTO 框架下以及关键的区域贸易协定中文化产品待遇的现状及问题。在此基础上，提出在促进自由贸易的同时，应注重对文化多样性保护的基本主张及具体的国际法建议，主要体现为一种兼顾国内法和国际法平衡的双轨方法。具体而言，在制定国内法中涉及文化产品的政策和措施时，应注意本国在贸易协定中所承担的国际义务；同时，在国际法上，宜从条约解释的角度寻求联结 UNESCO 文化多样性公约和 WTO 协定之间的桥梁，以便涉及文化产品的贸易争议发生时，争端解决机构能够在一定程度上适当考虑一国文化保护措施的合法性和正当性。

成果名称 《人口结构与国际贸易》
作　　者 田　巍　等
奖项名称 第十八届“安子介国际贸易研究奖”
获奖等级 优秀论文三等奖
获奖时间 2014年

作者简介

田　巍　1985年1月生，女。2013—2019年，对外经济贸易大学国际经济贸易学院教师。北京大学光华管理学院博士。主要研究领域为国际经济学、发展经济学、产业经济学和应用微观经济学等。主要研究方向为对外直接投资、国际贸易、贸易自由化和企业进出口等。曾在*Economic Journal*、*Journal of Economic Behavior and Organization*、*The World Economy*、*Review of International Economics*及《经济研究》《管理世界》《世界经济》等国内外顶级和一流期刊发表文章数十篇。主持并顺利完成国家自科青年项目1项，主持国家自科面上项目以及参与国家社科、自科重点、重大课题、企事业单位课题近10项。曾先后获第十七届“安子介国际贸易研究奖”学术鼓励奖和第十八届“安子介国际贸易研究奖”优秀论文三等奖。

成果简介

本成果讨论了贸易国之间人口结构对国际贸易的影响，通过一个增强版的引力方程论证了人口抚养比是双边贸易增长的重要推动力。一个有较低的抚养比或者较高的劳动人口比的出口国相较其贸易伙伴而言，会有更丰裕的劳动力，从而可以生产和出口更多的产品。对于进口国而言，一个有着更多劳动禀赋的国家会获得更多的劳动收入，因而有能力进口更多。

成果通过加入人口抚养比扩展了 Anderson & Van Wincoop（2003）的一般均衡引力方程。随后，根据引力方程文章使用大样本面板数据将人口抚养比（劳动人口比）对于双边贸易的效应估计出来。结果表明，贸易伙伴的低人口抚养比会导致高的贸易量，出口国的平均劳动年龄人口比上升 1% 会推动出口增加至少 3%；同时，进口国的平均劳动人口比上升 1% 会推动进口增长至少 2%。即使在控制了可能存在的内生性以及双边贸易引力方程估计中的多边阻力并允许不同的计量设定的情况下，这一发现仍然稳健。

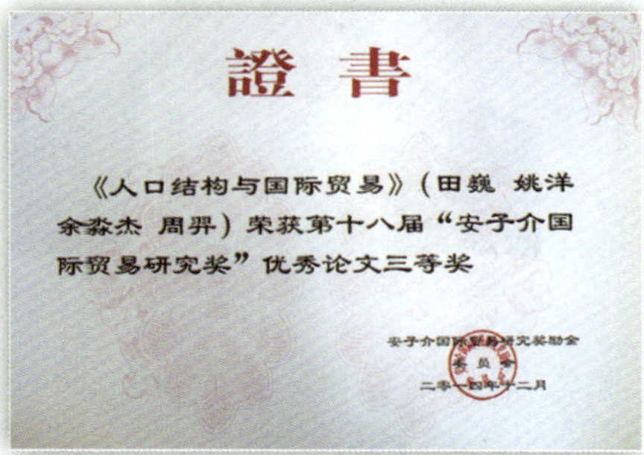
證 書

《人口结构与国际贸易》（田巍 姚洋 余淼杰 周羿）荣获第十八届“安子介国际贸易研究奖”优秀论文三等奖

成果的发现从人口转型的角度，解释了许多新兴国家采取“出口导向”的原因并提供了证据。这些国家拥有大量剩余劳动力的共同人口特征，使得在劳动密集部门出现了国内过度供给。从这一点来看，如林毅夫（2007）所一直强调的那样，“出口导向”的发展战略被这些经济表现强劲的国家所采用，是符合其比较优势的。也如姚洋和余淼杰（2009）指出的，中国采用“出口导向”的发展战略是一个内生的、自我选择的过程。

成果名称 *Trade, Production Fragmentation, and China's Carbon Dioxide Emissions*

作　　者 裴建锁　等

奖项名称 第十八届“安子介国际贸易研究奖”

获奖等级 优秀论文三等奖

获奖时间 2014年

作者简介

裴建锁　1982年1月生，男，中国人民大学应用经济学院副教授，杰出学者。研究领域为投入产出经济学、全球价值链等。学术论文发表于国内外顶级学术期刊《中国社会科学》、*Journal of Environmental Economics and Management* 等。曾获高等学校科学研究优秀成果奖、孙冶方经济科学奖、张培刚发展经济学研究优秀成果奖、“安子介国际贸易研究奖”以及陈锡康投入产出技术奖等。担任国际投入产出学会学术委员会委员和中国投入产出学会常务理事。研究报告获中央领导和省部级领导批示。

成果简介

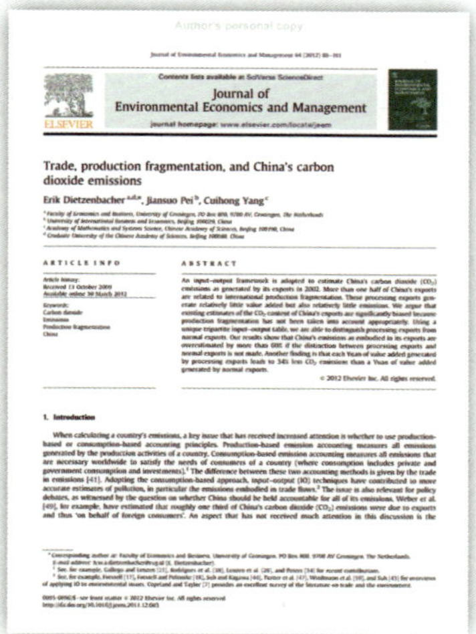

Journal of
Environmental Economics and Management

journal homepage: www.elsevier.com/locate/jeem

Trade, production fragmentation, and China's carbon dioxide emissions

Erik Dietzenbacher, Jiansuo Pei, Cuihong Yang

ABSTRACT

An input–output framework is adopted to estimate China's carbon dioxide (CO_2) emissions as generated by its exports in 2002. More than one half of China's exports are related to international production fragmentation. These processing exports generate relatively little value added but also relatively little emissions. We argue that existing estimates of the CO_2 content of China's exports are significantly biased because production fragmentation has not been taken into account appropriately. Using a unique tripartite input–output table, we are able to distinguish processing exports from normal exports. Our results show that China's emissions as embodied in its exports are overestimated by more than 60% if the distinction between processing exports and normal exports is not made. Another finding is that each Yuan of value added generated by processing exports leads to 34% less CO_2 emissions than a Yuan of value added generated by normal exports.

© 2012 Elsevier Inc. All rights reserved.

1. Introduction

When calculating a country's emissions, a key issue that has received increased attention is whether to use production-based or consumption-based accounting principles. Production-based emission accounting measures all emissions generated by the production activities of a country. Consumption-based emission accounting measures all emissions that are necessary worldwide to satisfy the needs of consumers of a country (where consumption includes private and government consumption and investments). The difference between these two accounting methods is given by the trade in emissions [41]. Adopting the consumption-based approach, input–output (IO) techniques have contributed to more accurate estimates of pollution, in particular the emissions embodied in trade flows. The issue is also relevant for policy debates, as witnessed by the question on whether China should be held accountable for all of its emissions. Weber et al. [49], for example, have estimated that roughly one third of China's carbon dioxide (CO_2) emissions were due to exports and thus 'on behalf of foreign consumers'. An aspect that has not received much attention in this discussion is the

本成果应用反映加工贸易的中国非竞争型投入产出模型，测算了各产业不同生产活动的排放。加工出口拉动较少的增加值，但同时产生较低的排放，而现行估计方法由于未能考虑加工贸易，会产生较大的误差。研究结果显示，对于出口造成的二氧化碳（CO_2）排放，现行的方法会高估 60% 以上。另外，加工出口是产生排放较少的拉动经济增长的方式，以出口产生的单位增加值计，一般出口比加工出口多排放 50% 以上的 CO_2。

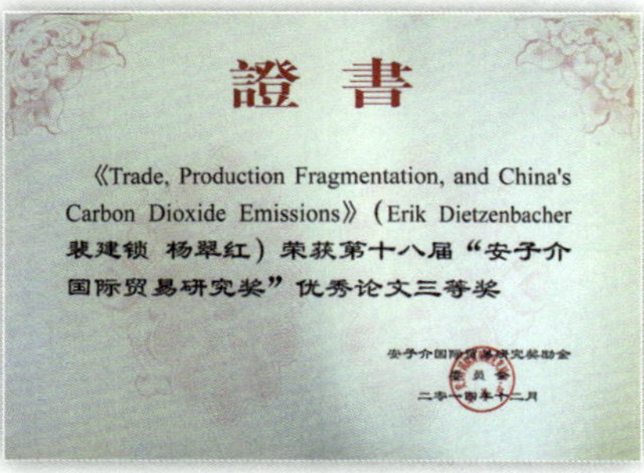

成果发表期刊是国际公认的 A 类 SSCI 期刊，是资源环境经济学领域顶级期刊（5 年平均影响因子为 3.398）；主编和评审人一致认为：“This paper offers an original contribution on a key issue that is receiving increased attention in both academic and policy arenas...This paper makes a valuable contribution in starting to fill this gap, focusing on the issue with particular attention to trade and outsourcing…”成果发表以来，陆续被相关文献引用，总数超过 160 次（Google Scholar 统计），在资源环境经济学领域研究产生了较大的影响。该方法论被公认为当前研究中国贸易相关问题的主流方法。

2015—2016 年

成果名称 《语言与高层转喻研究》

作　　者 陈香兰

奖项名称 第七届高等学校科学研究优秀成果奖（人文社会科学）

获奖等级 二等奖

获奖时间 2015 年

作者简介

陈香兰 1966 年 6 月生，女，教授，博士生导师。中国认知语言学研究会常务理事，中国认知神经语言学研究会常务理事，中国心理学会眼动心理研究专业委员会委员，中国语言心理专业委员会委员，SSCI 刊 *International Journal of Hospitality Management*、*Tourism Management* 等国际国内核心刊物审稿人。多次参加国际学术会议并做主题发言，两次获国际被邀发言人纪念奖。研究方向为认知语言学、商务语言认知眼动研究、修辞语言眼动效果等。主持项目 30 多个，包括国家社科基金项目 2 个、教育部项目 2 个、北京市项目（包括重点项目）3 个等。在 SSCI 刊物 Q1 区和《外语教学与研究》等国际国内刊物发表论文 70 多篇，出版专著 3 本。

成果简介

本成果主要研究文字表面难以观察到的抽象的认知转喻思维即高层转喻。具体来说，从认知语用角度，研究语言现象尤其是汉语现象中的高层转喻。首先，我们将语境因素考虑其中，提出高层转喻思维的总体模式，并对“What’s X doing Y”构式、现代汉语的间接拒绝、现代汉语疑问句的意义偏离、汉语伏应以及“的”字结构这五种语言现象中的转喻思维进行研究。研究发现，一方面，这五种语言现象都存在高层转喻，但各自有不同的认知特点，操作过程也有区别；另一方面，在不同语境下，同一种语言现象的转喻操作也会有变化，甚至有的转喻思维常常受到语境因素的制约，有无转喻与语境有绝对的关系。总之，成果揭示了语言表达背后的转喻思维机制，探讨语境如何制约转喻思维，解释了一些传统语法理论和言语行为理论难以解释的语言现象，属于认知理论前沿成果。

成果名称 *The Effect of Attribute Alignability on Service Evaluation: the Moderating Role of Uncertainty*

作　　者 孙 瑾 等

奖项名称 第七届高等学校科学研究优秀成果奖（人文社会科学）

获奖等级 三等奖

获奖时间 2015年

作者简介

孙 瑾 1982年5月生，女，对外经济贸易大学国际商学院教授，博士生导师。就读于北京大学光华管理学院，获市场营销博士学位。同时担任《营销科学学报》编委、国家自然科学基金委通讯评审专家、教育部人文社会科学研究项目评审专家、教育部学位与研究生教育发展中心通讯评议专家、中国高校市场学研究会理事及博士生工作委员会委员。主要研究领域为消费者行为、服务营销、跨文化营销等。承担多项国家自然科学基金项目和教育部研究项目。入选北京高等学校“青年英才计划”。在*Journal of Consumer Research*、*Journal of Service Research*、*International Journal of Research in Marketing*及《心理学报》《南开管理评论》等国内外顶级期刊上发表论文30余篇。获教育部第七届高等学校科学研究优秀成果奖（人文社会科学）、国家旅游局优秀研究成果奖、JMS中国营销科学学术年会优秀论文奖、对外经济贸易大学科研标兵、优秀研究生指导教师等荣誉。入选对外经济贸易大学惠园杰出青年学者、优秀青年学者培育计划。

成果简介

本成果从服务提供商和顾客购买情境角度系统探讨消费者服务决策过程。主要研究目的在于探讨消费者如何使用可比属性和不可比属性进行体验型和信用型服务的决策，并重点关注购买不确定性在此过程中所发挥的调节作用。创新之处在于：首先，本研究的理论基础十分前沿。首次使用结构匹配模型研究消费者服务对比购买决策过程，在国内外，这无疑是一项创新性的探索和尝试，有助于挖掘出有意义的边界变量来解释消费者在有形产品和服务购买决策过程中的心理和行为差异，从而为服务业中消费者行为研究提供新的实证支持。其次，通过 920 名实验被试参与的五轮层层递进的实验，满足不同的实验目的，更加有效地检验研究结果的普适性。尽管中国的服务市场发展迅速，但是关注这个市场以及消费者消费心理和行为的研究十分缺乏，对消费者在服务消费的过程中如何处理各种市场信息及采取的相应行为知之甚少。除了理论上的贡献，本研究发现可以为企业的营销管理人员提供一定的管理启示，帮助企业在制定有效的定位和传播策略时，更好地考虑服务特征和购买情境的差异。有效的定位和传播策略必须意识到属性可比性和一些可能影响消费者决策过程的情景因素。本成果已被国际顶级期刊 *Marketing Science*、*Journal of Academy of Marketing Science* 等直接引用 50 次，多家国际知名财经媒体进行了专门报道，指出该研究为服务企业更好赢得消费者关注提供了新的视角。

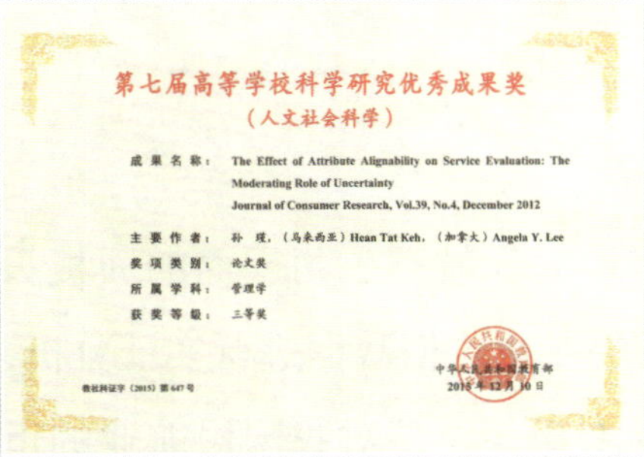

成果名称	*Market Conduct of the Three Busiest Airline Routes in China*
作　　者	杨杭军　王 强　等
奖项名称	第七届高等学校科学研究优秀成果奖（人文社会科学）
获奖等级	三等奖
获奖时间	2015 年

成果简介

本成果研究了三大国有航空公司控制的中国最繁忙的三条航线上的市场竞争行为，但三大航空公司的竞争策略各有不同：国航的市场竞争行为遵循古诺模型，南航和东航的竞争行为介于伯川德竞争行为和古诺竞争行为之间；其中，南航的竞争行为更接近于古诺竞争，东航的竞争行为更接近伯川德，且随着时间的推移，三大航空公司间的竞争变得越来越激烈。成果以新实证产业组织理论为基础，结合中国民航产业的实际情况，

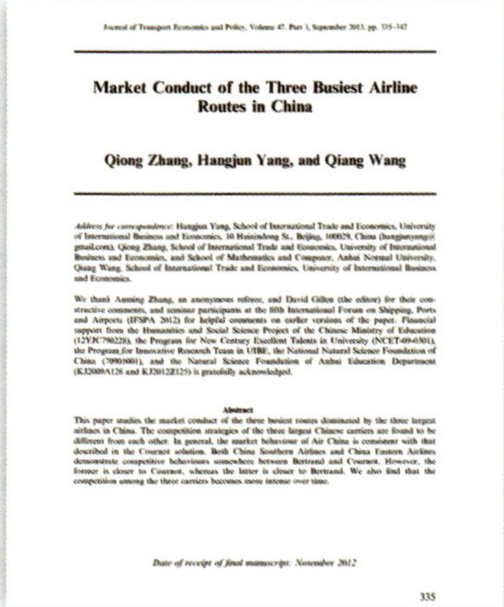
Journal of Transport Economics and Policy, Volume 47, Part 3, September 2013, pp. 335–347

Market Conduct of the Three Busiest Airline Routes in China

Qiong Zhang, Hangjun Yang, and Qiang Wang

Address for correspondence: Hangjun Yang, School of International Trade and Economics, University of International Business and Economics, 10 Huixindong St., Beijing, 100029, China (hangjunyang@gmail.com). Qiong Zhang, School of International Trade and Economics, University of International Business and Economics, and School of Mathematics and Computer, Anhui Normal University. Qiang Wang, School of International Trade and Economics, University of International Business and Economics.

We thank Anming Zhang, an anonymous referee, and David Gillen (the editor) for their constructive comments, and seminar participants at the fifth International Forum on Shipping, Ports and Airports (IFSPA 2012) for helpful comments on earlier versions of the paper. Financial support from the Humanities and Social Science Project of the Chinese Ministry of Education (12YJC790228), the Program for New Century Excellent Talents in University (NCET-09-0301), the Program for Innovative Research Team in UIBE, the National Natural Science Foundation of China (70901001), and the Natural Science Foundation of Anhui Education Department (KJ2009A128 and KJ2012Z125) is gratefully acknowledged.

Abstract

This paper studies the market conduct of the three busiest routes dominated by the three largest airlines in China. The competition strategies of the three largest Chinese carriers are found to be different from each other. In general, the market behaviour of Air China is consistent with that described in the Cournot solution. Both China Southern Airlines and China Eastern Airlines demonstrate competitive behaviours somewhere between Bertrand and Cournot. However, the former is closer to Cournot, whereas the latter is closer to Bertrand. We also find that the competition among the three carriers becomes more intense over time.

Date of receipt of final manuscript: November 2012

335

采用基于航线层面和航空公司层面的面板数据，应用真实的航空价格数据进行实证分析，利用双寡头推测变分模型对我国民航业的市场结构和竞争行为进行分析和研究，最后根据实证研究的结果，分别对主管部门和航空公司提出相应的政策建议。主要创新：（1）引入新实证产业组织方法，实证分析中国民航市场的竞争性，首次采用基于航线层面和航空公司层面的面板数据，实现了我国民航市场研究的模式和方法创新。（2）本成果是第一篇采用行为参数系统研究中国民航市场的文献，同时，也为未来有关中国民航业的研究奠定了基础。（3）在求解推测变分模型的过程中，对于边际成本的参数提出一种更为简捷的估计方法，丰富和发展了研究方法。

第七届高等学校科学研究优秀成果奖
（人文社会科学）

成果名称：Market Conduct of the Three Busiest Airline Routes in China
Journal of Transport Economics and Policy, Volume 47, Part 3, Sep. 2013

主要作者：张 琼、杨杭军、王 强

奖项类别：论文类

所属学科：经济学

获奖等级：三等奖

教社科证字（2015）第612号

中华人民共和国教育部
2015年12月10日

成果名称 《信心比黄金更重要？——关于投资者不确定性感受和资产价格的理论分析》

作　　者 吴卫星　等

奖项名称 第七届高等学校科学研究优秀成果奖（人文社会科学）

获奖等级 三等奖

获奖时间 2015 年

成果简介

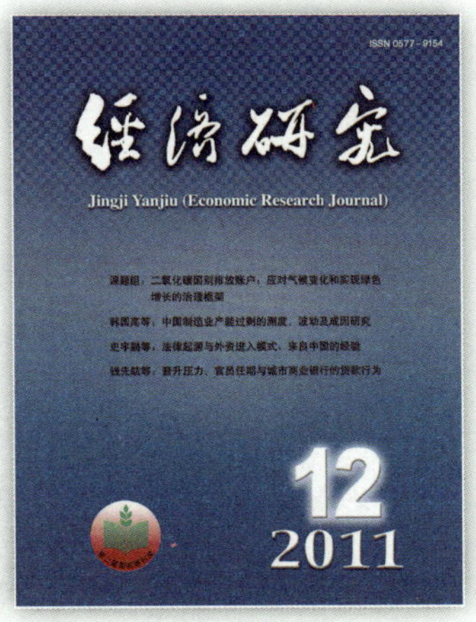

本成果主要研究投资者信心提升对投资者效用、社会福利和公平的影响，在原有投资者如何参与市场进而影响资产价格的基础上，进一步研究了其他可能导致有限市场参与的影响因素（如投资者信心以及不同信心程度的投资者所占比例），并分析了由这些因素引起的有限市场参与对均衡资产价格的影响；基于投资者不确定性感受的异质性以及能力效应，对最大最小期望效用函数加以微小拓展，并对个人效用最大化的投资决策行为、市场均衡下的市场参与条件、股票均衡溢价以及市场参与对个人效用和社会福利的影响进行了建模分析。结论表明，投资者不确定性感受异质性增加、不确定性水平增大以及主观能力较高的投资者所占比例增大，都可能影响市场均衡状态下的投资者参与程度。并且，由不同原因所导致的有限市场参与对均衡资产价格、投资者效用和社会福利有不同的影响。在一定前提下，对于市场参与者来说，不确定性厌恶程度越低，市场均衡溢价越高，则参与市场的效用越大；而不确定性水平变动对于市场参与者个体效用的影响，则取决于投资者的不确定性感受。

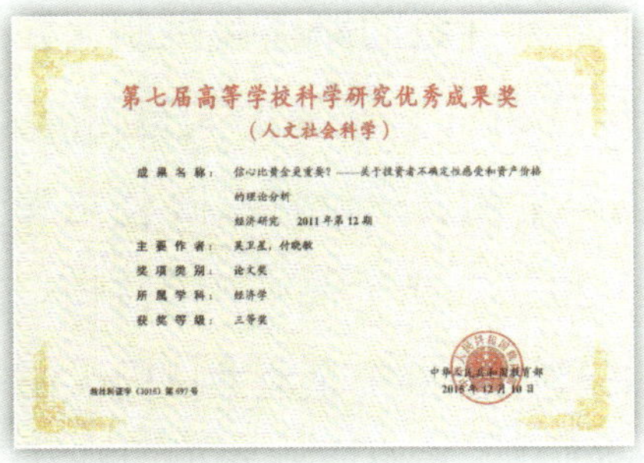

成果名称 《是“腾笼换鸟”还是做“隐形冠军”——加工贸易企业转型升级路径多案例研究》

作　　者 杨震宁　范黎波　等

获奖名称 2014/2015 年度全国商务发展研究成果奖

获奖等级 三等奖

获奖时间 2015 年

成 果 简 介

本成果论述：在经济全球化和国际分工深化的背景下，加工贸易企业已成为经济发展中的重要力量。受国际及本土市场竞争格局、国家要素条件、跨国公司全球战略布局等在动态中不断变化的影响，各国加工贸易企业在经过一段黄金发展期后，往往要面对因市场竞争加剧、固有主营业务竞争力下降等必须转型升级的现实。加工贸易企业如何有效转型升级，是理论界和企业界长久以来的热门话题。本研究依托企业动态竞争和动态能力理论，综合考虑中国加工贸易企业面临的不确定性环境压力、行业所形成的不同竞争张力以及不同加工贸易企业的动态能力差异，揭示加工贸易企业转型升级的路径和机制，并深入探索影响路径和机制选择的关键因素；通过第一组（创科集团、达伦特有限公司和捷安特自行车）和第二组（晶苑毛织制衣、宜安科技和三达膜科技）6 个企业案例内纵向研究、组内跨案例对比和组间跨案例对比研究，以深度访谈、问卷调查和二手资料分析建立三角证据链，揭示出加工贸易企业“环境张力→动态能力→转型战略→升级效果”的动态演进路径模型。研究发现：环境竞争张力强并具备抽象动态能力的企业，采用策略性资源转向战略（腾笼换鸟）可获企业升级；环境竞争张力弱并具备具体战略和行为执行力的企业，采用资源聚焦战略（隐形冠军）也可实现企业升级。

证　书

杨震宁、范黎波、李东红同志的论文《是“腾笼换鸟”还是做“隐形冠军”——加工贸易企业转型升级路径多案例研究》在2014/2015年度商务发展研究成果奖评选中获论文类三等奖。

特发此证。

商务发展研究成果奖奖字（2015）第016号

成果名称 《上市公司为什么要退市——基于盛大互动和阿里巴巴的案例研究》

作　　者 祝继高　汤谷良　等

奖项名称 2014/2015 年度商务发展研究成果奖

获奖等级 三等奖

获奖时间 2015 年

作者简介

祝继高　1982 年 8 月生，男，就读于北京大学光华管理学院，获管理学博士学位。现为对外经济贸易大学国际商学院财务管理系教授，博士生导师。主要研究领域为会计与资本市场等。在《经济研究》《管理世界》《中国工业经济》《会计研究》《金融研究》及 *Journal of Corporate Finance*、*Journal of Accounting and Public Policy*、*Journal of Banking and Finance* 等国内外权威期刊上发表论文 20 余篇。主持国家社科基金重大项目 1 项、国家自然科学基金 3 项。获北京市哲学社会科学优秀成果奖二等奖、商务部商务发展研究成果奖三等奖等省部级科研奖励。入选第四批国家“万人计划”青年拔尖人才、财政部高端会计人才（学术类）和第三届北京市高等学校青年教学名师。

汤谷良　1962 年 8 月生，男，财政部财政科学研究所经济学博士。对外经济贸易大学国际商学院财务管理系教授，博士生导师。主要研究领域为财务管理、管理会计等。在《管理世界》《中国工业经济》《会计研究》及 *The Accounting Review*、*Journal of Management Accounting Research*、*Management Accounting Research* 等国内外权威期刊发表论文 30 余篇。

成果简介

本成果论述：企业战略、企业再上市动机和制度环境是影响中国概念股公司退市决策的主要因素。基于盛大互动娱乐有限公司和阿里巴巴网络有限公司这两个分别从美国和中国香港资本市场主动退市的典型案例研究发现：第一，企业退市作为一项资本战略符合成本收益原则；同时，退市服从于企业整体战略，有助于企业价值的提升，其实质上是企业的资本战略服从于企业的经营战略，为企业未来产业发展布局。第二，企业再上市动机与企业退市的决策是紧密联系的，企业退市可以增强大股东控制，有效降低代理成本，进一步理顺企业的股权结构，为企业未来再上市奠定股权基础。第三，中国概念股在海外上市后面临估值水平较低、证券市场严格监管等压力，而此时中国资本市场的发展为中国概念股未来的再上市提供了一定的前提和基础，并且在一定程度上有利于消除其 VIE 结构带来的潜在风险，资本市场环境以及制度环境的动态调整成为影响企业退市的重要因素。有鉴于此，企业应结合自身的战略发展阶段、资本市场情况以及股价估值情况审慎作出退市或上市的决策。同时，监管部门应：（1）加快推进国际板建设，吸引海外优质公司回归 A 股市场；（2）建立强制退市和主动退市相结合的退市制度，完善中国资本市场退市制度；（3）健全多层次资本市场体系，为退市公司继续发展提供空间。

证　书

祝继高、隋津、汤谷良同志的论文《上市公司为什么要退市——基于盛大互动和阿里巴巴的案例研究》在2014/2015年度商务发展研究成果奖评选中获论文类三等奖。

特发此证。

商务发展研究成果奖奖字（2015）第009号

成果名称 《中国所涉自贸区原产地规则与相关问题研究》

作　　者 徐进亮　等

奖项名称 2014/2015 年度商务发展研究成果奖

获奖等级 三等奖

获奖时间 2015 年

作者简介

徐进亮　1968 年 1 月生，男，教授，博士生导师，国际贸易专业博士。1989—1993 年，从事进出口贸易工作；1993—1995 年，攻读国际贸易专业国际经济法方向硕士学位，因科研成果突出，获准提前一年毕业。1995—1998 年，在对外经济贸易大学攻读国际贸易专业博士学位；毕业后，分配到中华人民共和国对外贸易经济合作部（现商务部）就职。现在对外经济贸易大学工作。具有丰富的进出口业务实践经验和很强的科研能力，在进出口交易、外经贸政策等领域卓有建树。2000 年 6 月，随中国政府代表团赴美国乔治城法学院，参加由福特基金赞助的世界贸易组织中国政府官员高级研讨会。目前，已经为商务部、中国企业家协会、中国化工进出口总公司、中国五矿进出口总公司、西门子（中国）有限公司等举办讲座多场，受到热烈欢迎和广泛好评。获部级优秀科研成果奖 7 次，主持国家级课题 2 项、省部级课题 2 项。

成果简介

本成果为国家社会科学基金项目“维护我国海洋权益背景下的中国所涉自贸区原产地规则与企业对策研究”（批准号13BGL016）的阶段性成果，共分六章，分别就原产地规则、中国所涉自贸区原产地规则、中国所涉自贸区成员参加的其他自贸区原产地规则、中国所涉自贸区原产地规则的缺陷与完善建议、原产地相关问题、开放我国自贸区政府采购市场与本国产品原产地标准等进行了研究和论述。

成果的特色和贡献主要体现：（1）通过长期深入研究和广泛调研，明确指出中国所涉自贸区原产地规则诸多缺陷，包括累计原产地规则、将FORME原产地证书中HS编码错误视作非实质差异、产品特定原产地标准适用滞后的HS版本等，从而为进一步完善我国相关自贸区原产地规则和我国企业最大限度利用自贸区优惠提供了可行性建议。（2）就国际商会银行委员会于2013年里斯本春季年会上通过的最新《跟单信用证项下审核单据的国际标准银行实务》（ISBP745）中与原产地证书密切相关的若干重大变化予以分析和研究，从而为我国原产地签证机构和外贸企业做好应对准备提供了指引和建议。（3）增加了有关服务原产地规则的国内外文献综述，从而为进一步研究和完善我国所涉自贸区服务原产地规则奠定了坚实基础。（4）就开放我国自贸区政府采购市场与本国产品原产地标准进行了前瞻性研究，从而为进一步深化和开放我国现有自贸区提供了理论准备。

成果名称 《美元过度特权、经济暗物质与全球治理变革》
作　　者 丁志杰　等
奖项名称 2014/2015 年度商务发展研究成果奖
获奖等级 优秀奖
获奖时间 2015 年

作者简介

丁志杰 1969 年 7 月生，男，教授，博士生导师，享受国务院政府特殊津贴专家。曾任对外经济贸易大学副校长，现任国家外汇管理局外汇研究中心主任。学术兼职包括中国金融 40 人（CF40）成员，《金融研究》《国际金融研究》等学术期刊编委，中国金融学会、世界经济学会理事，中国国际金融学会、中国农村金融学会、北京市金融学会、北京市国际金融学会常务理事。主要研究领域为国际贸易、发展金融、国际金融等。主持国家社科基金重点项目、教育部人文社科重大项目、国家开发银行和中国进出口银行等研究课题 20 余项。在《中国社会科学》《金融研究》《国际金融研究》《国际经济评论》等国家核心期刊以及其他期刊、报纸发表论文近 300 篇。出版《发展中国家金融开放——效应与政策研究》《金融工具与市场案例》《国际金融》等专著、译著、教材近 30 部。同时，多篇高质量的内部研究报告获国家领导人批示。

成果简介

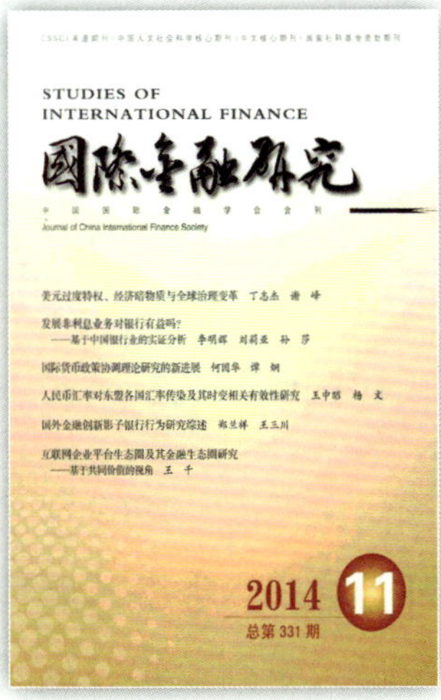

本成果论述：美元是否存在过度特权一直是个有争议的话题。美国国际投资头寸变化存在一个现象：国际收支逆差没有导致对外债务等量增加。美国从世界获得巨大的经济利益是不容否认的客观事实，但关于美国获益的根源一直存在分歧。本成果通过测算美国 1986 年成为债务国后获得的巨额国际经济利益，引入经济暗物质证明美元过度特权是存在的；研究发现，根源在于美元的国际货币地位以及国际货币体系等制度性因素，美国在特定条件下得以实现其国家利益最大化。基于跨国数据进一步研究美元过度特权价值的来源发现，当代全球化背景下，美元过度特权价值的实现主要来自发展中国家，尤其是金砖国家，美国对发展中国家存在的“剪羊毛”行为。

美元过度特权是战后国际货币体系的一个重要特征，发展中国家是当代美元过度特权的主要受害者，这也是现有国际经济秩序不公平、不合理的集中体现。加强南南合作尤其是金融投资领域的直接对接，是发展中国家维护自身利益的现实选择。南南金融投资合作中，大国应发挥领导者和建设者的作用，构建利益共享机制，努力实现投资创造效应。推进南南合作需要构建区域性、集团性治理框架，这也是撬动全球治理变革的着力点。

成果名称 《低碳经济条件下我国对外经济贸易发展研究——基于国家竞争优势理论》

作　　者 李 丽

奖项名称 2014/2015 年度商务发展研究成果奖

获奖等级 优秀奖

获奖时间 2015 年

作者简介

李 丽 1979 年 2 月生，女，对外经济贸易大学国际经济研究院副研究员，经济学博士。国家对外开放研究院和北京对外开放研究院特聘研究员，对外经济贸易大学重点研究基地技术性贸易措施研究中心主任，ISO 社会责任工作组注册专家，北京 2022 年冬奥会和冬残奥会可持续性咨询和建议委员会委员，WTO/TBT 国外通报评议组专家，同时担任多个行业协会社会责任与可持续发展智库专家。曾参与社会责任国际标准 ISO26000 的制定与中文翻译；作为核心专家参与电子信息、通信、矿业、天然橡胶等行业社会责任标准制定。发表论文 30 余篇，主持或参与国家级、省部级及国际合作项目 40 余项，向政府部门、行业组织、内参等提交研究报告 20 余篇并获采纳。主要研究领域为技术性贸易壁垒、企业社会责任与可持续发展、全球治理与国际贸易规则等。代表著作有《低碳经济条件下我国对外经济贸易发展研究——基于国家竞争优势理论》《社会责任与 ISO26000 国际标准解读》等。

成果简介

本成果论述：全球气候变化谈判和低碳发展是当前国际社会关注的热点问题之一。低碳经济被认为是第三次产业革命的重要内容，引发了新一轮全球竞争，除了产品、技术和服务层面的竞争之外，规则的竞争更为重要。目前，欧美等主要经济体已经开始在多边、区域、双边及单边层面开展大量工作，制定规则。全球低碳竞争营造了新的贸易环境，使碳排放成为重要的因素，对国际贸易产生了影响。传统的国际贸易理论并未考虑碳排放这一要素，低碳经济将会如何影响国际贸易、对我国外经贸发展有何影响，是值得研究的问题。

基于此，本成果从对外贸易亟须解决的问题出发，以低碳经济对贸易的影响为研究主线，以低碳经济对一国竞争力及国际贸易规则的影响为研究视角，以波特的国家竞争优势理论为理论基础，将碳排放因素纳入钻石模型中，并将国际规则作为一个单独外部要素加入进来，构建低碳经济条件下国际贸易理论分析框架，特别是低碳经济对贸易影响的作用机理、影响路径和方式。在此基础上，从实践角度梳理并分析现有与低碳相关的贸易壁垒，分析研究低碳经济对我国对外贸易的实际和潜在影响，特别是低碳相关技术性贸易壁垒带来的影响，预测未来国际贸易规则的变化趋势，以更好地参与国际规则的制定，维护我国的合理利益。

成果名称 《中国外商投资发展报告（2014）——新一轮改革开放下的外商投资》

作　　者 课题组

奖项名称 2014/2015 年度商务发展研究成果奖

获奖等级 优秀奖

获奖时间 2015 年

成果简介

本成果论述：新一轮改革开放背景之下经济结构的调整与变迁，为我国外商投资发展带来新的契机，外商投资发展有望进入一个新的历史阶段。本成果紧抓时代发展脉搏，强调全面深化改革开放的新阶段下我国利用外商投资的新情况与新特点，是总结现阶段我国利用外资成就并助力开启未来外资利用新篇章的优秀著作。

本成果紧密结合当前热点，内容系统全面。首先，从宏观上梳理近期国际投资规制的变迁，阐释了我国外商投资管理体制的变革；接下来，从中观上检验我国相比其他国家的外商投资环境竞争力，分析了我国外商投资企业的社会责任状况，研究了外商投资与我国产业价值链的升级；最后，从微观上分别论述农业、高新技术产业、金融业、文化创意产业、服务外包产业以及国家级经济技术开发区的外商投资发展。本成果理论与实践相结合，论证有力，意涵深刻。既有大量的权威数据支撑，也有众多实际案例作为佐证；论证方法既有传统图表等统计性描述，也有新兴计量方法的运用；研究内容既在意本质特征的挖掘，也注重机理与应对之策的分析；研究思路既关注现有状况的梳理与描述，也关注未来趋势的把握与展望。

证　书

杨立强、王丽丽等同志所著的《中国外商投资发展报告（2014）——新一轮改革开放下的外商投资》一书在2014/2015年度商务发展研究成果奖评选中获论著类优秀奖。

特发此证。

中华人民共和国商务部

商务发展研究成果奖资字（2015）第073号

成果名称 《开放经济条件下外资进入对中国流通企业的影响
——基于批发和零售业企业省级面板数据的实证考察》

作　　者 陈福中　等

奖项名称 2014/2015年度商务发展研究成果奖

获奖等级 优秀奖

获奖时间 2015年

作者简介

陈福中　1983年5月生，男，中国人民大学经济学博士。对外经济贸易大学国际经济贸易学院副教授，博士研究生导师，政治经济学系主任。中国经济发展研究中心副主任，国际SSCI检索期刊*Journal of Consumer Affairs*编委，中国政治经济学学会理事，中国消费经济学会理事，“金融教育普及丛书”编委，工信部中国电子信息产业发展研究院特聘咨询专家。先后在*North American Journal of Economics and Finance*、*Social Indicators Research*、*Sustainable Development*、*Energy*等国际SSCI检索期刊以及《经济研究》《管理世界》《中国工业经济》《财贸经济》等中文重要学术期刊发表论文40余篇，其中1篇论文入选ESI高被引论文；出版专著1部、译著1部以及参编教材1部。先后获教育部博士研究生学术新人奖、“安子介国际贸易研究奖”以及全国商务发展研究成果奖等省部级奖项4项。先后主持国家自然科学基金项目1项、教育部及北京市社科项目等省部级项目3项；参与国家级和省部级纵向和横向课题20余项。

成果简介

本成果采用 2006—2009 年中国批发和零售业面板数据，从资本来源差异性及东道国经济地理差异性角度，分析开放经济条件下外资进入对我流通企业的影响。考虑到此轮国际金融危机可能带来的时期效应，成果进行了相关检验和模型结果修正。研究发现，无论从总量还是从相对投入比例来看，整体外资进入对我流通企业均不存在显著负面影响。然而，若资本来源地与东道国文化相似度较高，相应的资本进入就可能与当地流通企业形成竞争，挤占当地市场份额，从而带来负面影响。实证结果表明，港澳台等地区的资本进入，无论从总量还是从相对投入比例来说，都会对我流通企业产生显著的负面影响，而其他来源地资本则不存在显著影响，甚至可能由于技术扩散效应而有正向的促进作用。同时，若地区开放程度较高，当地流通企业也可能会受到外资进入的冲击。如研究就发现，来源于港澳台等地区的资本进入，会对分布于我东部及中部地区的流通企业产生显著的负面影响，而对西部地区的影响则不明显。来源于其他国家和地区的外商资本，对我各地区的流通企业的影响均不显著。

证书

陈福中、刘向东同志的论文《开放经济条件下外资进入对中国流通企业的影响——基于批发和零售业企业省级面板数据的实证考察》在2014/2015年度商务发展研究成果奖评选中获论文类优秀奖。

特发此证。

成果名称 《区域服务贸易自由化分析与评估》

作　　者 周念利

奖项名称 2014/2015年度商务发展研究成果奖

获奖等级 优秀奖

获奖时间 2015年

成果简介

本成果论述：近年来，将服务贸易纳入区域贸易安排的管辖范畴，是“新区域主义”崛起的重要表现。尽管发展中经济体服务竞争力整体较弱且普遍存在大量逆差，但其对参与区域服务贸易自由化态度积极。由于受经济发展水平等因素所限，在区域服务贸易谈判中，不少发展中经济体在对外做出具备“GATS +”特征的服务开放承诺时，却在主动或被动接受对方给出的“GATS -”承诺。与货物贸易比较而言，服务贸易领域是规则密集型的。区域服务贸易安排的不断蔓延，标志着国际服务贸易的政策环境正在发生变化。首先，本成果致力于对区域服务贸易自由化实践中的一些基本问题做出解答，包括区域服务贸易自由化体系构架和规则设计的最新特点及发展趋向如何，区域层面的服务贸易自由化水平是否以及在何种程度上超越了多边层面。其次，由于服务贸易涵盖行业的特殊性和复杂性，统一的服务统计体系至今尚未形成，服务贸易理论发展也相对滞后。本成果尝试为测度服务贸易自由化承诺水平建立量化指标，并为评估区域贸易安排的“服务贸易效应”建立模型，这对相关理论发展有所裨益。另外，本成果对中国参与区域服务贸易自由化进程特点及机制构架进行分析阐释，并在此基础上，对中国参与区域服务贸易自由化中的现实问题和细节展开研究，研究结论具有重要的决策参考意义。

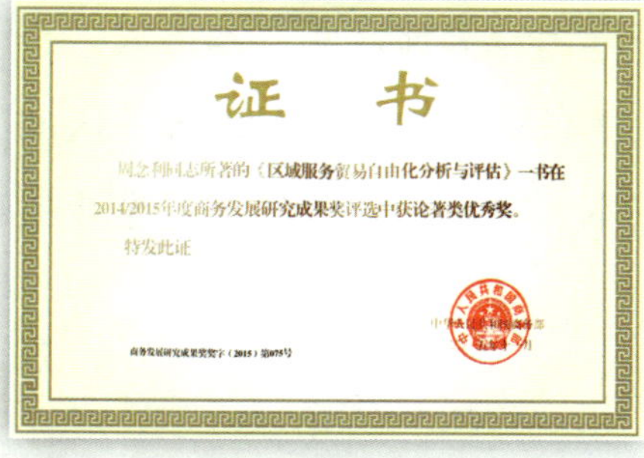

成果名称 《现代职业教育体系建设与提高对外开放水平的关系研究》

作　　者 史 薇　曲一帆　周禹彤　孔 坤

奖项名称 第五届全国教育科学研究优秀成果奖

获奖等级 二等奖

获奖时间 2016 年

作者简介

史 薇 1955 年 6 月生，女，经济学二级教授，博士生导师，享受国务院政府特殊津贴专家。现任对外经济贸易大学教育与开放经济研究中心执行主任，历任对外经济贸易大学教务处处长、人事处处长。兼任北京市女教授协会副会长。现兼任中国职业技术教育学会常务副会长、国家发展和改革委员会服务业专家咨询委员会专家、中国金融人才专业委员会常务理事、中国职业技术教育学术委员会副主任。主持国家社会科学基金重大项目 1 项、教育部委托课题 10 余项。近几年撰写的研究报告、学术论文，获副国级以上批示 4 篇、省部级批示 10 余篇，SCI 收录论文 2 篇。直接参与了一系列国家重大战略研究与重要文件的修订工作。部分研究成果不仅得到国家有关领导批示，且在国家出台的文件中得到采纳。获第五届全国教育科学研究优秀成果奖二等奖。

成果简介

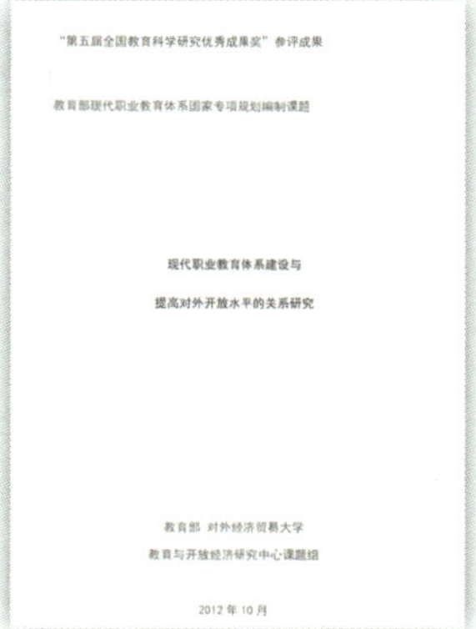
"第五届全国教育科学研究优秀成果奖"参评成果
教育部现代职业教育体系国家专项规划编制课题
现代职业教育体系建设与
提高对外开放水平的关系研究
教育部 对外经济贸易大学
教育与开放经济研究中心课题组
2012年10月

本成果完成于2012年，今天看来，仍然具有很强的理论意义和现实意义。作为政策研究咨询报告，通过对"十二五"时期提高对外开放水平发展开放型经济的内涵解构，认为建立现代职业教育体系与提升国家竞争力、提高对外开放水平、发展开放型经济之间存在耦合效应。现代职业教育所培养的大量技能型劳动者，在地区、行业、数量、能力上的差异是促进对外开放由成本优势向综合竞争优势转变的基础要素与核心驱动，提高对外开放水平对现代职业教育理念的开放度、结构的匹配性与体系的国际化提出了深层次的诉求。

第五届全国教育科学研究
优秀成果奖
获奖证书
研究报告：现代职业教育体系建设与提高对外开放水平的关系研究
获奖人：史薇 曲一帆 周禹彤 孔坤
等　级：二等奖
证书号：CG160103

此外，本成果应教育部派生性研究要求，对现代职业教育体系与全球竞争力关系、应用技术大学建设进行了专题性研究。基本观点如下：第一，明确现代职业教育体系的建立不仅是提高对外开放水平的合理内核，更是必经之路；第二，树立开放包容的职业教育观，提升职业教育社会认同感；第三，调整职业教育规模、质量和结构，提高对开放型经济发展的匹配度，提升职业教育适应性；第四，推行职业教育国际化战略，提高职业教育开放水平；第五，明确现代职业教育发展是提升一国全球竞争力的重要抓手；第六，建议推进中国应用技术大学建设。

成果名称 《总贸易核算法：官方贸易统计与全球价值链的度量》

作　　者 王 直　祝坤福　等

所获奖项 2016 年第十九届“安子介国际贸易研究奖”优秀论文一等奖

2020 年第八届高等学校科学研究优秀成果奖（人文社会科学）二等奖

作者简介

王　直　1950 年 11 月生，男，对外经济贸易大学全球价值链研究院教授，博士生导师。美国明尼苏达大学毕业，获经济学博士。美国乔治梅森大学政策、政府和国际事务学院资深研究员。曾任美国国际贸易委员会研究部高级国际经济学家，同时担任亚太经合组织增加值贸易（TIVA）技术小组的美方主席。在 *The American Economic Review*、*Journal of Development Economics*、*Journal of International Economics*、*Comparative Economic Studies*、*China Economic Review* 等国际权威期刊发表多篇研究论文。

祝坤福　1979 年 10 月生，男，2008 年，中国科学院数学与系统科学研究院毕业，获管理学博士学位。对外经济贸易大学全球价值链研究院副研究员，兼任中国科学院预测科学研究中心副研究员、中国投入产出学会常务理事等职。已公开发表论文 40 余篇。其中，在 *Journal of Comparative Economic*、*Energy Economic*、*China Economic Review*、*Applied Energy*、*One Earth* 及《中国科学院院刊》《中国社会科学》等权威期刊发表 20 多篇。主持和参与国家自然科学基金 15 项。获孙冶方经济科学奖、张培刚发展经济学研究优秀成果奖、“安子介国际贸易研究奖”、教育部高等学校科学研究优秀成果奖、中国科学院科技促进发展奖和陈锡康投入产出技术奖等重要奖励。多篇研究报告得到中央领导批示。

成果简介

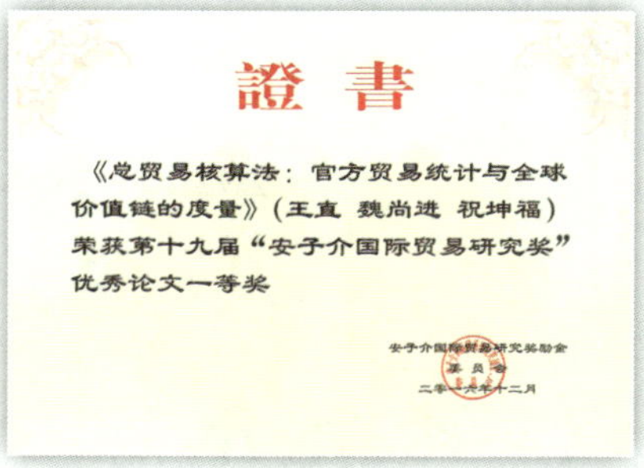
證 書
《总贸易核算法：官方贸易统计与全球价值链的度量》（王直 魏尚进 祝坤福）荣获第十九届“安子介国际贸易研究奖”优秀论文一等奖
安子介国际贸易研究奖励会
委员会
二零一六年十二月

本成果突破了 Leontief 传统方法，提出新的总贸易核算法，提供了一个简单而清晰的框架，在官方贸易统计（以总值计算）和国民经济核算（以增加值计算）之间建立了对应关系，并通过这一桥梁，使贸易的增加值核算法与现行国民经济核算体系在标准上取得一致，从而为经济学家和政策制定者提供了一个从官方贸易统计数据背后解析全球价值链信息的有力工具。新的总贸易核算法，不仅提供了在任意层面上对总贸易流量进行完整分解的明晰方法，而且还提供了如何正确定义并度量跨国生产分工和重复计算综合统计指标的解析结果。总贸易核算法扩展了以往文献中的相关研究，并纠正了其中一些概念上的错误。更重要的是，这一方法超越了简单地应用 Leontief 方法估计增加值出口的流行做法，能够全面揭示隐藏在官方贸易统计数据背后的跨国生产分工结构的有用信息，建立了一个可以被其他研究者用于研究相关问题的巨大的时间序列面板数据集。成果还展示了如何利用新核算方法的分解结果，追踪 Hummels 等提出的 VS 指标以及随着时间推移的 VS 结构变化；区分基于产业部门前向联系和后向联系方法计算的两种部门增加值出口及其不同的经济含义；利用前向联系的增加值出口和返回的国内增加值，更准确地定义一国部门出口的显性比较优势。以增加值衡量的显性比较优势结果显示，中国高技术产品出口的竞争优势并不显著。因此，进一步消减中间产品的进口关税和增值税，通过市场竞争强化中国中上游产业的竞争力，对于促进出口生产的进一步升级、加速中国从制造业大国向制造业强国的转变，具有重要意义。

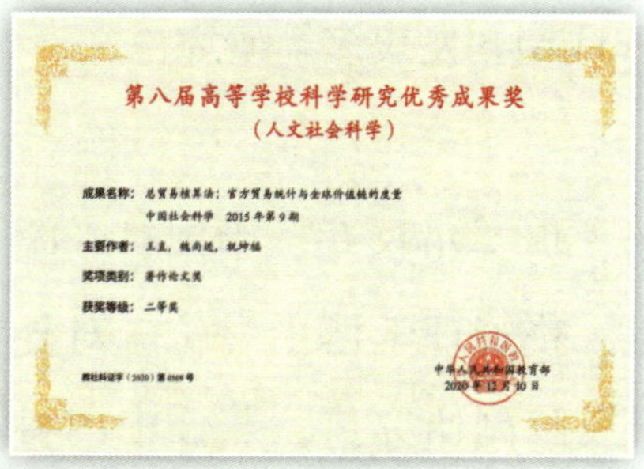
第八届高等学校科学研究优秀成果奖
（人文社会科学）
成果名称：总贸易核算法：官方贸易统计与全球价值链的度量
中国社会科学 2015 年第 9 期
主要作者：王直，魏尚进，祝坤福
奖项类别：著作论文奖
获奖等级：二等奖
中华人民共和国教育部
2020 年 12 月 10 日

总贸易核算法对全球贸易统计改革产生了深远的影响，已成为 OECD-WTO 的 TiVA（经济合作与发展组织 - 世界贸易组织增加值贸易）数据库系统的主要测算方法文献之一；相关成果成为商务部全球价值链方面的主要学习材料；学术上，该项成果为国际贸易研究者深入探究各种与跨国生产分工和全球价值链相关的问题，提供了一个有用的工具和新的数据源。

成果名称 《国际直接投资规则变迁与对策》

作　　者 桑百川　等

奖项名称 第十九届"安子介国际贸易研究奖"

获奖等级 优秀著作二等奖

获奖时间 2016 年

成果简介

本成果从国际机制理论出发，探索国际投资协定的性质和演变规律，为深入探索未来国际投资协定的发展变化提供坚实的理论基础；从国际投资规则的演变历史出发，分析国际投资规则产生的时代背景和演变过程，分析国际投资规则的基本结构和内在矛盾；在分析国际经济政治格局变化和投资争端实践的基础上，具体总结分析国际投资协定目标、内容和条款内容的发展和变化，通过纵向、横向对比世界主要国际投资协定不同类型的发展和演变，把握其发展的主要动态和方向，为深入分析确定国际投资协定的演变规律提供现实基础；探讨中国作为世界上的主要投资输入国和重要的投资输入国，面对国际经济格局的深刻变化和本国投资地位的变化，如何确定在国际投资协定谈判的立场，准确把握国际投资协定的发展方向，保护中国企业海外资产安全，并对中国参与美国、欧盟等国家和地区双边投资协定谈判提出政策建议。

成果名称 《国际税收监管协作的新发展：以美国〈海外账户税收合规法〉的推行为中心》

作　　者 冯　辉

奖项名称 第十九届“安子介国际贸易研究奖”

获奖等级 优秀论文三等奖

获奖时间 2016 年

作 者 简 介

冯　辉　1983 年 1 月生，男，中国人民大学经济法学博士。现为对外经济贸易大学法学院副院长，教授，博士生导师。国家“万人计划”青年拔尖人才，国家社科基金重大项目首席专家。兼任中国法学会理事、北京市经济法学会常务理事等。在《中国法学》《法学家》《法商研究》等 CSSCI 核心期刊上独立发表论文 51 篇。出版专著 2 部、编著和译著共 3 部（均为独著或第一作者）。主持国家社科基金项目 3 项，主持教育部人文社科青年项目、北京市社科基金青年项目等省部级项目 9 项。曾获第十九届“安子介国际贸易研究奖”论文类三等奖（2016）等奖励。

成果简介

本成果之《海外账户税收合规法》（FATCA）的推行，体现出金融全球化时代，美国通过单边域外管辖强化国际金融及税收监管协作的立场。此种做法正逐步为多国所接受，表明其已经与双边和多边合作一样，成为税收监管协作的一种模式。FATCA以信息监管为中心，以经济利益为威慑，试图以单边域外管辖打破双边及多边合作在税收信息交换方面不力的困境，在实践中，灵活采取共同而有区别的类型化策略。其虽有争议和风险，但客观上促进了税收监管协作的发展。FATCA关于主权豁免问题的规定也具有重要的规则示范效应。我国应尽快与美国启动双边谈判并颁行自己的FATCA，力求在新一轮的国际税收监管协作中占据主动。

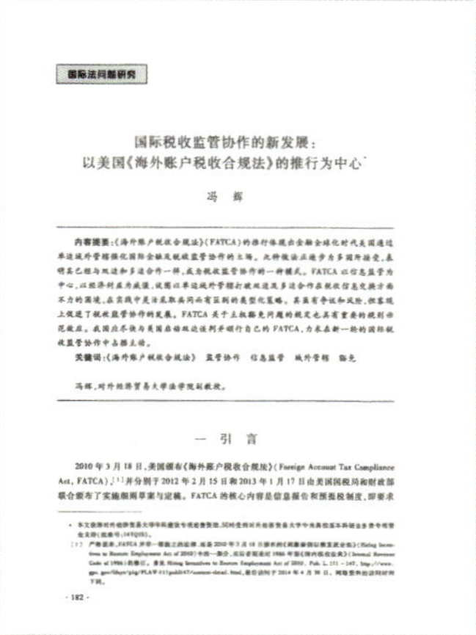

国际法问题研究

国际税收监管协作的新发展：以美国《海外账户税收合规法》的推行为中心*

冯 辉

内容提要：《海外账户税收合规法》（FATCA）的推行体现出金融全球化时代美国通过单边域外管辖强化国际金融及税收监管协作的立场。此种做法正逐步为多国所接受，表明其已经与双边和多边合作一样，成为税收监管协作的一种模式。FATCA以信息监管为中心，以经济利益为威慑，试图以单边域外管辖打破双边及多边合作在税收信息交换方面不力的困境，在实践中灵活采取共同而有区别的类型化策略。其虽有争议和风险，但客观上促进了税收监管协作的发展。FATCA关于主权豁免问题的规定也具有重要的规则示范效应。我国应尽快与美国启动双边谈判并颁行自己的FATCA，力求在新一轮的国际税收监管协作中占据主动。

关键词：《海外账户税收合规法》 监管协作 信息监管 域外管辖 豁免

冯辉，对外经济贸易大学法学院副教授。

一 引言

2010年3月18日，美国颁布《海外账户税收合规法》（Foreign Account Tax Compliance Act, FATCA），[1]并分别于2012年2月15日和2013年1月17日由美国国税局和财政部联合颁布了实施细则草案与定稿。FATCA的核心内容是信息报告和预提税制度，即要求

· 182 ·

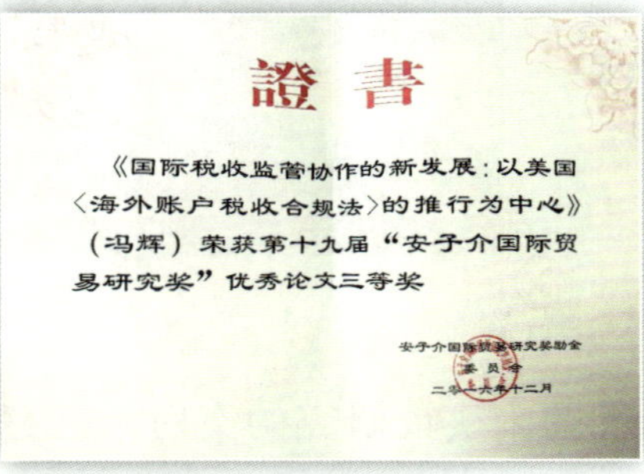

成果名称　《外商投资企业撤资：动因与影响机理——基于东部沿海10个城市问卷调查的实证分析》

作　　者　李玉梅　刘雪娇　杨立卓

奖项名称　第十九届“安子介国际贸易研究奖”

获奖等级　优秀论文三等奖

获奖时间　2016 年

成果简介

本成果基于 2013—2014 年对东部沿海地区 10 个城市外商投资企业的调研数据，运用结构方程模型，实证分析外商投资企业撤资的动因和影响机理。研究发现，我国外资撤资集中在劳动密集型制造业，外资撤资的比例尚在正常范围之内，并未出现大规模集中撤离。提出应加快推进产业升级，提升价值链水平；同时，配合“一带一路”建设的新政策，引导外商投资向中西部地区有序转移。

本成果首次运用较大规模的调查问卷摸清外资撤离状况，弥补国内实证研究的空白。已有研究只关注单一影响因素，本成果测度的影响因素更全面，解释力度更强。此成果是国内研究撤资的经典文献之一，观点被政府部门采纳，具有较高的社会效益。

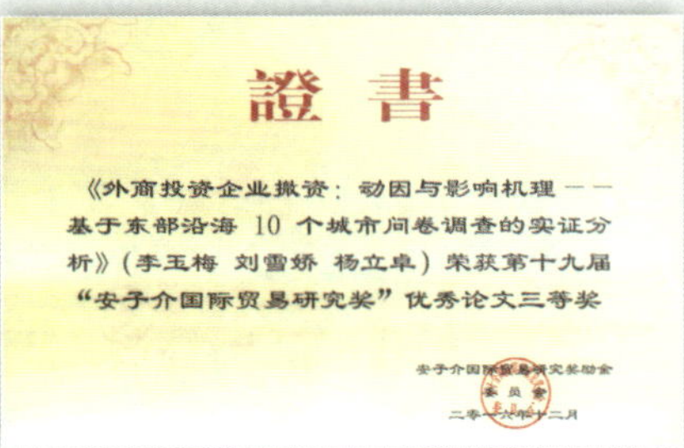
證　書

《外商投资企业撤资：动因与影响机理——基于东部沿海 10 个城市问卷调查的实证分析》（李玉梅 刘雪娇 杨立卓）荣获第十九届“安子介国际贸易研究奖”优秀论文三等奖

成果名称 *Multinational Price Premium*

作　　者 葛 嬴　等

奖项名称 第十九届“安子介国际贸易研究奖”

获奖等级 优秀论文三等奖

获奖时间 2016 年

作者简介

葛 嬴 1973 年 1 月生，男，浙江大学经济学学士，卡尔顿大学经济学硕士，多伦多大学经济学博士。2004—2016 年，执教于对外经济贸易大学国际经济贸易学院。研究方向为国际贸易、公司金融、发展经济学等。曾入选教育部“新世纪优秀人才支持计划”。获北京市第四届高等学校教学名师奖，第十六届、第十七届、第十九届“安子介国际贸易研究奖”优秀论文奖。在校任教期间，发表 SSCI 期刊论文近 20 篇。2014 年，获得国家自然科学基金重点项目资助。

成果简介

本成果主要利用中国海关数据与工业企业数据研究出口产品价格差异的主要来源，尤其在控制了产品 - 出口市场 - 时间的差异与企业生产率的差异后，跨国公司的出口产品仍旧比中国公司的产品 28% 的溢价，体现出明显的质量差异。进一步利用中国外资公司的数据与贸易数据、企业数据合并来研究跨国公司的技术转移与溢出对出口溢价的影响。研究结果显示，跨国公司内部的无形资产转移不仅增加企业的生产率，同时显著提升了产品的质量。主要创新点包括：（1）数据创新。将中国海关贸易数据与工业企业数据库合并，并与中国外资企业数据库合并对接，使企业的生产行为、贸易行为、投资国来源与跨国公司的内部无形资产转移有较全面的信息。（2）研究创新。以前研究出口产品溢价，主要针对产品差异与出口市场差异，在企业异质性方面主要考虑企业的生产率差异。本成果对出口产品溢价的来源提供了全面的分析。控制了产品、出口市场、时间、生产率与投入品质量等各方面的差异后，仍旧发现跨国公司显著的出口溢价，进一步揭示了跨国公司内部的无形资产转移对产品质量提升的显著影响。

Journal of Development Economics 115 (2015) 181–199

Contents lists available at ScienceDirect

Journal of Development Economics

journal homepage: www.elsevier.com/locate/devec

Multinational price premium☆

Ying Ge[a], Huiwen Lai[b], Susan Chun Zhu[c,*]

[a] School of International Trade and Economics, University of International Business and Economics, 10 East Huixin Street, Chaoyang District, Beijing, China
[b] School of Accounting and Finance, The Hong Kong Polytechnic University, Li Ka Shing Tower, Hung Hom, Kowloon, Hong Kong
[c] Department of Economics, Michigan State University, Marshall-Adams Hall, East Lansing, MI 48824, USA

ARTICLE INFO

Article history:
Received 1 March 2014
Received in revised form 17 February 2015
Accepted 19 February 2015
Available online 24 March 2015

Keywords:
Export prices
Multinational firms
Technology transfer
Product quality

ABSTRACT

By exploring a rich data set that links international trade transactions to panel data of manufacturing firms from China during 2000–2006, we reveal new patterns of export prices across firms. We find that foreign firms charge about 28% higher prices than Chinese exporters after controls for firm productivity and product–destination–year fixed effects. We provide evidence that the multinational price premium is significantly correlated with the knowledge-based intangible assets within multinationals. The multinational price premium is substantially higher for firms with headquarters in more innovative countries and for firms that have technicians and managers sent from their parent companies. The price premium is even higher for majority- or wholly owned affiliates than for minority-owned affiliates. Our results imply that in addition to generating efficiency gains, multinationals can also enhance the capability of foreign affiliates to produce quality.

1. Introduction

Multinational firms play an important role in transferring advanced technology from industrialized countries to the developing world. Studies on foreign direct investment (FDI) in developing countries document substantial productivity gains from FDI and various channels of productivity spillovers from multinational firms to domestic enterprises (e.g., see Haddad and Harrison, 1993; Aitken and Harrison, 1999; Javorcik, 2004; Markusen and Trofimenko, 2009). However, the existing FDI literature offers us little evidence for another important potential gain from FDI: technology transfer within multinationals may improve the ability of foreign affiliates to produce higher quality.

Compared to firm productivity, building a firm's capability to produce quality is considered to be an equally important element in the process of industrial development and global integration (Sutton, 2007). To compete in global markets, especially in rich markets, firms must attain some threshhold level of quality to meet foreign demands (Verhoogen, 2008). While poor productivity can always be compensated for by low labor costs, deficiencies in quality cannot be offset by low wages. Moreover, as wage rates rise, the competitive edge in low-end labor-intensive goods will erode. Therefore, moving up the value chain and being able to produce higher quality are the key to sustain industrial development and long-term economic growth.

In this paper we will investigate this important but less explored question: in addition to generating efficiency gains, can multinational firms also enhance the capability of foreign subsidiaries to produce higher quality? Our study exploits a rich data set that matches international trade transactions to panel data of manufacturing firms from China over the period 2000–2006. Multinational firms have long played an important role in promoting China's exports, accounting for more than half of China's international trade. Over 90% of these foreign firms are headquartered in technologically advanced countries. Transfer of intangible assets from parent companies constitutes an important source of advanced technology for foreign affiliates in China. In the empirical analysis we focus on the export performance of firms and use export prices to infer product quality.[1] We find that foreign-owned firms charge about 28% higher prices than Chinese exporters even after controlling for firm productivity and product–destination–year fixed effects. Although it is well documented that multinationals are bigger, more productive, and

☆ We are grateful to the editor and two anonymous referees for comments and suggestions that helped us improve the paper greatly. We thank Davin Chor, Nick Li, Yi Lu, Peter Morrow, Shu Nishioka, Emanuel Ornelas, Larry Qiu, Liugang Sheng, Zhigang Tao, Dan Trefler, Shang-Jin Wei, Jeff Wooldridge, Yifan Zhang, Xiaodong Zhu, and numerous seminar and conference participants for their helpful comments. We also thank Heiwai Tang for sharing with us data on the China Foreign Enterprise Directory. Lai gratefully acknowledges funding from the Research Grants Council of Hong Kong (PolyU5448/10H). Ge gratefully acknowledges funding from the National Natural Science of China (Grant No. 71433002).
* Corresponding author.
E-mail addresses: yige60@vip.sina.com (Y. Ge), afhlai@polyu.edu.hk (H. Lai), zhuc@msu.edu (S.C. Zhu).

[1] There is a large trade literature that uses export prices to infer product quality. For example, see Schott (2004), Hummels and Klenow (2005), Hallak (2006), Hausmann et al. (2007), Khandelwal (2010), Bastos and Silva (2010), Manova and Zhang (2012), Feenstra and Romalis (2014), among others.

http://dx.doi.org/10.1016/j.jdeveco.2015.02.002
0304-3878/© 2015 Elsevier B.V. All rights reserved.

2017—2018 年

成果名称 《企业转型升级中供应链优化的若干理论与方法研究》

作　　者 邵婧　杨柳

所获奖项 2017 年北京市第十四届哲学社会科学优秀成果奖一等奖
2020 年第八届高等学校科学研究优秀成果奖（人文社会科学）二等奖

作者简介

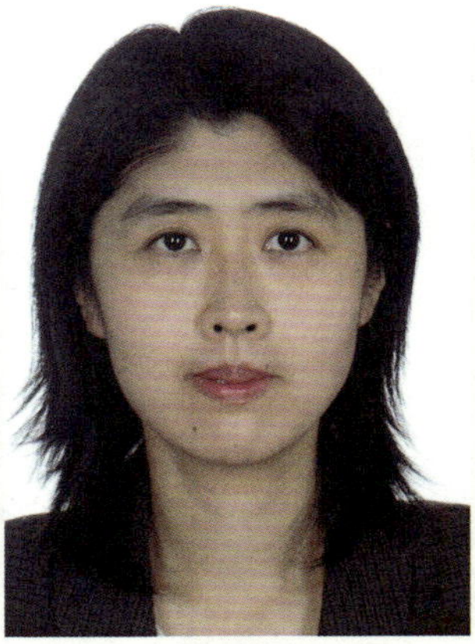

邵婧　1978 年 4 月生，女，就读于加拿大不列颠哥伦比亚大学管理科学专业，获博士学位。研究领域为供应链管理、电子商务、新能源汽车、环境问题等。现为对外经济贸易大学国际商学院教授，博士生导师，讲授管理学原理、供应链管理等课程。论文发表于 *Manufacturing & Service Operations Management*、*Production and Operations Management*、*Transportation Research Part B* 等国际期刊。获北京市第十四届哲学社会科学优秀成果奖一等奖、第八届高等学校科学研究优秀成果奖二等奖。主持国家自然科学基金面上项目。担任 *POM*、*IIE Transactions*、*Decision Sciences* 等期刊评审。

杨柳　1980 年 10 月生，女，就读于香港理工大学商学院，获博士学位。研究领域为供应链管理、电子商务、运营与市场营销交叉领域、物流管理等。现为对外经济贸易大学国际商学院教授，博士生导师，讲授供应链管理、运营管理、管理学原理等课程。在国际权威期刊 *Decision Science*、*Naval Research Logistics*、*European Journal of Operational Research* 等发表文章近 20 篇（其中一篇为 ESI 前 1% 高被引论文）。获北京市第十四届哲学社会科学优秀成果奖一等奖和第八届高等学校科学研究优秀成果奖二等奖。主持国家自然科学基金面上项目。担任 *EJOR*、*IJPE*、*IJPR* 等期刊评审。

成果简介

本成果研究了 21 世纪全球化与互联网的双重背景下，企业为应对电子商务的迅猛发展、全球采购的广泛应用、市场的全球化、产品渠道的多元化、产品生命周期缩短以及消费者偏好频繁变更等新问题而进行转型升级的过程中，关于如何进行供应链优化的理论和方法。采用优化理论、博弈论、概率论等方法，分别深入分析和研究了产品线分销管理及契约机制设计、库存管理理论与方法、生产柔性与技术投资管理、供应链管理中可持续性发展四个方面的问题。在每一部分的研究中，分别就各研究论题的具体情境构建供应链理论模型，并对模型进行推导和分析，形成互补，从而对每一论题形成较为全面的描述、构建、分析及总结。本成果注重研究内容的系统性、连贯性和可读性，从理论和方法两个层面对每一论题及子情境进行讨论，得到具有一般性的结论，辅以适当的算例及仿真，阐释相关理论结果，为企业的供应链管理实践提供决策支持与管理建议。

荣誉证书

北京市第十四届哲学社会科学优秀成果奖

成果名称：Supply Chain Optimization in Transformation and Upgrading of Enterprises: Theories and Methodology（企业转型升级中供应链优化的若干理论与方法研究）

主要作者：邵婧、杨柳

成果类型：专著

等　　级：一等奖

中共北京市委　北京市人民政府

2017 年 8 月

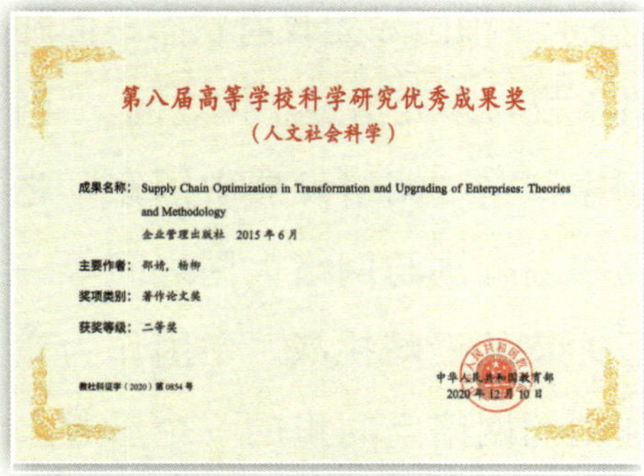
第八届高等学校科学研究优秀成果奖

（人文社会科学）

成果名称：Supply Chain Optimization in Transformation and Upgrading of Enterprises: Theories and Methodology

企业管理出版社　2015 年 6 月

主要作者：邵婧，杨柳

奖项类别：著作论文奖

获奖等级：二等奖

教社科证字（2020）第0854号

中华人民共和国教育部

2020 年 12 月 10 日

成果名称 《网络空间全球治理：国际情势与中国路径》

作　　者 檀有志

奖项名称 北京市第十四届哲学社会科学优秀成果奖

获奖等级 一等奖

获奖时间 2017 年

成果简介

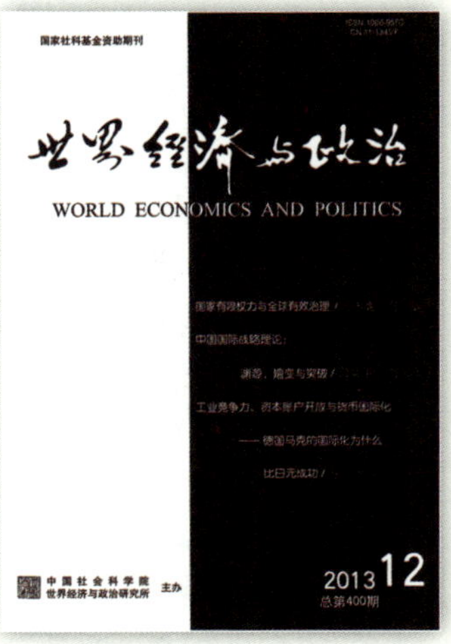

本成果按照“学理阐释”“现状剖析”“对策设计”三个逻辑递进层次布局行文，紧紧围绕中国如何有理、有力、有利地参与网络空间全球治理规则制定这条主线，展开较为系统的探析。当前，全球治理主要有三种传统模式：主权国家中心治理模式、政府间国际组织中心治理模式以及非政府间国际组织中心治理模式。网络空间一跃成为一国之“第五疆域”，呈现了空间规模“无限化”、空间活动“立体化”、空间效应“蝴蝶化”、空间属性“高政治化”等突出特质。当前，网络空间全球治理基本还处于一种国际无政府状态，面临国家网络主权与多元治理主体之间、“网络发达国家”与“网络发展中国家”之间以及网络霸权国与网络大国之间等一系列矛盾冲突的严峻挑战。中国作为竞争日益加剧的网络空间里的一个后起之国，为了更好地实现、维护和拓展自身的国家利益，亟须从理念、制度和技术等几个层面加紧探索参与网络空间全球治理的中国路径。值此大数据时代，本成果对于更为客观地了解网络空间全球治理基本现状，更为全面地理解当前中国在网络空间中所系的利益关切与战略抉择不无裨益，因而具有一定的学理价值与现实意义。

成果名称 《服务外包中创新能力的测量、提升与绩效影响研究——基于发包与承包双方知识转移视角的分析》

作　　者 王永贵　等

奖项名称 北京市第十四届哲学社会科学优秀成果奖

获奖等级 二等奖

获奖时间 2017 年

成果简介

本成果论述：服务外包已成为我国推动经济增长、产业升级和自主创新能力提升的重要途径。如何在承接服务外包业务中提升企业自身的创新能力，日益成为企业界以及学术界迫切需要解决的战略问题。然而，在现有研究中，有关服务外包中创新能力的内涵、提升机制及其绩效影响的研究却十分零散。本成果首先探讨并率先开发出服务外包中企业创新能力的多维测量模型。随后，借助知识转移理论，创新性地运用“动机、机会、能力”（MOA）框架，从服务承包方和发包方两个不同视角探讨并论证了承包方创新能力的提升机制。通过 174 份来自承包方的服务项目经理和战略经理的配对问卷（合计 348 份），探讨了提出的模型框架。具体而言，在对已有文献进行系统回顾的基础上，开发出服务外包企业创新能力的测量模型。在此基础上，借鉴和利用 MOA 框架，对承包方从内部和外部两个渠道获取知识和提升创新能力的机制进行了系统的理论探讨和实证分析。此外，本成果还创新性地深入探讨了 MOA 各个因素之间的交互作用及其对创新能力的影响，从而进一步丰富和弥补了国内外相关研究的不足，为我国服务外包企业的创新实践奠定了坚实的基础。

荣誉证书

北京市第十四届哲学社会科学优秀成果奖

成果名称：服务外包中创新能力的测量、提升与绩效影响研究
—基于发包与承包双方知识转移视角的分析
主要作者：王永贵、马双、杨宏恩
成果类型：论文
等　　级：二等奖

中共北京市委　北京市人民政府
2017 年 8 月

成果名称 *Market Power and its Determinants in the Chinese Airline Industry*

作　　者 杨杭军　王 强　等

奖项名称 北京市第十四届哲学社会科学优秀成果奖

获奖等级 二等奖

获奖时间 2017 年

成 果 简 介

本成果研究表明：（1）运用勒纳指数（Lerner Index）衡量中国民航市场力，结果显示，中国民航市场处于垄断竞争的阶段。（2）在距离长、运量大、人口众多、经济富裕、旅游业发达的“城市对”存在更强的市场力。其中，人口规模和经济状况影响最为明显，且航线上份额的集中度越高，市场力越强。（3）引起票价高低的因素不一定是市场力强弱的根源，对于票价的高低有显著影响的某些因素会对市场力产生反方向的影响。（4）中国民航市场应加大开放力度，尤其是一些距离较长的航线更应该引入低成本航空公司，以促进公平竞争、提高社会总效率。

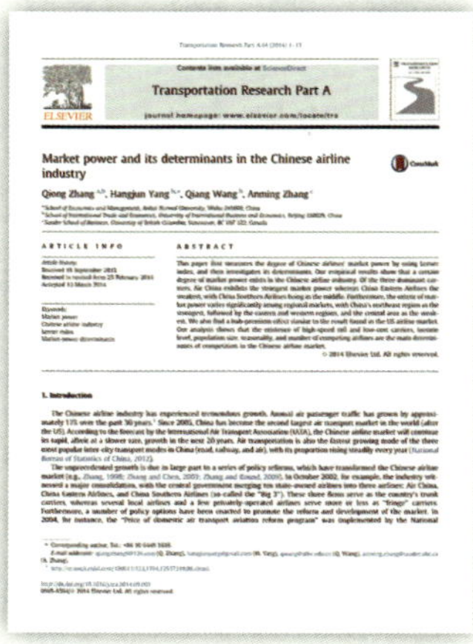
Transportation Research Part A 64 (2014) 1–13

Contents lists available at ScienceDirect

Transportation Research Part A

journal homepage: www.elsevier.com/locate/tra

ELSEVIER

Market power and its determinants in the Chinese airline industry

Qiong Zhang [a,b], Hangjun Yang [b,*], Qiang Wang [b], Anming Zhang [c]

ARTICLE INFO

ABSTRACT

This paper first measures the degree of Chinese airlines' market power by using Lerner index, and then investigates its determinants. Our empirical results show that a certain degree of market power exists in the Chinese airline industry. Of the three dominant carriers, Air China exhibits the strongest market power whereas China Eastern Airlines the weakest, with China Southern Airlines being in the middle. Furthermore, the extent of market power varies significantly among regional markets, with China's northeast region as the strongest, followed by the eastern and western regions, and the central area as the weakest. We also find a hub-premium effect similar to the result found in the US airline market. Our analysis shows that the existence of high-speed rail and low-cost carriers, income level, population size, seasonality, and number of competing airlines are the main determinants of competition in the Chinese airline market.

© 2014 Elsevier Ltd. All rights reserved.

1. Introduction

The Chinese airline industry has experienced tremendous growth. Annual air passenger traffic has grown by approximately 17% over the past 30 years. Since 2005, China has become the second largest air transport market in the world (after the US). According to the forecast by the International Air Transport Association (IATA), the Chinese airline market will continue its rapid, albeit at a slower rate, growth in the next 20 years. Air transportation is also the fastest growing mode of the three most popular inter-city transport modes in China (road, railway, and air), with its proportion rising steadily every year (National Bureau of Statistics of China, 2012).

成果的主要创新：（1）首次采用基于航线层面和航空公司层面的面板数据，应用真实的航空客运量和航空价格数据，利用勒纳指数实证分析中国民航市场的竞争性，实现了我国民航市场研究的模式和方法创新，且能更精确和客观地衡量民航市场的竞争程度。（2）系统分析了中国民航市场力的关键影响因素，丰富和发展了民航市场的研究方法，为未来有关中国民航业的研究提供了基础。（3）实证分析了这些关键影响因素对我国民航市场力影响程度。在我国高铁网络迅速发展的环境下，这有利于民航应对高铁的冲击，有利于加快和深化中国民航业进一步改革和竞争政策的制定。

荣誉证书

北京市第十四届哲学社会科学优秀成果奖

成果名称：Market Power and Its Determinants in the Chinese Airline Industry（中国民航市场力及其影响因素分析）

主要作者：杨杭军、张琼、王强、张安明

成果类型：论文

等　　级：二等奖

中共北京市委　北京市人民政府

2017 年 8 月

成果名称 《政府质量、公司治理与企业资本配置效率》

作　　者 陈德球

奖项名称 北京市第十四届哲学社会科学优秀成果奖

获奖等级 二等奖

获奖时间 2017 年

作者简介

陈德球 1981 年 6 月生，男，对外经济贸易大学国际商学院执行院长，会计学与公司治理教授，博士生导师。南开大学商学院公司治理专业博士，香港中文大学商学院公司治理专业博士后。研究领域为公司金融、创业投资与公司治理等。教育部青年“长江学者”，入选国家级“百千万人才工程”，享受国务院政府特殊津贴专家。全国工商管理专业（MBA）研究生教育指导委员会委员，北京市高层次创新创业人才支持计划“青年拔尖”人才。获北京市青年教学名师，霍英东青年教师奖，北京市高等教育教学成果一等奖、二等奖，第三届全国高校青年教师教学竞赛一等奖，北京高校第九届青年教师教学基本功比赛第一名等。在 *Management Science*、*Journal of International Business Studies*、*Journal of Corporate Finance* 及《经济研究》《管理世界》《世界经济》等国内外主流期刊发表论文 40 余篇。主持国家自然科学基金 4 项、北京市社科重大项目 1 项。学术成果先后获“China International Conference in Finance Best Paper Award”以及第十四届、第十五届北京市哲学社会科学优秀成果奖等。

成果简介

本成果考察了地方政府质量对企业资本配置效率的影响。对于新兴加转轨双重特征的中国资本市场而言，由于外部环境的不确定性较高，企业必须时刻关注在市场化进程中的政府质量对公司发展的影响。第一，在对现有地区经济增长和公司治理的政治经济学文献分析基础上，构建了制度、组织与治理的分析框架，并从地方经济分权、政府激励与企业资本配置的视角，构建起一个地方政府质量、公司治理与企业行为的双重代理理论体系。第二，借鉴世界银行的调研数据测度地方政府质量，并分别从上市公司的资本投资、投资效率、公司现金持有、盈余管理和公司治理结构等视角，考察了地方政府质量对企业资本配置效率的影响及其在不同公司治理结构下的差异性特征。

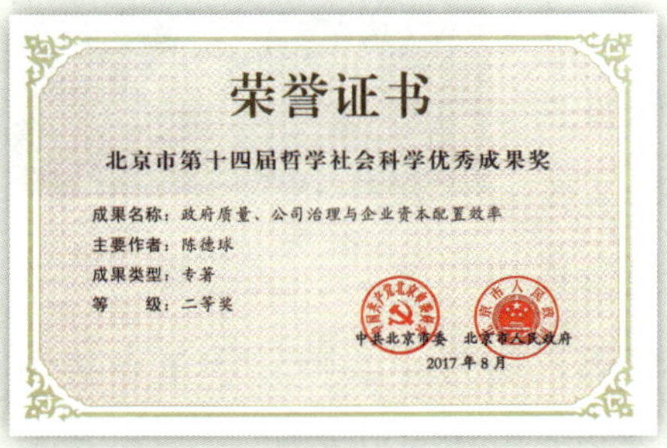
荣誉证书

北京市第十四届哲学社会科学优秀成果奖

成果名称：政府质量、公司治理与企业资本配置效率
主要作者：陈德球
成果类型：专著
等　　级：二等奖

中共北京市委　北京市人民政府
2017年8月

成果名称 《中国服务业改革对制造业微观生产效率的影响测度及异质性考察——基于服务中间投入的视角》

作　　者 周念利

奖项名称 北京市第十四届哲学社会科学优秀成果奖

获奖等级 二等奖

获奖时间 2017 年

成果简介

荣誉证书

北京市第十四届哲学社会科学优秀成果奖

成果名称：中国服务业改革对制造业微观生产效率的影响测度及异质性考察—基于服务中间投入的视角

主要作者：周念利

成果类型：论文

等　　级：二等奖

中共北京市委　北京市人民政府

2017年8月

本成果基于中国企业层面数据，从“服务中间投入”视角出发，对中国几个典型的垄断性服务部门（铁路运输、航空运输、电信和金融）改革对制造业企业生产效率的影响及其异质性展开经验研究。结论如下：（1）除铁路运输之外，航空运输、电信和金融服务改革均能显著提升制造业企业的生产效率。（2）航空、电信部门改革更有利于初始生产效率高的制造业企业提升其生产效率；但源于金融改革的效率，红利更容易被初始生产效率低的制造业企业所获取。（3）航空、电信、金融部门改革对资本、技术密集型制造业企业生产效率的提升作用更加明显，而对劳动密集型制造业企业生产效率的影响相对较低。基于上述结论，成果认为，从服务业和制造业互动视角，特别是从提升中国制造业企业微观生产效率着眼，中国有必要在生产性服务部门继续推进“打破垄断、放松管制、促进竞争”的市场化改革。为缩小制造业企业间的效率差距，中国需重视金融部门改革。为更充分获取源于服务部门改革的效率红利，中国劳动密集型制造业企业需在中间投入中增加生产性服务要素所占比率。

成果名称 《刑罚力度问题研究——中国刑罚力度趋轻化之探讨》
作　　者 赖早兴
奖项名称 北京市第十四届哲学社会科学优秀成果奖
获奖等级 二等奖
获奖时间 2017 年

作者简介

赖早兴 1973 年 2 月生，男，法学博士、法学博士后。对外经济贸易大学法学院教授，博士生导师，刑法学系主任。出版《刑法平等论》《证据法视野中的犯罪构成研究》《刑罚力度问题研究》《刑事诉讼法视野中的犯罪构成要件研究》《英美刑事法中的热点问题研究》等专著 5 部，译著《死刑的任意性》1 部。在《中国法学》《法商研究》《现代法学》《法律科学》《法学家》《法学杂志》《环球法律评论》《法学评论》《法制与社会发展》《政治与法律》《中国刑事法杂志》《刑法论丛》及《光明日报》（理论周刊）等刊物发表专业论文 70 余篇；其中，中国人民大学《复印报刊资料 · 刑事法学》全文转载 10 篇，其他刊物转载 2 篇。先后主持国家社科基金课题 2 项、省社科基金课题 1 项、省教育厅青年课题 1 项。获湖南省级教学成果一等奖、北京市第十四届哲学社会科学优秀成果奖二等奖等多项奖励。

成果简介

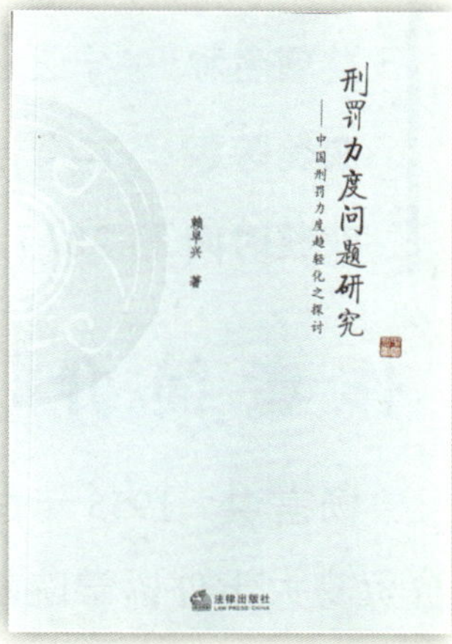

本成果论述：刑罚是剥夺犯罪人权益的强制方法，其强度如何，体现出国家在社会治理中对刑罚的依赖程度。从国际社会刑罚力度发展趋势看，刑罚整体上从重刑化向轻缓化发展。这一方面是社会发展使不同种类权益对权益主体的重要程度发生了变化，在社会经济不发达或发展程度不高的社会，生存权是最重要的权益，自由权次之，财产权、资格权等权益更是处于重要性的后端。随着社会的发展、物质生活水平的提高，权益之间重要性的差异在减小。另一方面，随着人类的认识水平和文明程度的提高，人们对权益有了新的认识，对犯罪行为发生的原因有了新的理解，刑事手段不是预防犯罪最重要更不是唯一的手段，利用过于严厉的刑事手段预防和打击犯罪的效果与科学性越来越受到质疑。在国际社会刑罚力度总体趋轻的形势下，我们应当思考我国刑事立法、罪刑裁量和行刑中是否已经顺应时代的潮流，分析存在的问题并寻找解决途径。在解读刑罚力度基本概念的基础上，本成果考察了中西方刑罚力度启蒙的情况，分析了我国刑罚力度趋轻化及其背离的现状，提出我国刑罚力度趋轻的立法完善意见，就我国刑罚力度趋轻的司法保障发表了见解；最后，就刑罚力度趋轻的行刑贯彻提出建议。

荣誉证书

北京市第十四届哲学社会科学优秀成果奖

成果名称：刑罚力度问题研究：中国刑罚力度趋轻化之探讨

主要作者：赖早兴

成果类型：专著

等　　级：二等奖

中共北京市委　北京市人民政府

2017 年 8 月

成果名称 《“一带一路”黄皮书2014》

作　　者 杨言洪

奖项名称 宁夏第十三届社会科学优秀成果奖（2013—2014年）

获奖等级 二等奖

获奖时间 2017年

作者简介

杨言洪 1955年3月生，男，对外经济贸易大学外语学院教授，博士生导师。1996—2000年，先后担任国际交流学院副院长、总支书记兼副院长；2001—2013年，担任外语学院院长。享受国务院政府特殊津贴专家。曾任中国阿拉伯语教学研究会会长、教育部高等学校指导委员会委员兼阿拉伯语专业分指委副主任委员。现担任中国中东学会副会长。2012年，被宁夏回族自治区政府聘为“自治区特聘专家”。2015年，受聘为中阿博览会顾问。在国内外学术期刊发表学术论文30余篇，出版专著、译著、教材30余部。其中，主编的《阿拉伯语汉语成语谚语辞典》获北京市第四届哲学社会科学优秀成果二等奖（1996年）；专著《阿拉伯语汉语句法比较》获北京市第九届哲学社会科学优秀成果二等奖（2006年）；主编的《“一带一路”黄皮书2014》获宁夏第十三届社会科学优秀成果二等奖（2017年）。此外，主持建设的阿拉伯语经贸谈判与口译课程先后被遴选为国家级精品课程和国家级精品资源课。先后获经贸部系统先进教师及先进教育工作者、北京市优秀教师和北京市教学名师称号。2005年，获埃及政府颁发的阿拉伯语教学与翻译表彰奖。

成果简介

荣誉证书

杨言洪：

在宁夏第十三届社会科学优秀成果（2013—2014年）评奖中，您的著作《一带一路黄皮书2014》获优秀成果二等奖。

特此表彰，以资鼓励。

宁夏回族自治区人民政府

2017年7月5日

2013年9月和10月，习近平主席在出访中亚和东南亚国家期间，先后提出共建“丝绸之路经济带”和“21世纪海上丝绸之路”（以下简称“一带一路”）的重大倡议。“一带一路”倡议构想为古老的“丝绸之路”符号嵌入新的时代内涵，彰显了中华民族的天下观和义利观；“一带一路”倡议是宏伟的蓝图，展示了中华民族的博大胸怀与豪迈气魄。

“一带一路”建设的核心理念是和平合作、开放包容、互学互鉴、互利共赢；核心内容是政策沟通、设施连通、贸易畅通、资金融通、民心相通；核心原则是共商、共建、共享，合力打造政治互信、经济融合、文化包容的利益共同体、命运共同体和责任共同体。“一带一路”倡议的实施应优先发展互联互通。在初始阶段，包括交通在内的基础设施互联互通是“一带一路”建设的优先和重点领域。陆路通道和海路通道，陆上的节点城市和沿海的节点港口，都是新时期“一带一路”建设的支点和重点。

本成果是出版较早的关于“一带一路”研究的著作。按照现在已有和未来可能开辟的路径推想出“丝绸之路经济带”路线图和“21世纪海上丝绸之路”路线图，对沿线国家的基本国情，政治、经济和人文环境，节点城市和港口的交通状况等，进行了较为详细的介绍。

成果名称 *How Risky Are Services? An Empirical Investigation on the Antecedents and Consequences of Perceived Risk for Hotel Service*

作　　者 孙 瑾

奖项名称 2016年国家旅游局优秀研究成果奖

获奖等级 优秀奖

获奖时间 2017年

成 果 简 介

International Journal of Hospitality Management 37 (2014) 171–179

Contents lists available at ScienceDirect

International Journal of Hospitality Management

journal homepage: www.elsevier.com/locate/ijhosman

How risky are services? An empirical investigation on the antecedents and consequences of perceived risk for hotel service

Jin Sun*

Department of Marketing, School of Business, University of International Business and Economics, Beijing 100029, PR China

ARTICLE INFO

Keywords:
Perceived risk
Company reputation
Face consciousness
Risk aversion
Word-of-mouth
Switching intention

ABSTRACT

Previous research does not systematically investigate the antecedents and consequences of perceived risk for services in emerging markets. The present research aims to fill this void in the literature and examines the determinants and consequences of consumer risk perceptions for an experience service, hotel service. The present research models the antecedents at both the firm (company reputation and perceived price) and individual consumer (risk aversion and face consciousness) levels, and the consequences comprise word-of-mouth communication and switching intention. Though perceived risk is a multidimensional construct, past research tends to operationalize risk narrowly as either performance or financial risk. The author overcomes this limitation by studying perceived risk at the component level, and examines psychological, social, performance and financial risks separately. The results of a survey on Chinese consumers who have purchased hotel service recently indicate that both firm-level and individual-level antecedents directly influence perceived risk. While psychological and social risks positively affect word-of-mouth, they do not have significant influence on switching intention. In addition, performance risk increases switching intention but decreases word of mouth. The author discussed the theoretical and managerial implications, and suggested future research directions.

© 2013 Elsevier Ltd. All rights reserved.

本成果通过对中国旅游服务中的酒店消费者进行调查，重点研究公司层面因素（品牌声誉、感知价格水平、感知服务质量）和消费者个体特征（风险厌恶和面子需求）经由消费者感知风险（绩效、财务、社会及心理风险）对其忠诚的影响机制。创新之处在于：首先，尝试把公司层面因素和消费者文化特征变量纳入一个整体来探讨其与消费者感知风险、忠诚的作用机制问题，不仅仅探讨酒店品牌可以控制的公司层面因素和东西方消费者存在显著差异的面子、风险厌恶等文化特征因素对不同类型感知风险的影响，而且涉及不同维度的感知风险对不同维度顾客忠诚的作用，丰富了旅游酒店管理中顾客忠诚的理论和实践内涵。其次，对传统意义上的观点“风险一定降低忠诚”提出挑战。当消费者意识到自己的购买决策面临较高的社会和心理风险时，他们希望保住自己的面子，会尽力说服更多人去购买或者认可其决策。这是此前的研究没有做过或提过的。最后，本成果的研究背景新颖。尽管中国的旅游服务市场发展迅速，但是关注该市场及顾客消费心理和行为的研究较缺乏。本成果探索、拓展、完善了相关理论，已被多个国际一流期刊如Information and Management、*International Journal of Hospitality Management* 直接引用101次。

国家旅游局优秀研究成果

获奖证书

成果名称：消费者感知风险的前置因素及其后果
——基于中国酒店业的实证研究（英文）

成果编号：16TAL15

成果类别：学术论文类

成果作者：孙瑾

获奖级别：优秀奖

获奖类别：个人成果

中华人民共和国国家旅游局
2017年1月20日

成果名称 《新时期构建开放型经济新体制的理论宗旨、逻辑主线与主要内容》

作　　者 姜荣春

奖项名称 商务发展研究成果奖（2017 年）

获奖等级 一等奖

获奖时间 2018 年

成 果 简 介

本成果论述：从学理视角看，开放型经济是与实践发展并行不悖的持续性政策演变和制度变迁过程。构建开放型经济新体制作为新形势下的对外开放战略，需要置于这一时代背景下和现阶段亟待回应的重大实践问题中进行系统思考和理论研究。本成果旨在为理解新阶段的对外开放，初步构建一个有前瞻性和参考价值的总体分析框架。第一，理论依据和根本宗旨。开放促增长既是重要理论依据也是其根本宗旨，现阶段具体目标是推动发展方式转变、发展动力转换、培育国际竞争新优势和实现中长期可持续增长。第二，逻辑主线和方法论。一是促进改革与开放相互促进、协同发展；二是形成顶层设计与基层多元化探索良性互动、有机结合的双重驱动机制。第三，主要内容和具体任务。一是从产品市场转向要素市场；二是从制造业转向服务业；三是单边开放与相互开放齐头并进；四是与国际规则接轨和推动国际规则重构并重，“一带一路”倡议是新时期重大开放理念，已成为新一轮扩大开放的新引擎、新载体。研究认为，一个最低限度的稳定秩序是中国开放型经济持续发展的基础条件和基本保障；作为发展中大国，中国在经济发展、政策调整和制度变迁方面都将具有越来越重要的影响力；中国开放经验是世界发展经验的重要组成部分，不仅可为发展中国家提供某些借鉴，也有助于发达国家深入思考自身问题。上述结论正得到实践的验证。

证　书

姜荣春同志的论文《新时期构建开放型经济新体制的理论宗旨、逻辑主线与主要内容》在商务发展研究成果奖（2017年）评选中获论文类一等奖。

特发此证。

中华人民共和国商务部

成果名称 《新一轮对外开放：目标、布局与政策选择》

作　　者 桑百川

奖项名称 商务发展研究成果奖（2017 年）

获奖等级 一等奖

获奖时间 2018 年

成果简介

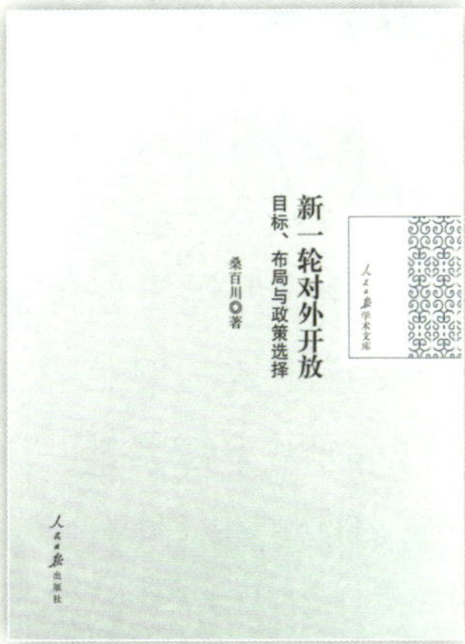

本成果共八个部分。第一部分为总论，在分析我国对外开放环境变迁的基础上，提出新一轮对外开放的战略目标应定位于服务国内经济转型与构建全球战略并重，积极参加制定国际经贸新规则。继而从七个方面详细论述新一轮对外开放的战略布局和政策取向等一系列重大问题。其中，第二、三、四部分，分别从加工贸易、进口战略和服务贸易三个方面，研究新形势下提升我国国际贸易竞争力、建设贸易强国的发展战略和政策选择；第五、六部分，分别从外商直接投资推动企业自主创新以及对外直接投资的区域选择和产业布局等两个层面，考察我国提升利用外资的水平和效益，以及提高我国企业对外直接投资的能力和质量的路径选择；第七部分从金融的角度分析人民币跨境贸易结算和国际化的路径选择，为改善国际收支、推动国际贸易和国际投资发展提供金融支持；第八部分抓住区域合作中的重大课题，研究新时期我国与新兴市场国家的经贸关系。

证　书

桑百川同志所著的《新一轮对外开放:目标、布局与政策选择》一书在商务发展研究成果奖（2017年）评选中获论著类一等奖。

特发此证。

中华人民共和国商务部
二〇一八年六月

本成果研究了金融危机后，国内外经济环境发生重大变化的新形势下，提升我国国际贸易竞争力、建设贸易强国的发展战略和政策选择；考察了我国提升利用外资的水平和效益，以及提高我国企业对外直接投资的能力和质量的路径选择；从金融的角度分析人民币跨境贸易结算和国际化的路径选择，为改善国际收支、推动国际贸易和国际投资发展提供金融支持；抓住区域合作中的重大课题，研究新时期我国与新兴市场国家的经贸关系。

成果名称　《论资本项目有管理可兑换》

作　　者　丁志杰　等

奖项名称　商务发展研究成果奖（2017 年）

获奖等级　三等奖

获奖时间　2018 年

成果简介

本成果论述：发展中国家一直陷于资本项目开放困局，应反思资本项目开放理论和政策。资本项目开放的理论基础是福利效应，涉及宏观经济绩效和金融稳定风险，难以量化是实证研究的难点。本成果基于国际账户——国际收支平衡表和国际投资头寸表的数据，计算对外资产收益率、对外负债成本和对外净资产收益率等三个指标，构建跨境资本流动的财务绩效分析框架。结果表明，随着资本项目开放程度不断提高，中国跨境资本流动的财务绩效不仅没有提高，反而出现恶化趋势：对外资产收益率相对稳定，但对外负债成本呈上升趋势。

本成果基于发展中国家的多样性，构建基于有管理可兑换的资本项目开放框架，并提出逐步开放、根据跨境资本流动的性质设置承诺的弹性、取消数量性管理原则、有条件的弹性管理、分档开放、设立例外条款以及设立免责条款等七项原则。建议形成以我为主的资本流动管理，将管理的重点移至流入环节；人民币国际化的重心转向提高世界对人民币的认可和接受程度，与资本项目开放互相促进。

成果名称 《异质性企业与全球价值链嵌入：基于效率和融资的视角》
作　　者 吕越　刘斌　等
奖项名称 商务部商务发展研究成果奖（2017年）
获奖等级 三等奖
获奖时间 2018年

作者简介

吕越 1987年8月生，女，南开大学经济学博士，哥伦比亚大学富布莱特访问学者以及新加坡国立大学访问学者。2014年，任职于对外经济贸易大学。现任对外经济贸易大学国际经济贸易学院教授，博士生导师。中央财经大学丝路金融研究中心特聘研究员，中国社科院国家金融与发展实验室特聘研究员，国家自然科学基金通讯评审专家。主要研究方向为全球价值链理论与政策、贸易与环境等。在《中国社会科学》《经济研究》《管理世界》《世界经济》《经济学（季刊）》及 *Review of International Economics* 、*World Economy*、*Economics Letters* 等杂志发表论文60余篇，撰写全球价值链研究专著2部。主持多项国家自然科学基金面上项目、国家自然科学基金青年项目。国家自然科学基金通讯评审专家。担任《中国社会科学》《经济研究》《管理世界》《世界经济》《经济学（季刊）》等20余个国内经济学权威期刊和 *World Economy*、*Economic Modeling*、*China Economic Review*、*Emerging Markets Finance and Trade* 等国际SSCI索引期刊的匿名审稿人。

成果简介

本成果在 Upward 等（2013）、Kee 和 Tang（2013）以及张杰等（2013）研究的基础上，采用四种不同企业国外增加值的测算方法，并选取企业的效率异质性和金融异质性作为研究切入点，来考察企业异质性对全球价值链（GVC）嵌入的静态、动态效应以及非线性关系。研究发现，首先，效率是决定企业在 GVC 中嵌入程度的关键因素，企业效率改善将促进其在 GVC 中嵌入程度的提高。其次，企业的融资约束会阻碍其在 GVC 中的参与程度。融资约束越大的企业，在开展国际业务时无法充分满足前期垫付资金的需要，导致其参与 GVC 分工体系的能力和条件不足，阻碍其在价值链中的垂直专业化水平。再次，动态研究发现，融资约束对企业参与 GVC 的消极影响仅体现在企业是否参与 GVC 的决策上，而效率对企业的 GVC 参与程度也存在显著影响。然后，效率和 GVC 嵌入之间存在 U 型关系，企业效率水平对价值链嵌入的促进作用存在重要“阈值”。加入效率和融资约束的交叉效应的结果表明，如果企业面临较为严峻的融资约束，效率对企业在 GVC 中参与程度的积极作用也会受到一定程度的挤压。最后，成果还对效率和融资约束影响企业在 GVC 中参与程度的具体作用模式作了一些探索性研究。GVC 的影响因素以及企业与这些因素的交互影响，会强化或者抑制了企业在价值链中的参与程度。这一发现，对深入理解“走出去”战略的合理性和必要性以及突破“价值链低端锁定”困局提供了有益的理论探索。

证 书

吕越、罗伟、刘斌同志的论文《异质性企业与全球价值链嵌入：基于效率和融资的视角》在商务发展研究成果奖（2017年）评选中获论文类三等奖。

特发此证。

中华人民共和国商务部

商务发展研究成果奖奖字（2017）第017号

成果名称 《制造业服务化与价值链升级》

作　　者 刘斌　吕越　祝坤福　等

获奖名称 商务发展研究成果奖（2017年）

获奖等级 三等奖

获奖时间 2018年

作者简介

刘斌　1984年11月生，男，现任职于对外经济贸易大学中国世界贸易组织研究院，副研究员，博士生导师。美国伊利诺伊州立大学访问学者。研究方向为制造业服务化、全球价值链、数字贸易等。在 *The World Economy*、*Economic Modelling*、*Review of Development Economics* 及《中国社会科学》《经济研究》《管理世界》《经济学（季刊）》《世界经济》发表文章数篇。在国内经济学权威期刊《经济学报》《中国工业经济》《数量经济技术经济研究》《金融研究》《财经研究》《世界经济文汇》《中国软科学》《经济科学》《南开经济研究》等发表学术论文60余篇。主持国家自然科学基金项目、北京市社科基金项目、北京市社科联人才资助项目、中国博士后基金面上项目、对外经济贸易大学青年学术创新团队建设项目等20余项。入选对外经济贸易大学惠园杰出青年学者、优秀青年学者培育计划。在《经济日报》《中国经营报》《财经》及 *China Daily* 等国内外权威媒体发表文章多篇。撰写内参等研究报告多篇，被中共中央办公厅、新华社、工信部等党和政府部门采纳并获中央和省部级领导批示。

成果简介

本成果论述：当前，制造业服务化已成为全球趋势。本成果运用投入产出表、中国工业企业数据和海关进出口企业数据等合并数据，系统考察制造业服务化对企业价值链升级的影响。计量结果发现：首先，制造业服务化不仅提高了我国企业价值链的参与程度，而且显著提升了我国企业在价值链体系中的分工地位。从服务投入异质性的视角，运输服务化、金融服务化、分销服务化的价值链提升效应作用明显，而电信服务化的价值链升级效应并不显著，电信服务化改革需要引起更多重视。其次，成果运用微观企业数据，进一步考察了制造业服务化对企业产品升级的影响。结果显示：制造业服务化通过垂直效应和水平效应提升了企业出口产品品质。资产专用性越高的行业，制造业服务化对企业产品升级影响越大。省际服务要素投入对企业产品升级具有重要作用。鉴于此，成果提出三点对策建议。第一，加快推进制造业服务化进程。第二，提升制造业和服务业的产业分工协作水平，降低企业融资成本，拓宽外部营销渠道。第三，降低区域间服务贸易壁垒，消除地区行政割据，减少产业结构趋同、过度竞争导致的效率损失，促进省际服务业与制造业的深度融合，构建基于比较优势的区域链生产网络。

证书

刘斌、魏倩、吕越、祝坤福同志的论文《制造业服务化与价值链升级》在商务发展研究成果奖（2017年）评选中获论文类三等奖。

特发此证。

中华人民共和国商务部

二〇一八年六月

商务发展研究成果奖奖字（2017）第019号

成果名称 《我国服务贸易出口促进政策效果调研报告》

作　　者 庄芮　蔡彤娟　张晓静　郭桂霞　等

奖项名称 商务发展研究成果奖（2017年）

获奖等级 优秀奖

获奖时间 2018年

成果简介

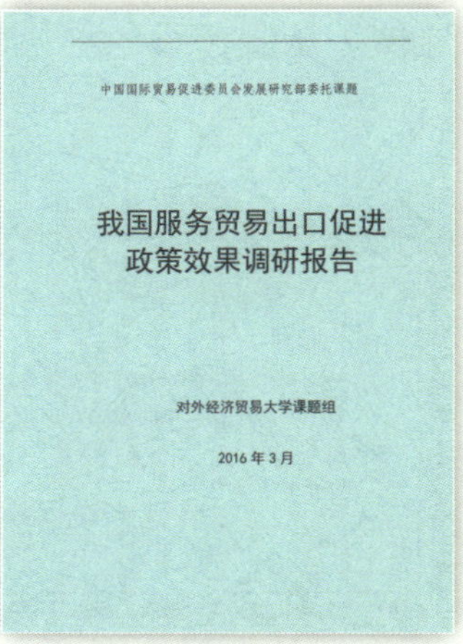

本成果是课题组在进行深入广泛的企业调研基础上，提炼形成的一项研究成果。重点调研、分析了三方面问题：（1）国家已经出台诸多鼓励和支持服务贸易出口的政策，但这些政策的推行存在哪些障碍？（2）服务贸易出口促进政策的实际效果如何？（3）企业在服务贸易出口方面还有哪些诉求？

成果包括四部分及四个附件。第一部分，引言，说明调研背景、调研目标、调研方法等情况。第二部分，我国服务贸易出口促进政策分类。第三部分，企业问卷调查结果分析。第四部分，我国服务贸易出口促进政策效果总体评价与政策建议。综合实地走访、企业座谈会及问卷调查的全部调研结果，服务贸易出口企业对我国服务贸易促进政策总体是满意的，但也存在一些具体问题，如财税政策的落实问题、服务贸易监管体系问题、人才支持政策不够宽松和政策宣传力度不足等。为此，课题组建议：改革服务贸易现有监管模式，应尽快建立健全适应服务贸易发展、区别于传统货物贸易的监管体系；改进服务贸易政策实施方式；加大对服务贸易领域人力资本的支持，解决服务贸易发展的人才瓶颈问题；加大政策宣传力度。

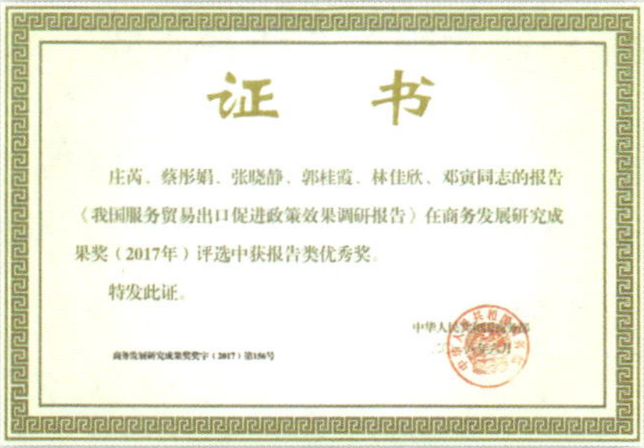

成果名称 《经济波动中的中国地方政府与企业税负：以企业所得税为例》

作　　者 李 明　赵旭杰　冯 强

奖项名称 商务发展研究成果奖（2017 年）

获奖等级 优秀奖

获奖时间 2018 年

作者简介

李 明　1984 年 1 月生，男。2012 年，毕业于复旦大学经济学院，获经济学博士学位。2017 年，被聘为博士生导师；2018 年，破格晋升为教授。现任对外经济贸易大学政府管理学院副院长，对外经济贸易大学惠园杰出学者。入选中组部国家“万人计划”青年拔尖人才、中宣部国家宣传思想文化青年英才，国家社科基金重大项目首席专家。在国内顶级经管类期刊《经济研究》《管理世界》累计发表学术论文 11 篇，在《经济学（季刊）》《世界经济》《金融研究》及 *Contemporary Economic Policy* 等中文和英文 SSCI 期刊发表论文 20 余篇。获商务部商务发展研究成果优秀论文奖、洪银兴经济学奖等科研奖项。主持国家社科基金重大项目 1 项、其他省部级以上科研项目 4 项。部分研究成果转化后，为国家社科基金《成果要报》、《教育部简报（高校智库专刊）》、教育部《信息报送》以及《光明日报》和《经济日报》等采纳，报中央决策参考。

成果简介

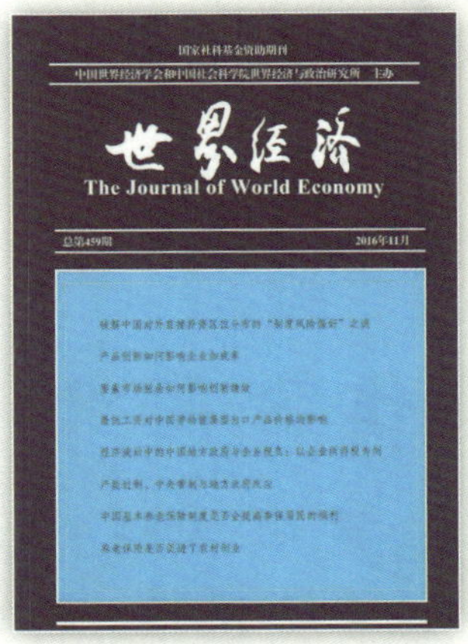

本成果论述：税（费）负担是企业营商环境中的重要组成部分，显著影响企业的进入、退出及在位企业的生产经营决策。经济下行期间，有必要通过逆周期的税费政策，助力企业缓解压力、提升经营业绩、加快转型升级。我国步入经济新常态后，加大减税降费举措，努力为经济增长注入新动力。但近年来涌现的一系列论点和部分企业的“外逃”行为，把有关中国税负的争议推向高潮。中国企业税负，究竟是高还是低？在决策层逆周期调控意图明确的前提下，如果中国税负依然居于高位，原因何在，值得审慎研究。其结论既具有重要理论价值，更有重要政策含义。

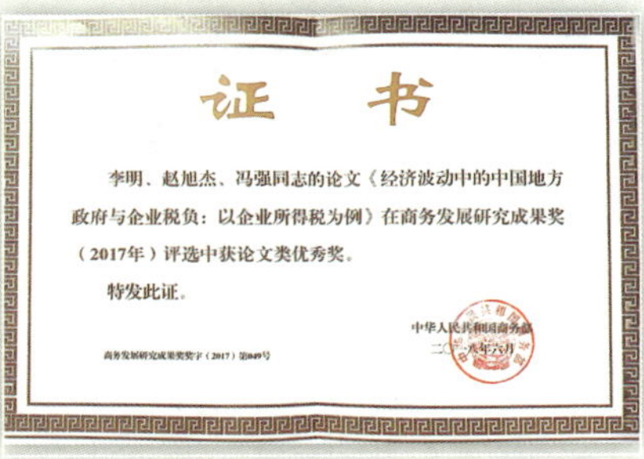
证　书

李明、赵旭杰、冯强同志的论文《经济波动中的中国地方政府与企业税负：以企业所得税为例》在商务发展研究成果奖（2017年）评选中获论文类优秀奖。

特发此证。

中华人民共和国商务部

商务发展研究成果奖奖字（2017）第049号

本成果基于中国工业企业数据库中的大样本企业数据，着重探讨了中国企业税负变动的原因。研究发现，经济下行期间，中国企业税负总体是上升的，特别是在欠发达地区，趋势更明显。究其原因，在于在以经济增长为导向的政绩考核体系下，中国地方政府倾向实施扩张性的财政支出政策，且在经济下行期间财政支出扩张的力度通常大于上升时期。税收是各级政府融资的最主要途径，在经济下行期间，为了更积极的财政支出融资，地方政府通过加大税收征管力度等方式，加大了企业税（费）负担。鉴于欠发达地区融资压力更大，辖区内企业税（费）负担也相应更高。研究结论表明，在中国，存在中央政府逆周期宏观调控意图被地方政府顺周期行为削弱的可能。中国经济新常态期间，国家应密切注意企业税（费）负担可能存在的加重趋势，并深入探讨中国企业税（费）负担呈顺周期趋势的成因，加快改革，稳定宏观税负，使企业形成良好预期，加快结构转型升级。

成果名称 《电子商务经济发展战略》

作　　者 陈进　等

奖项名称 商务发展研究成果奖（2017 年）

获奖等级 优秀奖

获奖时间 2018 年

作者简介

陈　进 1962 年 1 月生，男，享受国务院政府特殊津贴专家，北京市教学名师。现任对外经济贸易大学现代服务业研究中心主任，教育部高校电子商务类专业教学指导委员会副主任。兼任商务部电子商务咨询专家委员会委员、国家电子商务标准化总体组委员、国家重点研发计划“现代服务业”专项总体专家组成员、中国企业联合会管理现代化委员会副主任，国家电子商务示范城市创建工作咨询专家。主要研究方向为现代服务业与产业升级、电子商务、互联网经济、产业金融等。编著《电子商务经济发展战略》《大宗商品交易金融服务》《中国服务——全球外包新兴力量》《金砖国家经贸合作发展报告》《北京现代服务业研究》《大宗商品电子商务》《电子金融服务》《电子商务知识产权》《网络金融服务》《电子金融概论》《商务智能应用教程》《网络银行服务》《电子商务与金融安全》《电子商务与金融》《电子商务战略》《电子商务实践》等。主编“国家电子商务发展”“高等学校电子商务规划教材”等系列丛书。

成 果 简 介

本成果研究了在电子商务为经济全球化、社会信息化带来重大机遇，也对我国国际竞争力构成严峻挑战的背景下，电子商务发展对于扩大内需、促进中小企业发展、推动传统产业升级改造、促进创新创业与就业的内在潜力及发展规律等主要问题。系统阐述了电子商务经济是我国经济转型升级的新引擎、工农业与服务业可持续协调发展的融合力、社会协同创新发展的推动力，发展电子商务经济也是提高国家竞争力的有效途径。提出未来五到十年，我国发展电子商务经济的国家战略、政府工作机制与环境支撑体系建设等重要建议。可供致力于发展电子商务的各级政府、企事业单位的领导参考阅读；可作为示范城市、示范基地和示范企业的电子商务培训教程；可作为相关领域专家学者的参考用书；也可作为各院校电子商务课程的参考书。

证 书

陈进、聂林海同志主编的《电子商务经济发展战略》一书在商务发展研究成果奖（2017年）评选中获论著类优秀奖。

特发此证。

商务发展研究成果奖奖字（2017）第099号

成果名称　《成品油价格管制能限制石油企业的垄断利润吗？》

作　　者　周末　谢海滨　等

奖项名称　商务发展研究成果奖（2017 年）

获奖等级　优秀奖

获奖时间　2018 年

成果简介

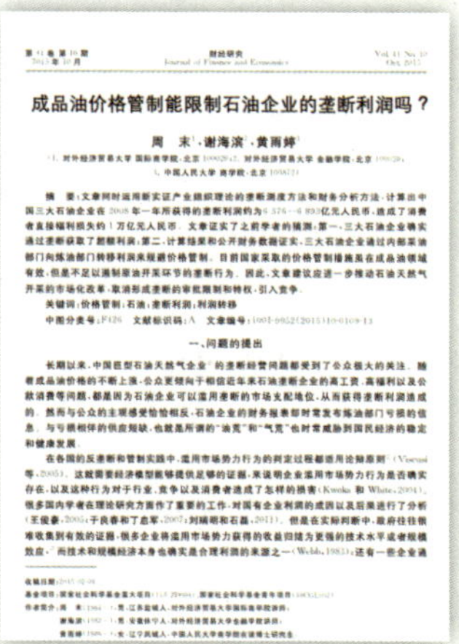
第 41 卷 第 10 期　财经研究　Vol. 41 No. 10
2015 年 10 月　Journal of Finance and Economics　Oct. 2015

成品油价格管制能限制石油企业的垄断利润吗？

周　末[1]，谢海滨[2]，黄雨婷[3]
（1. 对外经济贸易大学 国际商学院，北京 100029；2. 对外经济贸易大学 金融学院，北京 100029；
3. 中国人民大学 商学院，北京 100872）

摘　要：文章同时运用新实证产业组织理论的垄断测度方法和财务分析方法，计算出中国三大石油企业在 2008 年一年所获得的垄断利润约为 6 376—6 893 亿元人民币，造成了消费者直接福利损失约 1 万亿元人民币。文章证实了之前学者的猜测：第一，三大石油企业确实通过垄断获取了超额利润；第二，计算结果和公开财务数据证实，三大石油企业通过内部采油部门向炼油部门转移利润来规避价格管制。目前国家采取的价格管制措施虽在成品油领域有效，但是不足以遏制原油开采环节的垄断行为。因此，文章建议应进一步推动石油天然气开采的市场化改革，取消形成垄断的审批限制和特权，引入竞争。

关键词：价格管制；石油；垄断利润；利润转移
中图分类号：F426　文献标识码：A　文章编号：1001-9952(2015)10-0109-13

一、问题的提出

长期以来，中国巨型石油天然气企业的垄断经营问题都受到了公众极大的关注。随着成品油价格的不断上涨，公众更倾向于相信近年来石油垄断企业的高工资、高福利以及公款消费等问题，都是因为石油企业可以滥用垄断的市场支配地位，从而获得垄断利润造成的。然而与公众的主观感受恰恰相反，石油企业的财务报表却时常发布炼油部门亏损的信息。与亏损相伴的供应短缺，也就是所谓的“油荒”和“气荒”也时常威胁到国民经济的稳定和健康发展。

本成果的主要内容和观点：同时运用新实证产业组织理论的垄断测度方法和财务分析方法，计算出中国三大石油企业在 2008 年一年所获得的垄断利润约为人民币 6376 亿元至 6893 亿元，造成消费者直接福利损失约 1 万亿元人民币。文章证实了之前学者的猜测：第一，三大石油企业确实通过垄断获取了超额利润；第二，计算结果和公开财务数据证实，三大石油企业通过内部采油部门向炼油部门转移利润来规避价格管制。目前，国家采取的价格管制措施虽在成品油领域有效，但是不足以遏制原油开采环节的垄断行为。因此，本成果建议应进一步推动石油天然气开采的市场化改革，取消形成垄断的审批限制和特权，引入竞争机制。

成果名称 《互联网跨境数字化与关税征收》

作　　者 白树强　等

奖项名称 第二十届“安子介国际贸易研究奖”

获奖等级 优秀著作三等奖

获奖时间 2018 年

成 果 简 介

本成果的主要内容：世界贸易组织组织（WTO）框架下，处理跨境数字化产品海关估价征税问题的历史背景、现状和争议焦点；WTO 框架下，基于现行海关规则解决跨境数字化产品估价征税问题的难点——对此类产品归类的意见分歧；WTO《海关估价协议》对解决跨境数字化产品估价征税问题的法律局限性；主要国家和地区对数字化产品征税情况分析以及国际社会数字化产品相关议题的其他改革；中国作为发展中国家，针对跨境数字化产品征税的必要性，同时，提出政策建议，可为我国在这一领域内制定相关的法律法规提供理论依据。学术贡献：在 WTO 框架下，深入分析了互联网环境下跨境数字化产品海关估价征税问题的核心——数字化产品的贸易归类问题，论证了此类产品海关估价征税的法律依据。创新之处：在国际现行法律框架和贸易规则的基础上，顺应中国国情和电子商务的发展趋势，为我国海关、税务及信息网络主管部门提出关税（也包括消费税）征收和监管方式的具有理论和实际应用价值的政策建议。本成果是国内相关领域的第一本专著，已经引起国内外同行的关注，被列入我国社会科学成果外推计划；英文版将由欧洲的出版社在海外出版发行。

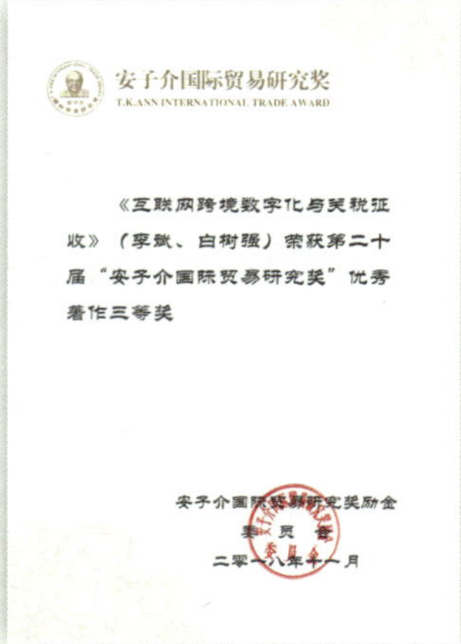
安子介国际贸易研究奖
T.K.ANN INTERNATIONAL TRADE AWARD

《互联网跨境数字化与关税征收》（李斌、白树强）荣获第二十届“安子介国际贸易研究奖”优秀著作三等奖

安子介国际贸易研究奖励金
委员会
二零一八年十一月

成果名称 《全球价值链嵌入的生产率效应：影响与机制分析》

作　　者 吕越　等

奖项名称 第二十届“安子介国际贸易研究奖”

获奖等级 优秀论文三等奖

获奖时间 2018 年

成果简介

本成果采用 2000—2006 年中国工业企业数据库、海关进出口数据库的微观企业数据，以及 2001—2011 年世界投入产出数据库与中国工业企业数据库的合并数据，考察了 GVC 嵌入的生产率改善效应。研究发现：首先，参与 GVC 可有效提高中国企业的生产效率。值得注意的是，GVC 嵌入对企业生产率的改进存在非线性的倒 U 型关系，即 GVC 嵌入水平虽然会提高企业的生产效率，但存在边际递减的趋势，少部分企业甚至会出现过度 GVC 嵌入带来对生产率的负向影响。目前，该效应尚处于促进效应区间。其次，GVC 和企业生产率之间表现出上述关系，与全球价值链影响企业生产率的三个机制密切相关：(1) 中间品效应，企业参与 GVC 可选择的中间品更加丰富，降低了企业生产成本；(2) 大市场效应，通过目标市场扩大带来的规模经济提高了企业的生产率；(3) 竞争效应，参与 GVC 会面临更激烈的国际竞争，倒逼企业提高生产率、增加竞争力。经验研究的证据支持了上述三种机制的存在，但当企业与发达国家的技术距离缩短时，上述三种机制的改善效应会消失或者减弱，从而可能面临价值链“低端锁定”风险。最后，GVC 嵌入的生产率效应由于不同企业的异质性特征而存在差异，表现为：改善效应在民营和外资企业中更突出，但对国有企业的影响不显著；一般贸易企业在参与 GVC 后获得积极的生产率效应，但该效应对加工贸易企业的影响不显著。

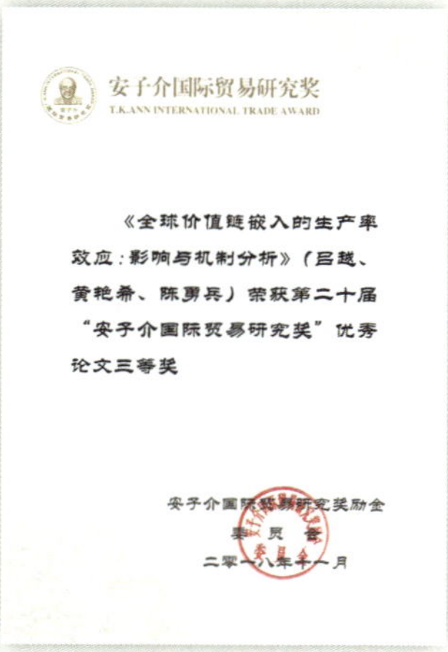
安子介国际贸易研究奖
T.K.ANN INTERNATIONAL TRADE AWARD

《全球价值链嵌入的生产率效应：影响与机制分析》（吕越、黄艳希、陈勇兵）荣获第二十届“安子介国际贸易研究奖”优秀论文三等奖

安子介国际贸易研究奖励金
委 员 会
二零一八年十一月

成果名称　《制造业投入服务化与企业出口的二元边际——基于中国微观企业数据的经验研究》

作　　者　刘　斌　等

奖项名称　第二十届“安子介国际贸易研究奖”

获奖等级　优秀论文三等奖

获奖时间　2018 年

成果简介

本成果论述：以服务化引领产业结构转型升级，已成为当前全球制造业发展的重要趋势。本成果深入分析了制造业投入服务化与企业出口“二元边际”的相关性。结果表明：制造业投入服务化，通过生产率提升、创新激励、范围经济、规模经济等效应，对中国企业出口“二元边际”的优化产生重要影响。制造业投入服务化增加了企业出口概率，扩大了企业出口产品的种类和市场范围，且制造业投入服务化对出口产品价格的正向提升效应明显大于对出口数量的负向效应。制造业投入服务化加快了企业出口由“量变”到“质变”的进程。此外，从服务投入异质性的视角看，分销投入服务化、金融投入服务化均有利于优化企业的出口表现，特别是分销投入服务化的影响更为明显；电信投入服务化和运输投入服务化的作用更多地体现于“成本提升效应”，而没有发挥“质量改进效应”。本成果试图从制造业投入服务化的视角为解决中国企业出口困境提供现实可行的路径。一是加快推进中国制造业投入服务化进程，提高制造业行业中的服务要素渗透率。二是降低制造业企业中的服务“内置化”程度，加快其“主辅分离”、提升主导产品的核心竞争力、提高运营效率。三是合理规划产业布局，扩大制造业和服务业的市场融合空间。四是以金融服务化和分销服务化为重点，增加生产性服务要素的有效供给。五是稳步推进制造业产出服务化进程。

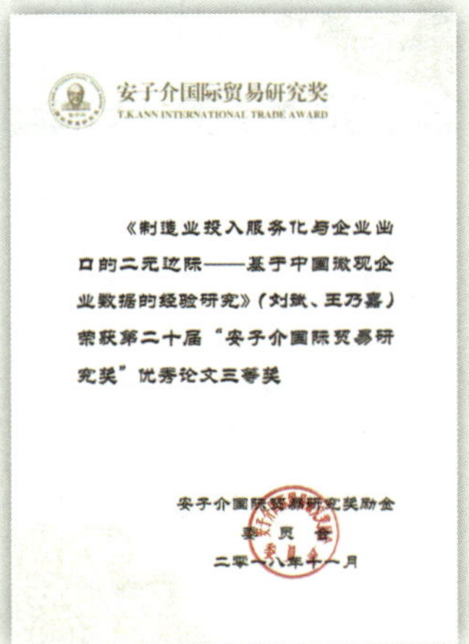
安子介国际贸易研究奖
T.K.ANN INTERNATIONAL TRADE AWARD

《制造业投入服务化与企业出口的二元边际——基于中国微观企业数据的经验研究》（刘斌、王乃嘉）荣获第二十届“安子介国际贸易研究奖”优秀论文三等奖

安子介国际贸易研究奖励金
委员会
二零一八年十一月

成果名称　《提升中国产品海外形象研究》

作　　者　林汉川　李玉梅　蓝庆新　王分棉　等

所获奖项　2018 年第二十届“安子介国际贸易研究奖”优秀著作三等奖
2019 年北京市第十五届哲学社会科学优秀成果奖一等奖
2020 年第八届高等学校科学研究优秀成果奖（人文社会科学）一等奖

成果简介

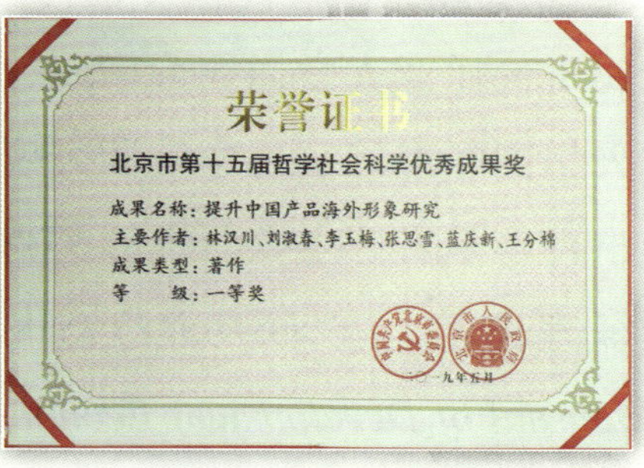

本成果系统研究探索了提升中国产品海外形象的理论模式路径，是国内相关问题第一部专门研究成果，共分六篇。（1）通过对发展知名品牌提升产品海外形象等国内外基本理论研究现状的动态评述，提出创新中国知名品牌体系的重塑与定位问题。（2）通过对全球 132 个国家的 6701 个海外消费者问卷调查，实证分析国家形象与中国产品“走出去”的资产累积、创新与社会责任对中国产品海外形象的影响问题，并提出解决问题的新理论与新思路。（3）依据国际社会责任指南标准（ISO 26000）的六大要素，对提升中国海外投资项目形象的社会责任风险因素、综合评价与政策建议等进行创新性和探索性研究。（4）提升产品海外形象发展知名品牌的国际比较与我国典型案例研究。（5）提升中国产品海外形象实现机制九大问题的调研报告，对实现机制中的现实性、针对性强的问题进行求真务实的调查研究，深入分析其产生的原因并提出对策建议。（6）提升中国产品海外形象理论与路径的一些专题性问题研究与探索。本成果为提升中国产品海外形象战略方向与评价体系，完善国际品牌的界定标准等问题奠定了理论基础，为提升该战略模式与实现路径提供了可借鉴的新鲜经验与样板。

成果名称 *Import Sourcing of Chinese Cities: Order Versus Randomness*

作　　者 荆 然 等

奖项名称 第二十届“安子介国际贸易研究奖”

获奖等级 优秀论文三等奖

获奖时间 2018 年

作者简介

荆 然 1982 年 4 月生，女。毕业于加拿大英属哥伦比亚大学尚德商学院，现任对外经济贸易大学国际经济贸易学院国际贸易系主任，惠园杰出青年学者。主要研究方向为国际贸易和产业组织理论等。在 *Journal of International Economics*、*Journal of Development Economics*、*Journal of Law* 及《经济研究》等国内外期刊发表论文，曾受邀参加 *Handbook on the Economics of Retailing and Distribution*、*China's Trade Exchange Rate and Industrial Policy Structure* 两书的篇章写作。两次获“安子介国际贸易研究奖”优秀论文三等奖，两次获对外经济贸易大学科研标兵荣誉。主持国家自然科学基金青年项目和面上项目，其中，其自然科学基金青年项目在结项时曾获得自科基金委的“特优”评价。担任 *Economic Journal*、*European Economic Review*、*Journal of International Economics* 及《经济研究》杂志以及国家自然科学基金等匿名审稿人。在教学方面，曾四次获本科课堂教学质量评价前 10% 的荣誉。

成果简介

本成果论述：很多国际贸易的理论模型都是基于生产者的异质性，如 Melitz（2003）。结合进入海外市场的固定成本，这类模型往往都预期，较好的企业会出口到更多的海外市场，或者较好的企业能出口到更难进入的国家。换句话说，这类模型的一个基本观点是进口者只要进口这类产品，进口的产品中一定会包含来源于最优国家的产品。本成果把这个只要从排位第 (n+1) 的国家进口，就一定会从第 n 个来源国进口的特性称为“层次遵循度”（hierarchy compliance），并将这个假说在中国的进口数据上进行检验，发现这个层次遵循度在数据中并没有被很好地遵循。

Contents lists available at ScienceDirect

Journal of International Economics

journal homepage: www.elsevier.com/locate/jie

Import sourcing of Chinese cities: Order versus randomness

Keith Head, Ran Jing, John Ries

ARTICLE INFO

ABSTRACT

© 2017 Elsevier B.V. All rights reserved.

为解释此现象，成果放弃了传统国际贸易理论中关于消费者偏好是连续的假设，代之以不连续的颗粒状的消费者偏好假设，并把该假设引入生产者异质性的模型下。通过模拟仿真，“层次遵从度”的理论预测值达到 73%。而中国海关数据中，实际观测值的平均值为 66%。73% 的预测值虽然比传统的 100% 预测值更加接近实际观察值，但此模型的预测值还是系统地高于实际观测到的层次遵循度的平均值。因而，本成果又进一步引入允许同一个城市里的进口者拥有共同偏好于某特定国家的假设。通过校准需求偏好的异质性方差，模型所预测的层次遵从度的值能与观测值的平均值相等。通过进一步的回归分析，本成果发现来自生产者方面的异质性仅能够解释城市进口来源国选择可能性的 44%，大部分的影响因素来自买方的异质性。

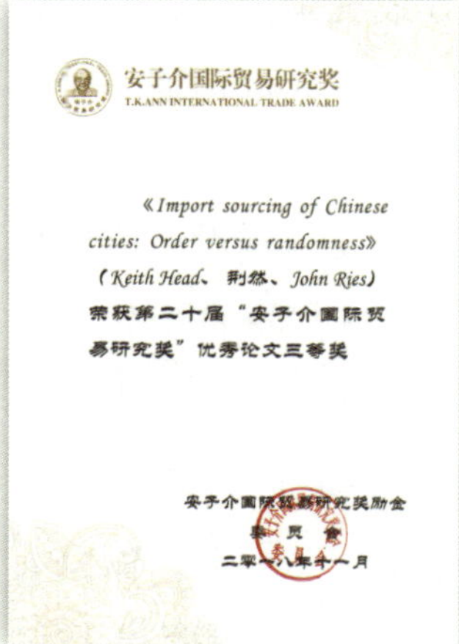
安子介国际贸易研究奖
T.K.ANN INTERNATIONAL TRADE AWARD

《Import sourcing of Chinese cities: Order versus randomness》
（Keith Head、荆然、John Ries）
荣获第二十届“安子介国际贸易研究奖”优秀论文三等奖

安子介国际贸易研究奖励金
评审会
二零一八年十一月

成果名称　《深入学习习近平新时代对外开放重要思想　推动形成全面开放新格局》

作　　者　姜荣春　王 波　等

奖项名称　第二十届“安子介国际贸易研究奖”

获奖等级　优秀论文三等奖

获奖时间　2018 年

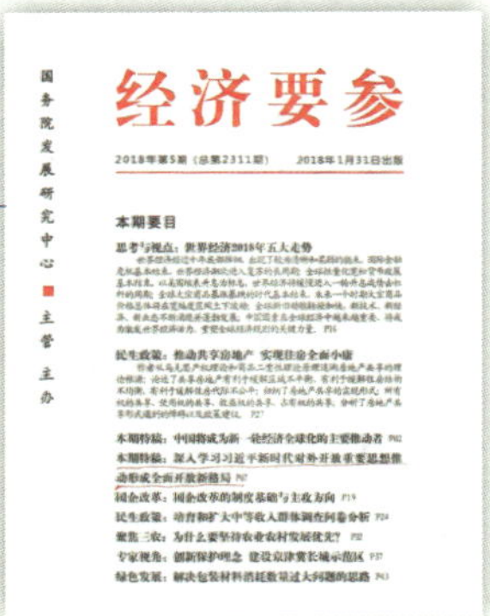
经济要参
2018年第5期（总第2311期）　2018年1月31日出版
国务院发展研究中心　主管　主办
本期要目
思考与视点：世界经济2018年五大走势
民生政策：推动共享房地产 实现住房全面小康
本期特稿：中国将成为新一轮经济全球化的主要推动者 P02
本期特稿：深入学习习近平新时代对外开放重要思想推动形成全面开放新格局 P07
国企改革：国企改革的制度基础与主攻方向 P19
民生政策：培育和扩大中等收入群体调查问卷分析 P24
聚焦三农：为什么要坚持农业农村发展优先？ P32
专家视角：创新保护理念 建设京津冀长城示范区 P37
绿色发展：解决包装材料消耗数量过大问题的思路 P43

成果简介

本成果论述：中国特色社会主义进入新时代，以习近平同志为核心的党中央在充分研判国内外发展环境和我国现代经济体系建设任务的基础上，提出“加快推动形成全面开放新格局”。本成果主要基于党的十九大报告对全面开放新格局的系列表述，紧密结合新时代扩大开放中的几大核心议题及其最新实践进展，从贸易强国建设、提升贸易投资自由化与便利化水平、扩大西部地区开放、探索中国特色自由贸易港建设、创新对外投资方式五个方面，对推动全面开放新格局展开系统阐述，以期为理解新时期的扩大开放战略构建一个具有前瞻性和参考价值的初步分析框架。研究提出，培育贸易新业态、新模式，推进贸易强国建设，应以保持和稳固贸易大国地位为基础；实施投资自由化与便利化政策，应赋予外资企业平等权利；提升自由贸易区改革自主权，探索自由贸易港，不是简单对标国际，而是结合当前国家战略需求，遵循问题导向，做到有的放矢、风险可控；创新对外投资方式，加快培育国际经济合作和竞争新优势，企业要遵循至少不违背国家战略，政府应基于市场与法治构建可预期、稳定、透明、公平公正的对外投资环境。研究认为，“一带一路”建设是推动形成全面开放新格局的逻辑主线；新时代扩大开放沿袭了实践逻辑、问题导向、开放与改革协同发展以及先试点再推广的渐进模式；面对外部环境的复杂深刻变化，应树立底线思维，保障开放型经济发展进程安全可控。

安子介国际贸易研究奖
T.K.ANN INTERNATIONAL TRADE AWARD
《深入学习习近平新时代对外开放重要思想推动形成全面开放新格局》（姜荣春、王波、江涛）荣获第二十届“安子介国际贸易研究奖”优秀论文三等奖
安子介国际贸易研究奖励会
委员会
二零一八年十一月

成果名称 《投资者与东道国争端仲裁与我国法律机制的衔接》

作　　者 薛 源

奖项名称 第二十届“安子介国际贸易研究奖”

获奖等级 优秀论文三等奖

获奖时间 2018 年

成 果 简 介

本成果论述：随着我国成为重要的资本输出国以及中美、中欧双边投资保护协定谈判的深入，投资者与东道国争端仲裁机制对我国的深刻影响日渐凸显。这就要求我国及时应对，对国内的相关法律机制做出适时调整，通过司法机制的衔接、国家豁免立法和对我国仲裁法的修改等举措，保护我国国家利益和我国投资者利益，并以此为契机，推动我国的仲裁机制与国际接轨。在司法机制衔接方面，我国应就 ICSID（国际投资争端解决中心）仲裁裁决建立承认和执行的司法支持机制，以及对非 ICSID 仲裁建立司法监督机制。就国家豁免立法，我国签署尚未生效的《联合国国家及其财产豁免公约》，可作为我国国家豁免立法的参考。该公约就国家豁免采用了相对豁免主义，可能更为有利于保护我国国家利益和我国投资者利益。关于仲裁法的修改，应拓宽我国《仲裁法》可仲裁事项的范围，将投资者与东道国争端纳入可仲裁事项，以确保相关仲裁裁决的效力及其在我国的承认和执行，并为我国仲裁机构受理投资者与东道国争端扫清障碍。

安子介国际贸易研究奖
T.K.ANN INTERNATIONAL TRADE AWARD

《投资者与东道国争端仲裁与我国法律机制的衔接》（薛源）荣获第二十届“安子介国际贸易研究奖”优秀论文三等奖

安子介国际贸易研究奖励金
委员会
二零一八年十一月

成果名称 《少数民族人口流动特征与就业质量研究》

作　　者 苏丽锋

奖项名称 第四届全国民族研究优秀成果奖

获奖等级 二等奖

获奖时间 2018年

作者简介

苏丽锋　1976年7月生，男，对外经济贸易大学教育与开放经济研究中心研究员，博士生导师。研究领域为教育经济学、劳动经济学等。主持国家社科基金重点项目、一般项目等多项，参与国家社会科学基金重大项目、国家自然科学基金项目等多项，主持和参与国家发展和改革委员会、人力资源和社会保障部、教育部决策咨询课题等多项。发表的学术论文主要集中于教育与劳动力市场领域，出版专著、参与编著多部。多篇论文被《新华文摘》《中国社会科学文摘》和中国人民大学《复印报刊资料》转摘，在《光明日报》《工人日报》《中国劳动保障报》等报刊发表多篇理论性文章。论文获第四届全国民族研究优秀成果二等奖，参编著作获北京市第十五届哲学社会科学优秀成果二等奖。成果要报获省部级领导批示及多次被教育部司局采纳。担任中国劳动经济学会理事、中国教育经济学会理事、中国职业技术教育学会理事。国家社会科学基金项目通讯评审专家。

成果简介

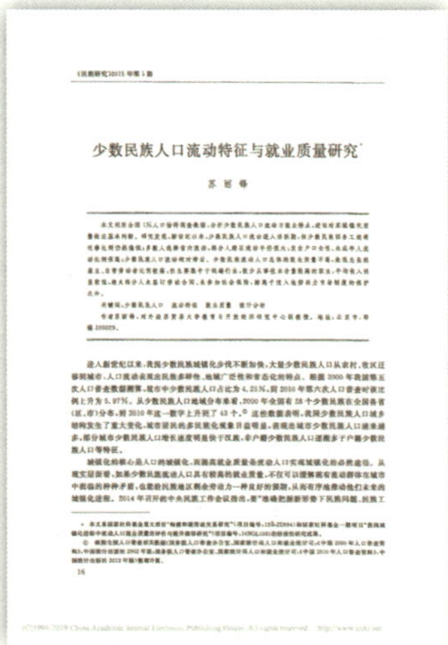

少数民族人口流动特征与就业质量研究

苏丽锋

本成果论述：进入 21 世纪以来，我国少数民族城镇化步伐不断加快，大量少数民族人口从农村、牧区迁移到城市，人口流动表现出民族多样性、地域广泛性和常态化的特点。利用微观数据对该群体进行分析，并结合当前城乡劳动力市场一体化建设的现实背景，描述他们的流动特征与就业质量，对于为政府完善民族政策、顺利推进新型城镇化建设提供智力支持，具有重要的现实意义。本成果利用全国 1 %人口的抽样调查数据，分析少数民族人口流动与就业特点，进而对其城镇化质量做出基本判断。

第四届全国民族研究优秀成果奖
（论文类）
获奖证书

获奖成果：少数民族人口流动特征与就业质量研究
获奖等级：二等奖
获 奖 者：苏丽锋
奖励日期：2018年10月

国家民族事务委员会

证书号：2018-LW-B-011

研究发现，21 世纪以来，少数民族人口流动进入活跃期，但因务工、经商原因迁移的比例仍然偏低；多数人选择省内流动，部分人跨区流动半径很大；农业户口女性、未成年人流动比例很高；少数民族人口流动相对滞后。总体而言，少数民族流动人口的就业质量不高，表现为：虽然雇主、自营劳动者比例较高，但主要集中于低端行业，技术含量较高的职业极少；平均收入明显较低；绝大部分人未签订劳动合同、未参加社会保险，游离于流入地劳动力市场制度的保护之外。本成果提出六个方面的政策建议：第一，构筑以民族交往、交流、交融为导向的高质量新型城镇化模式；第二，增进各民族间经济互通，拓展少数民族流动人口外出务工、经商的空间；第三，重点做好少数民族省内流动人口就地城镇化工作；第四，继续加大民族地区教育投入，提高流动人口劳动技能，扩展择业宽度；第五，解决少数民族返乡流动人口的就业问题，鼓励其返乡创业；第六，提高少数民族流动人口签订劳动合同和参与社会保障的水平。

2019—2020 年

成果名称　《中外跨国公司发展史》（上、下卷）

作　　者　卢进勇　杨国亮　杨立强

所获奖项　2019年北京市第十五届哲学社会科学优秀成果奖一等奖
2020年第八届高等学校科学研究优秀成果奖（人文社会科学）三等奖

成果简介

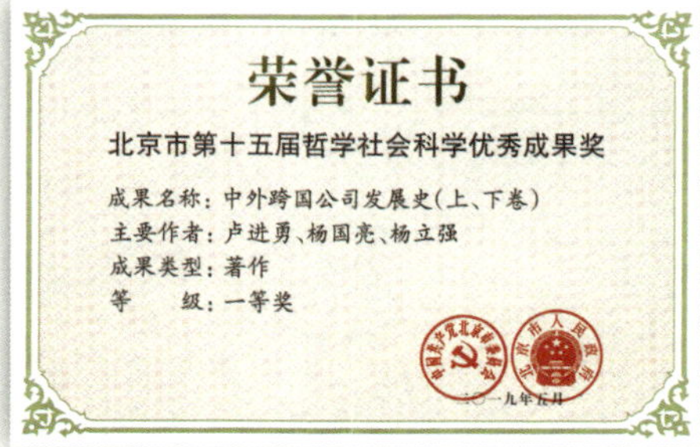
荣誉证书
北京市第十五届哲学社会科学优秀成果奖
成果名称：中外跨国公司发展史(上、下卷)
主要作者：卢进勇、杨国亮、杨立强
成果类型：著作
等　　级：一等奖
二〇一九年五月

本成果论述：跨国公司在当今世界经济中发挥着越来越重要的作用，跨国公司是国际经济合作与经济全球化的重要推动力量。如果以销售额计算，全球前100个经济体中，有40个左右是跨国公司。因此，从某种意义上讲，近代以来的世界经济发展史就是一部跨国公司的发展史。

本成果从国际投资发展史、国际企业发展史、理论学说思想史和政策法规变迁史等四个历史视角切入，系统梳理了中外跨国公司诞生、发展和演变的历程。包括上、下两卷。上卷分为三篇，主要研究中外跨国公司总的发展历史、专题发展史和与中国相关的跨国公司的演变发展情况。下卷分为四篇，重点研究中外跨国公司理论流派和观点学说的主要内容、合理性与局限性、点评分析以及借鉴价值。

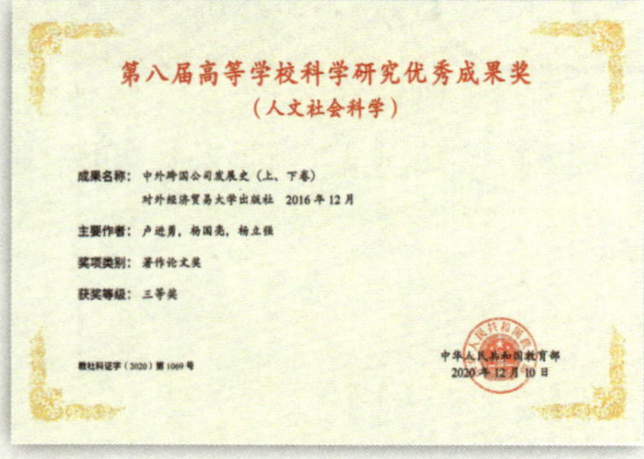
第八届高等学校科学研究优秀成果奖
（人文社会科学）
成果名称：中外跨国公司发展史（上、下卷）
对外经济贸易大学出版社　2016年12月
主要作者：卢进勇，杨国亮，杨立强
奖项类别：著作论文奖
获奖等级：三等奖
教社科证字（2020）第1069号
中华人民共和国教育部
2020年12月10日

本成果的出版发行，深化和丰富了我国企业发展史、国际投资思想史以及国际经济史的研究，拓展了跨国公司的相关研究领域，为中国加快发展世界一流跨国公司提供了有益启示，具有很强的学术理论传承性与探索性，是一部集大成的著作，填补了中外跨国公司研究领域的空白点。

成果名称 《当代中国新的社会阶层研究报告》

作　　者 廉思 等

所获奖项 2019 年北京市第十五届哲学社会科学优秀成果奖一等奖
2020 年第八届高等学校科学研究优秀成果奖（人文社会科学）二等奖

成果简介

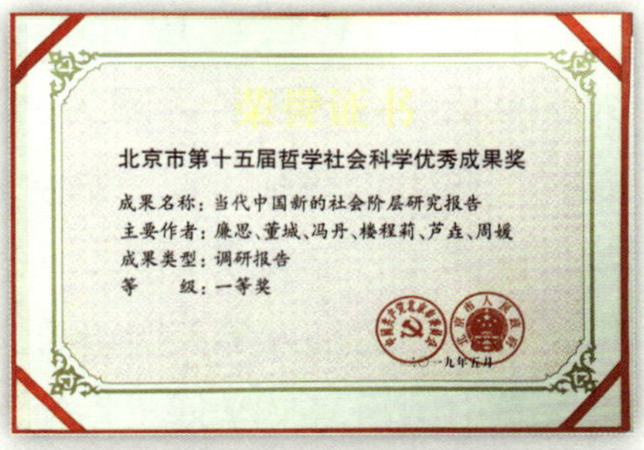

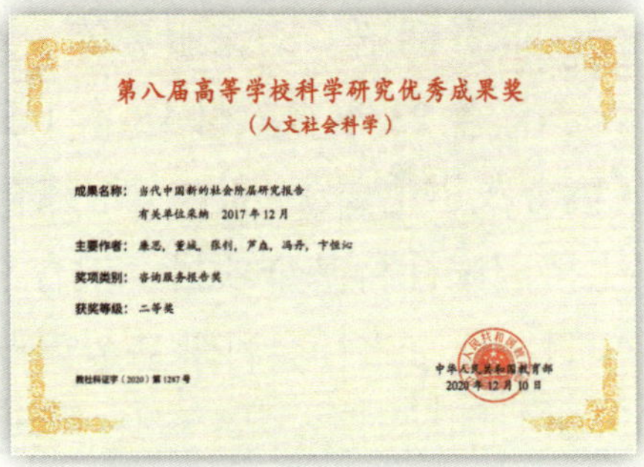

本成果论述：新的社会阶层内部分化比较严重、成分复杂，收入水平、社会地位、利益诉求及政治态度等方面的差异性明显且一直处于快速变化之中，研究难度很大；其中的自由职业人员甚至是研究的盲区。本成果基于四次调查数据，系统梳理了新社会阶层的主要特点和面临的挑战，从作用发挥、社会风险、引导路径等方面展开深入分析，并在数据和材料的对比中，加强对新社会阶层的规律性和趋势性研判。此外，还对中国历史上新社会阶层的治理经验进行了梳理和思考，对意识形态输出性强的文化领域新社会阶层进行了专题研究，对社会关注度高的网络主播群体进行了典型研究，对影响力逐渐增强的新兴青年群体进行了趋势研究。整个成果既有全景透视式的立体画像，也有对具体、重点群体的细致精准素描，首次形成有关当代中国新社会阶层的完整系统认知，丰富了中国社会阶层研究的视角，特别是体制外中等收入群体的认知，大大拓展了我国社会学研究的视域，对梳理中间阶层的社会经济影响，理解当前中国的社会分层与社会结构，具有重要的原创性学术价值。成果的学术研究部分，转化为 CSSCI 论文 10 余篇，引起学术界的广泛关注；对社会的宣传部分，在《人民日报》《光明日报》《学习时报》等报纸上刊发后，产生了很好的社会反响，相继被《新华文摘》和中国人民大学《复印报刊资料》全文转载。

成果名称 《中国企业“走出去”语言服务蓝皮书（2016）》
作　　者 王立非　崔启亮　等
奖项名称 北京市第十五届哲学社会科学优秀成果奖
获奖等级 二等奖
获奖时间 2019 年

作者简介

王立非　1962 年 10 月生，男，博士，对外经济贸易大学英语学院原院长，现为北京语言大学高级翻译学院教授，博士生导师、博士后合作导师。1983 年，毕业于南京国际关系学院英语系，获学士学位。1990 年、2003 年，毕业于南京大学英语语言文学专业，先后获硕士和博士学位。2005 年，南京大学中国语言文学博士后流动站出站。研究方向为应用语言学、语料库语言学、商务话语、语言服务等。发表 CSSCI/SSCI 期刊论文 104 篇。出版著作 13 部、译著 23 本、教材 18 本（套）、辞书 3 部，代表作《商务英语名物化研究》《商务英语论要》《商务英语综合教程》《中国企业“走出去”语言服务蓝皮书》。主持国家社科基金项目、教育部人文社科基金项目、教育部人文社科后期资助项目、北京市社会科学基金重点项目、中央在京高校重大成果转化项目等多项。

崔启亮　1968 年 7 月生，男。博士，对外经济贸易大学英语学院副教授，硕士生导师。1991 年至 1996 年，毕业于北京服装学院，获工学学士和工学硕士学位。1999 年，毕业于东华大学机械设计及理论专业，获工学博士学位。研究方向为计算机辅助翻译、本地化翻译、语言服务等。发表 CSSCI 论文 17 篇。出版著作 4 部、教材 6 本，代表作《本地化项目管理》《翻译项目管理》《计算机辅助翻译简明教程》《中国企业“走出去”语言服务蓝皮书》。主持教育部人文社科基金项目、国家语言文字委员会基金项目等多项。

成果简介

本成果论述：语言服务是在翻译服务基础上发展的现代信息内容服务，包括翻译、本地化、技术传播、翻译技术、语言咨询等专业服务。通过对我国企业的语言服务需求调查以及对调研结果的分析，成果比较全面地描述了我国企业“走出去”和“引进来”过程中，语言服务需求的现状和总体趋势。研究认为，在中国企业“走出去”过程中，语言服务既发挥语言在跨文化交际中的媒介价值，也体现专业服务推动企业国际化的经济价值。

本成果提出加强我国企业语言服务建设的六条建议：(1) 将语言服务作为“走出去”的基础性、战略性和先导性工程：(2) 对内加强语言服务能力建设，对外与语言服务提供商构建业务合作伙伴关系：(3) 加强语言服务的团队、流程、技术、标准化建设；(4) 语言服务企业需要突出专业领域，提供专业服务，打造行业品牌：(5) 加强语言服务业的整体发展规划，加强政策、信息和服务扶持：(6) 加强“政产学研”协同创新，培养专业化、应用型的语言服务人才。

成果名称　《北京非首都功能疏解与减量发展研究》

作　　者　邓慧慧　等

奖项名称　北京市第十五届哲学社会科学优秀成果奖

获奖等级　二等奖

获奖时间　2019 年

成果简介

本成果论述：习近平总书记于 2017 年 4 月 25 日在视察北京的重要讲话中强调，北京城市规划要深入思考“建设一个什么样的首都，怎样建设首都”的问题。要进一步统一思想，围绕“迁得出去、落得下来”研究制定配套政策，形成有效的激励引导机制。基于此研究背景，本成果遵循党的十九大报告提出的“以疏解北京非首都功能为‘牛鼻子’，推动京津冀协同发展”的总体要求和前进方向，探讨如何疏解北京非首都功能及优化空间布局，推进京津冀协同发展的国家重大战略。通过深度调研京津冀 30 多个园区、200 多家企业以及相关政府部门，在总结经验和梳理问题的基础上，成果基于城市经济学、区域经济学、产业经济学理论，按照“四个中心”的战略定位，将功能疏解与大都市地区空间战略相结合，提出进行前瞻性的系统设计与整体推进，优化城市功能的空间布局，搭建分工合理、互为补充、多层次、广覆盖的疏解和承接平台。

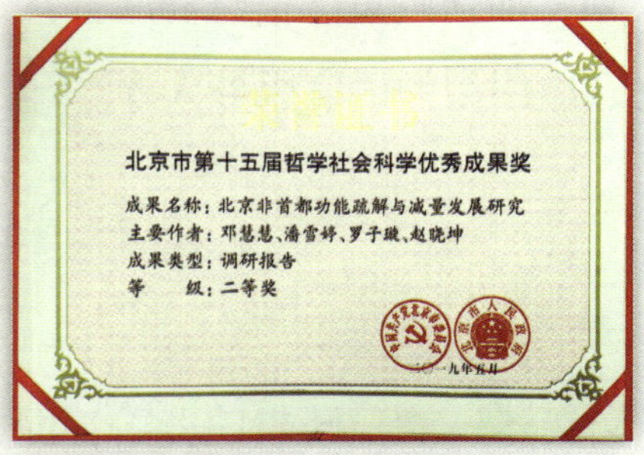

成果名称 《国际贸易投资规则的再构建及中国的因应》

作　　者 石静霞

所获奖项 2019 年北京市第十五届哲学社会科学优秀成果奖二等奖
2020 年第八届高等学校科学研究优秀成果奖（人文社会科学）二等奖

成果简介

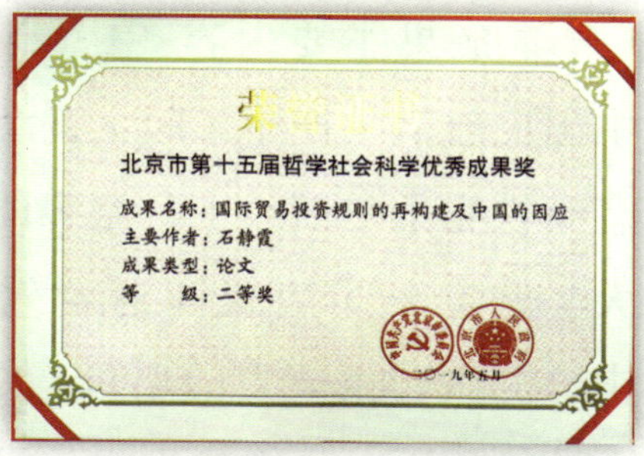

本成果主体分为四个部分：（1）梳理国际贸易投资的再构建背景及路径。关注三个问题：世界贸易组织框架下多边谈判的僵局及困境、区域贸易协定（RTAs）与诸边协定的谈判和发展以及作为次优选择的 RTAs 和诸边协定。（2）探讨全球价值链与规则再构建的问题。（3）研究新一代国际经贸规则构建的内容。从传统议题到包含越来越多的“21 世纪新规则”，如竞争中立和国企纪律、各国在规制层面的协调、电子商务、知识产权、政府采购、劳工及环境等。第四部分则探讨在新一代国际经贸规则构建中的中国因应措施。

成果主要观点如下：国际贸易投资规则的再构建，正以前所未有的方式和路径迅速展开；双边、区域和诸边谈判，成为新规则形成的重要平台。在实体内容上，新一代规则范围扩大、标准提高，反映了发达国家在全球价值链生产上的新需求。中国在全球经贸治理中，应当从被动应对的规则执行者，逐步成长为主动参与的规则引领者，积极参与新规则的构建，推动全球贸易投资自由化进程。结合国际经验和国内需求，中国参与规则构建并逐渐发挥引领作用的重要前提有两方面：对内通过实施自贸区战略、统一内外资法律等关键措施，进一步深化国内改革；对外积极参与多边与双边、区域和诸边谈判，重视服务贸易和投资规则并密切关注新议题，实现国内法治与国际规则间的良性互动。

成果名称 *Impact of High-speed Rail on China's Big Three Airlines*

作　　者 杨杭军　王强　等

所获奖项 2019年北京市第十五届哲学社会科学优秀成果奖二等奖
2020年第八届高等学校科学研究优秀成果奖（人文社会科学）二等奖

成果简介

本成果主要内容：（1）高铁的进入对中国民航需求产生了较大的负面影响且在有高铁竞争的航线上，旅客的价格弹性变大。航空公司应提高运营效率、降低成本、提供有竞争力的票价。（2）在客运量少的航线上，高铁的进入使民航客运量和票价显著下降；而在客运量多的大航线上，对民航客运量的影响并不显著，票价下降幅度也有所缓和。故高铁进入民航客运量大的线路，能有效减少与航空公司的激烈价格竞争且有利于提升消费者福利。（3）票价差异和高铁行驶时间对航空旅客需求的影响较大，而高铁运营频率对民航的影响则相对较小。高铁运营商应更加重视高铁行驶时间或速度而不是运营频率。成果主要创新：（1）有助于民航从业者和政策制定者更好地了解中国民航市场，也为中国高铁的未来发展提供了实证启示。（2）采用基于航线层面和航空公司层面的面板数据，应用真实的航空价格数据，实证分析了高铁进入对中国民航市场需求弹性的影响，为航空公司采取相应措施应对高铁竞争提供了建议，有利于加快和深化中国民航业进一步改革。（3）采用多种计量和统计方法，实证分析高铁运营特征对民航市场需求影响的力度，不仅有利于航空公司采取有针对性的措施应对高铁的冲击，也有利于明确高铁未来的发展方向。

成果名称 《阿拉伯传记文学研究》

作　　者 邹兰芳

奖项名称 北京市第十五届哲学社会科学优秀成果奖

获奖等级 二等奖

获奖时间 2019 年

作者简介

邹兰芳 1966 年 2 月生，女，1993 年，获北京外国语大学阿拉伯语语言文学博士学位。现任对外经济贸易大学外语学院教授，博士生导师。主要研究方向为阿拉伯现当代文学、阿拉伯传记文学等。出版专著《阿拉伯传记文学研究》，文学作品译著（均为合译）《一千零一夜》《埃米尔之书》《日落绿洲》，国家级规划教材 2 部。在《外国文学评论》《外国文学研究》《当代外国文学》《国外文学》《读书》《外国文学动态研究》《文艺理论与批评》等学术期刊上发表论文 40 余篇。专著《阿拉伯传记文学研究》荣获北京市哲学社科优秀成果奖二等奖。主持完成国家社科基金一般项目 1 项，作为主要成员参与国家社科基金重大项目 2 项。

成果简介

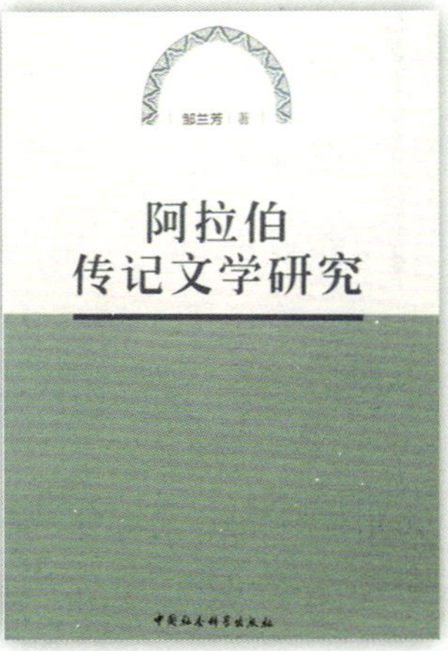

本成果以一位中国学者的视角，廓清了阿拉伯传记/自传文学产生、发展、嬗变的历史轨迹和大致形态，探讨了其在历史发展过程中，尤其是现当代历史文化语境下的总体表征和叙事风格，分析了阿拉伯传记文学与西方传记文学的异同以及产生差异的文化、政治、宗教、语言等因素，折射出阿拉伯民族特征和伊斯兰文化特色，丰富了传记文学在国内的研究维度和视野。系国内第一部系统研究阿拉伯传记文学的学术专著。

成果的作者经过约 8 年对阿拉伯传记文学的研究，以及由此引发的对东方传记文学的关注、对东西方文化差异性的思考，提出以下观点：（1）东方传记文学虽起步较晚，但整体说来，该文类在历史的传承下，无论在作品创作的数量上还是质量上，都保持较高的水平。（2）作为东方文学重要组成部分的阿拉伯传记文学自成一类，阿拉伯民族在传记文学领域的遗产和积淀、该文类的发展和未来走向，无论在深度上还是广度上都不亚于其他民族。（3）不同时代的阿拉伯传记作品是阿拉伯史学家、哲学家、思想家、文学家等人性光辉的集中体现，再现了阿拉伯民族、国家的特征和境遇。（4）“一带一路”倡议提到的“五通”之一就是“民心相通”。阿拉伯国家是“一带一路”沿线的主要地区，了解阿拉伯人的“个体”特征和“集体”群像，有助于我们更好地了解这个地区的历史、文化、政治、哲学、宗教等人文特征。

成果名称　《政策不确定性、税收征管强度与企业税收规避》

作　　者　陈德球　等

奖项名称　北京市第十五届哲学社会科学优秀成果奖

获奖等级　二等奖

获奖时间　2019 年

成果简介

本成果将转型经济背景下，宏观层面的地方领导人更替所引发的政策不确定性与微观层面的企业税收行为联系起来，明确了地方官员更替也可能是企业税收规避的重要动因。利用地方市委书记更替这一具有“准自然实验”性质的冲击事件，更明确地考察了政治因素与企业税收规避行为之间的因果关系。

由官员变更导致的政策不确定性，会极大地影响微观企业的行为。那么，在市场化过程中，如何通过制度改善来淡化官员个体对经济政策的影响，以及如何降低核心政府官员变更导致的政策不确定性，是一个亟待解决的实践问题。成果的论据是对媒体和大众所关注此热点问题的呼应。同时，对党的十八届三中全会《中共中央关于全面深化改革若干重大问题的决定》所要求的“加强和改进对主要领导干部行使权力的制约和监督”，提供了学术支持。

成果名称 《证券监管效果论》

作　　者 郝旭光

奖项名称 北京市第十五届哲学社会科学优秀成果奖

获奖等级 二等奖

获奖时间 2019 年

作者简介

郝旭光　1961 年 4 月生，男，中国人民大学商学院工学学士、经济学硕士、管理学博士。对外经济贸易大学二级教授，国家教学名师，惠园特聘教授。享受国务院政府特殊津贴专家。北京市高校优秀青年骨干教师，北京市优秀教师。主讲的微观经济学被评为北京市精品课程。获北京市教学名师奖、北京市高校十佳师德标兵称号。独著《证券监管效果论》被评为北京市第十五届哲学社会科学优秀成果二等奖。主讲的组织行为学被评为北京市优质课程，并被认定为首批国家级一流本科课程。研究领域为决策行为、行为金融与证券监管、组织行为与领导力等。在《管理世界》等权威期刊发表学术论文 70 余篇，《新华文摘》等转载 10 余篇，共发表论文 200 余篇。

成果简介

本成果力图突破从不同角度所做实证模型等技术层面的限制，将过去的深入研究进一步系统化，在多种模型的基础上深入挖掘、提炼模型背后所反映的本质，探索规律，具有更高思想、理论层面上的学术贡献。明确提出证券监管效果论，构建了证券监管效果新的分析框架并进行了系统、深入的研究。探讨了监管效果的本质、影响因素及其发展规律等理论问题和提升监管效果的理论基础及可行路径。首次综合运用经济学、管理学等多学科的思想和方法，运用问卷访谈和文本分析方法，提炼了判别证券监管效果的六个标准。运用实证分析方法对标准的重要性进行了排序，构建了监管效果模型及监管效果指数，检验了六个标准的适用性。首次基于调查数据分别对六个标准的内在关系进行了深入分析，提炼了四个关键影响因子并深入探讨了其本质含义：动态适应、综合能力和洞察与行动；构造了监管效果与四个关键因子的模型，确定了第二层次模型：四个关键因子与六个标准之间的模型。这就增加了研究深度。

本成果借鉴一般监管四要素系统，提出监管效果的五要素系统：监管者、被监管者、监管行为、监管目标、监管结果构成相互作用的整体。运用行为金融的实验方法，研究了监管者和其他参与者非理性行为的类别、程度、影响因素、变化规律、特点并进行对比分析，强调二者双向互动的影响。首次系统探讨了证券市场安全问题、证券监管的自稳与自组织控制模式、证券监管过程中的追溯与半匿名投票的机制和方法等。

成果名称　《医保政策精准扶贫效果研究——基于URBMI试点评估入户调查数据》

作　　者　黄　薇

所获奖项　2019年北京市第十五届哲学社会科学优秀成果奖二等奖
2020年第八届高等学校科学研究优秀成果奖（人文社会科学）二等奖

作者简介

黄　薇　1978年12月生，女，教授，博士生导师，对外经济贸易大学研究生院院长、保险学院院长。中国人民大学金融学博士，加拿大多伦多大学联合培养博士生项目（国家公派）。入选国家“万人计划”青年拔尖人才、教育部青年“长江学者”，国家社科基金重大项目首席专家。主要研究方向为保险与精算、健康与贫困、应用微观计量等。在国内外顶尖经济学期刊 *Review of Economic Studies* 及《经济研究》《管理世界》发表多篇论文，获教育部高等学校科学研究优秀成果二等奖、北京市哲学社会科学优秀成果二等奖等多项科研奖励，其国际发表多次入选经济学与商学领域全球前1% ESI（基本科学指标数据库）高被引论文。主持国家社科基金重大项目“基于保险精算的精准扶贫研究”、国家自然科学基金“风险视角下的中国保险机构效率模型构建及应用研究”等多项国家级课题。担任国家自然科学基金和国家社会科学基金评审专家，国内外多个一流学术期刊审稿人。

成 果 简 介

北京市第十五届哲学社会科学优秀成果奖

成果名称：医保政策精准扶贫效果研究——基于URBMI试点评估入户调查数据

主要作者：黄薇

成果类型：论文

等　　级：二等奖

本成果论述：党的十九大明确把精准脱贫作为决胜全面建成小康社会必须打好的三大攻坚战之一，而城镇居民基本医疗保险制度（城居保）在防止城乡贫困低收入人群因病致贫、因病返贫方面发挥了重要作用。为准确评估医保政策对城镇家庭精准扶贫的效果，本成果运用入户调查微观数据，首次以城居保为研究对象，分析测度了城居保政策对不同收入水平家庭的扶贫效果；深入研究了在大病风险冲击下，城居保对不同收入水平家庭抵御风险能力的影响，并对其滞后效应进行了动态分析，进一步探讨了这种影响可能的传导渠道和作用机理。

第八届高等学校科学研究优秀成果奖

（人文社会科学）

成果名称：医保政策精准扶贫效果研究——基于URBMI试点评估入户调查数据　经济研究　2017年第9期

主要作者：黄薇

奖项类别：著作论文奖

获奖等级：二等奖

中华人民共和国教育部

2020年12月30日

本成果具有较高的理论价值和实践意义：对医保政策精准扶贫效果进行的科学量化研究、提出的倾斜性保险扶贫政策，对帮助城乡贫困低收入人群脱贫和防止返贫具有积极的影响；为充分发挥保险政策扶贫作用提供了优化路径和发展方向；有效破解了因病致贫、因病返贫的现实难题；为打赢脱贫攻坚战提供了科学指导和理论依据；为发展中国家减贫、脱贫提供了经验参考。

成果名称　《西方国家工人阶级意识问题研究》

作　　者　童　晋

所获奖项　2019年北京市第十五届哲学社会科学优秀成果奖二等奖
2020年第八届高等学校科学研究优秀成果奖（人文社会科学）二等奖

作者简介

童　晋　1982年5月生，女，副教授，硕士生导师。2013年，毕业于中国社会科学院研究生院科学社会主义与国际共产主义运动专业，法学博士。现任教于对外经济贸易大学马克思主义学院。主要研究方向为世界社会主义理论与实践。中国社会科学院世界社会主义研究中心、中国社会科学院当代理论思潮研究中心、中国社会科学院习近平新时代中国特色社会主义思想研究中心特邀研究员。北京高校中国特色社会主义理论研究协同创新中心（对外经济贸易大学）研究员。北京市国际共运史学会理事。主持国家社科基金青年项目、参加国家社科基金和省部级研究项目数项，并有专著、译著、合著、编著、专业研究论文出版或发表。曾获北京市第十五届哲学社会科学优秀成果奖、教育部第八届高等学校科学研究优秀成果奖（人文社会科学）二等奖。

成果简介

本成果论述：工人阶级作为社会变革主体力量发挥的作用，离不开其主观上阶级意识的成熟。本成果在坚持理论与实践、历史与现实相结合的前提下，全面阐述了工人阶级意识的相关问题，具体论述了工人阶级意识的内涵、形成条件、基本特征等，追溯了西方国家工人阶级意识的历史演变过程。导致西方国家工人阶级意识在整体上处于低迷状况的原因既包括经济因素，也包括政治、社会以及文化价值因素等。在经济全球化条件下，多重因素共同作用，工人阶级意识弱化的趋势日渐明显。但随着资本主义危机的发生，特别是 2008 年经济危机的爆发，西方国家工人阶级意识发生一系列变化，也出现一定程度的局部复苏。本成果对此作了具体的论述，强调必须深入分析其形成的原因、产生的实际影响及未来走势。本成果还指出，变革资本主义制度、实现资本主义向社会主义转变、促进世界社会主义最终实现的主体力量，是具有成熟阶级意识的工人阶级，因而对工人阶级意识的考察，必须将其还原到世界社会主义的视野当中，在世界社会主义运动中促成工人阶级意识的形成与发展。为此，本成果结合当前西方国家社会结构和阶级结构的新变化、劳资关系的新特点、阶级冲突的新形势，集中探讨了工人阶级意识与工人阶级自身变化的关系、与工人运动的关系、与社会主义运动的关系以及当前面临的多重挑战和发展前景。

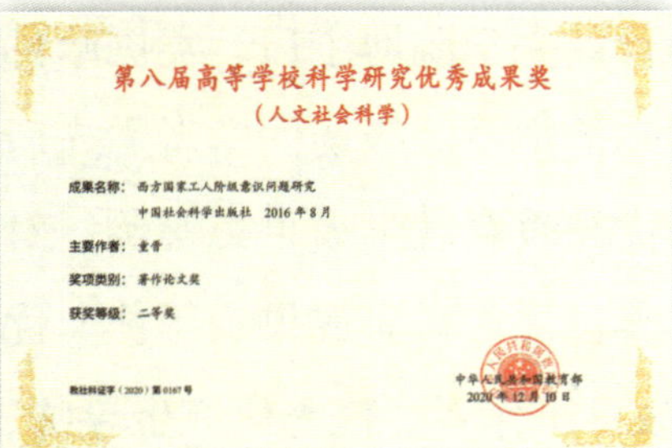

成果名称 《数字政府治理——基于社会形态演变进程的考察》

作　　者 戴长征　等

奖项名称 北京市第十五届哲学社会科学优秀成果奖

获奖等级 二等奖

获奖时间 2019年

作者简介

戴长征　1964年7月生，男，对外经济贸易大学国际关系学院院长，惠园特聘二级教授，博士生导师。毕业于中国人民大学政治学理论专业，获法学（政治学）博士学位。国家“万人计划”哲学社会科学领军人才，中宣部“四个一批”暨文化名家人才，享受国务院政府特殊津贴专家。北京市教学名师，北京市优秀教师。中国政治学学会、中国国际关系学会、中国行政管理学会等国家一级学会常务理事，经济外交研究会副会长，国际行政科学学会中国专家委员会成员，国家哲学社会科学基金评委。韩国首尔国立大学行政大学院博士后，美国哈佛大学肯尼迪政府学院、比利时布鲁塞尔自由大学政治学系高级访问学者。先后获北京市哲学社会科学优秀成果二等奖、北京市优秀教育教学成果二等奖，对外经济贸易大学优秀教育教学成果特等奖、一等奖、优秀科研成果一等奖、优秀教师、王林生奖教金、科研标兵、优秀研究生教育工作者、优秀研究生导师、优秀共产党员等奖励或荣誉。

成果简介

本成果主要观点:（1）根据不同生产关系下社会互动频率的强弱和信息交换方式的不同，人类社会的发展经历了农业社会、工业社会和信息社会三种不同的社会形态，其决定着单向控制、代议互动与数字协商三种不同的治理模式。（2）数字（信息）社会是一种全新的社会形态，数字政府作为一种新型国家治理方式，其变化主要体现为以下三方面：社会生活全面“信息化”与“网络化”，政府服务“智能化”与“精准化”，信息传播“扁平化”与“多中心化”。（3）所谓“数字政府”并非仅仅指政府办公流程的“数字化”和政务处理的“电子化”，其真实含义更多是指政府通过数字化思维、数字化理念、数字化战略、数字化资源、数字化工具和数字化规则等，治理信息社会空间、提供优质政府服务、增强公众服务满意度。（4）在信息社会形态下，政府的角色不再仅仅是“由内而外”发布指导性意见的权威管理者，而是渐趋“由外而内”的社会信息融通者和智慧型社会公共服务者。“数字政府治理”的核心目标在于推进以公众为中心的公共服务，在提高管理效率的同时改善服务体验，促进公众与政府的良性互动。（5）我国也应以“系统性、整体性、协同性”为理念，以信息化驱动现代化为主线，着力提高信息化水平；并在“共商、共建、共享”的全球治理理念下，协同一切力量，打造数字政府并完善数字政府治理体系。（6）建设“多边、民主、透明”的互联网全球治理“中国方案”，既是推动互联网全球治理体制变革的需要，也是完善我国数字政府治理体系的必然要求。

成果名称　*Project Customization and the Supplier Revenue-Cost Dilemmas: the Critical Roles of Supplier-Customer Coordination*

作　　者　王永贵　等

奖项名称　第八届高等学校科学研究优秀成果奖（人文社会科学）

获奖等级　一等奖

获奖时间　2020年

成果简介

本成果紧紧围绕“定制”这一主题，立足于组织市场，从供应商视角深入而系统地剖析了定制的内涵、实践和理论的重要性、机遇与挑战并存、提升定制收益及控制定制成本的措施等，并基于顾客和供应商配对数据、结合客观数据探讨了定制的理论框架，构建并完善了“定制的理论框架与实施体系”。共涉及四个部分：（1）从阐述定制现象入手，从企业间协调角度指出定制的内涵，明确了两个核心研究问题，回顾了定制和协调相关的研究，简要指出研究结论并从理论和实践上明晰了本成果的研究贡献；（2）借鉴组织企业间关系协调的理论逻辑，组织定制理论回顾和整体框架；（3）通过组织企业配对问卷和客观数据对模型进行验证；（4）探讨了理论和实践启示。本成果不同于传统的定制研究，不仅仅从定制收益出发，而是创新性地考虑到定制带来的挑战，并结合缓解定制紧张关系的机制，为营销领域、管理学、信息管理和心理学等领域贡献积极的学术价值。

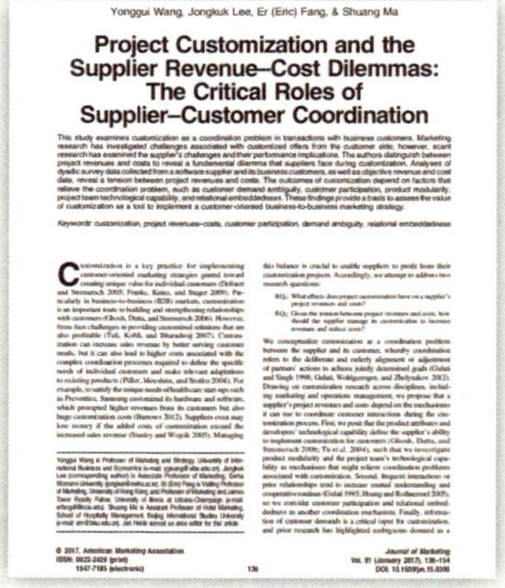
Yonggui Wang, Jongkuk Lee, Er (Eric) Fang, & Shuang Ma

Project Customization and the Supplier Revenue–Cost Dilemmas: The Critical Roles of Supplier–Customer Coordination

This study examines customization as a coordination problem in transactions with business customers. Marketing research has investigated challenges associated with customized offers from the customer side; however, scant research has examined the supplier's challenges and their performance implications. The authors distinguish between project revenues and costs to reveal a fundamental dilemma that suppliers face during customization. Analyses of dyadic survey data collected from a software supplier and its business customers, as well as objective revenue and cost data, reveal a tension between project revenues and costs. The outcomes of customization depend on factors that relieve the coordination problem, such as customer demand ambiguity, customer participation, product modularity, project team technological capability, and relational embeddedness. These findings provide a basis to assess the value of customization as a tool to implement a customer-oriented business-to-business marketing strategy.

Keywords: customization, project revenues–costs, customer participation, demand ambiguity, relational embeddedness

© 2017, American Marketing Association
ISSN: 0022-2429 (print)
1547-7185 (electronic)
136
Journal of Marketing
Vol. 81 (January 2017), 136–154
DOI: 10.1509/jm.15.0300

第八届高等学校科学研究优秀成果奖
（人文社会科学）

成果名称：Project Customization and the Supplier Revenue-Cost Dilemmas: The Critical Roles of Supplier-Customer Coordination
Journal of Marketing　Volume 81, 2017

主要作者：Yonggui Wang（王永贵），（韩）Jongkuk Lee（李国鹏），（美）Er (Eric) Fang（方二），Shuang Ma（马双）

奖项类别：著作论文奖

获奖等级：一等奖

教社科证字（2020）第0130号

中华人民共和国教育部
2020年12月10日

成果名称　《家庭财富不平等会自我放大吗？——基于家庭财务杠杆的分析》

作　　者　吴卫星　陶利斌　等

奖项名称　第八届高等学校科学研究优秀成果奖（人文社会科学）

获奖等级　一等奖

获奖时间　2020 年

成果简介

本成果主要研究居民家庭财务杠杆对家庭财富分布的影响，即居民家庭杠杆程度的异质性是否会使得家庭财产性收入增长率在不同社会群体中出现显著差异，进而使得家庭财富差距扩大。资产价格的变化对家庭财产性收入和财富积累有重要影响。在房地产和股票等资产价格快速上涨的阶段，参与资产市场的居民家庭财富实现了快速提高，尤其是充分利用住房抵押贷款、融资融券等财务杠杆手段的家庭，财富增长更加迅速，不同家庭之间的财富差距有可能因此进一步扩大。本成果进行了家庭财务杠杆的理论和实证分析，并将类似于公司经营差异率的评价指标引入家庭金融的研究，发现总资产较高家庭的资产收益率更高但负债成本更低，并且财务杠杆作用的发挥使得富裕家庭有更快的财富增长速度，从而加剧了不同家庭间财富差距放大的趋势。最后，本成果从家庭财务杠杆角度提出相关政策建议，即政府发展经济并进行经济、金融改革时，应注意金融发展的异质性影响，防止居民家庭财富差距过大。

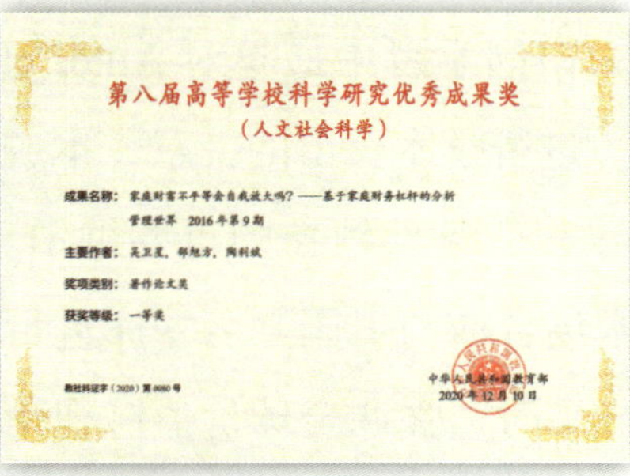

成果名称 *Global Value Chain Perspective of US–China Trade and Employment*

作　　者 林桂军　王　飞　裴建锁

奖项名称 第八届高等学校科学研究优秀成果奖（人文社会科学）

获奖等级 二等奖

获奖时间 2020 年

成 果 简 介

本成果较早实证研究了国际贸易的就业效应这一学术界一直存在争议的问题；特别是关于中美贸易对美国就业市场冲击的“China Shock”一系列研究，对我国进一步参与全球治理和企业“走出去”产生的较大负面影响。基于国际投入产出数据库和就业数据，运用一般均衡框架以及全球价值链的视角全面分析中国贸易对世界就业（包括美国）的影响，明确区分出口对上下游行业就业的不同影响，并具体估算了中国出口对美国就业间接带动以及中国出口中所隐含的美国就业的行业特征等。作为中国学者中最早对 Autor et al.（AER,2013）进行学术反击的文章，本成果曾获中央领导和商务部领导的重要批示。著者在多个学术场合或与美国知名智库进行交流、宣讲本成果时，强调全球价值链视角下中国出口对美国就业的正面影响，引起广泛关注。2016 年举行的 IEFS-China 大会上，有关该问题的主旨发言，引起与会代表的热烈讨论。随后，多个知名学者沿着该思路进行了类似或者拓展研究。

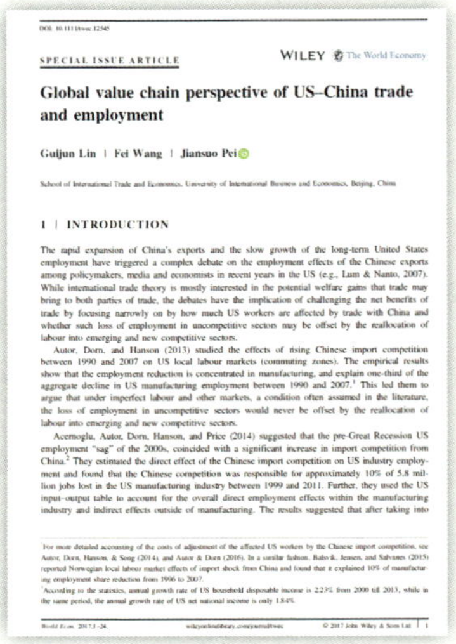

DOI: 10.1111/twec.12545

SPECIAL ISSUE ARTICLE

WILEY The World Economy

Global value chain perspective of US–China trade and employment

Guijun Lin | Fei Wang | Jiansuo Pei

School of International Trade and Economics, University of International Business and Economics, Beijing, China

1 | INTRODUCTION

The rapid expansion of China's exports and the slow growth of the long-term United States employment have triggered a complex debate on the employment effects of the Chinese exports among policymakers, media and economists in recent years in the US (e.g., Lum & Nanto, 2007). While international trade theory is mostly interested in the potential welfare gains that trade may bring to both parties of trade, the debates have the implication of challenging the net benefits of trade by focusing narrowly on by how much US workers are affected by trade with China and whether such loss of employment in uncompetitive sectors may be offset by the reallocation of labour into emerging and new competitive sectors.

Autor, Dorn, and Hanson (2013) studied the effects of rising Chinese import competition between 1990 and 2007 on US local labour markets (commuting zones). The empirical results show that the employment reduction is concentrated in manufacturing, and explain one-third of the aggregate decline in US manufacturing employment between 1990 and 2007.[1] This led them to argue that under imperfect labour and other markets, a condition often assumed in the literature, the loss of employment in uncompetitive sectors would never be offset by the reallocation of labour into emerging and new competitive sectors.

Acemoglu, Autor, Dorn, Hanson, and Price (2014) suggested that the pre-Great Recession US employment "sag" of the 2000s, coincided with a significant increase in import competition from China.[2] They estimated the direct effect of the Chinese import competition on US industry employment and found that the Chinese competition was responsible for approximately 10% of 5.8 million jobs lost in the US manufacturing industry between 1999 and 2011. Further, they used the US input–output table to account for the overall direct employment effects within the manufacturing industry and indirect effects outside of manufacturing. The results suggested that after taking into

[1]For more detailed accounting of the costs of adjustment of the affected US workers by the Chinese import competition, see Autor, Dorn, Hanson, & Song (2014), and Autor & Dorn (2016). In a similar fashion, Balsvik, Jensen, and Salvanes (2015) reported Norwegian local labour market effects of import shock from China and found that it explained 10% of manufacturing employment share reduction from 1996 to 2007.

[2]According to the statistics, annual growth rate of US household disposable income is 2.23% from 2000 till 2013, while in the same period, the annual growth rate of US net national income is only 1.84%.

World Econ. 2017;1–24. wileyonlinelibrary.com/journal/twec © 2017 John Wiley & Sons Ltd | 1

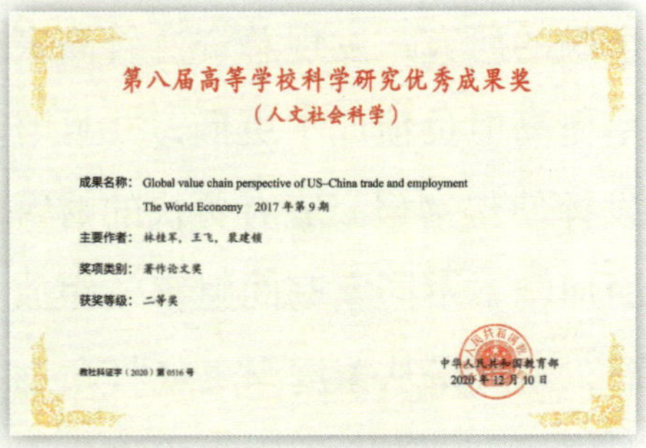

第八届高等学校科学研究优秀成果奖
（人文社会科学）

成果名称：Global value chain perspective of US–China trade and employment
The World Economy　2017 年第 9 期

主要作者：林桂军，王飞，裴建锁

奖项类别：著作论文奖

获奖等级：二等奖

教社科证字（2020）第 0516 号

中华人民共和国教育部
2020 年 12 月 10 日

成果名称　*Contract Analysis and Design for Supply Chains with Stochastic Demand*

作　　者　赵映雪　等

奖项名称　第八届高等学校科学研究优秀成果奖（人文社会科学）

获奖等级　二等奖

获奖时间　2020 年

成 果 简 介

本成果对随机需求下的供应链合同模型进行了系统研究，主要内容如下：(1) 对供应链合同模型的研究现状，进行了比较全面的归纳和评述；(2) 从需求不确定性水平的角度，定量刻画了价格依赖型随机需求下的供应链回购合同模型，给出该模型在相当广泛意义上独立于需求分布形式的最优性结构性质；(3) 在考虑合同价值风险以及供应链成员对合同价值风险的风险偏好结构下，对批发价格合同模型进行了定量刻画；(4) 在考虑需求信息不对称的情况下，对生产服务供应链中的三种特许经营合同模型进行了研究；(5) 构建了供应链双向期权合同模型，并在一般形式的随机需求分布下，对该模型进行了研究；(6) 对供应链期权合同的定价问题进行了研究；(7) 对供应链合同的选择 / 执行问题进行了研究，给出供应链合同的选择 / 执行问题的理论模型框架。

成果名称　《数据的民法属性及其民法定位》

作　　者　梅夏英

奖项名称　第八届高等学校科学研究优秀成果奖（人文社会科学）

获奖等级　二等奖

获奖时间　2020年

作者简介

梅夏英　1970年7月生，男，法学博士，对外经济贸易大学法学院院长、第九届校学术委员会副主任委员，教授，博士生导师。主要研究领域为民法总论、物权法、侵权法、网络法等。现任中国法学会民法学研究会常务理事、北京市法学会物权法研究会副会长、湖北省法治战略研究院网络法首席专家、私权与社会发展研究中心主任等职务。主持国家社科基金专项、教育部“新世纪人才”教育支持计划、教育部人文社会科学重点基地重大项目等30余项，并拟《中华人民共和国网络安全法》建议草案。在《中国社会科学》《中国法学》等权威学术期刊上发表论文50余篇；其中，《财产权制度的历史评析及现实思考》与《无形财产的理论和立法问题》两篇论文入选改革开放三十年以来引证率最高的50篇民法学论文之列。专著《财产权构造的基础分析》已成为该领域的基础参考和引用著作。

2005年，获中国法学会民法研究会优秀学术成果一等奖。2006年，获第四届中国高校人文社会科学研究优秀成果奖法学类一等奖，并获批教育部“新世纪优秀人才”支持计划。2018年，获对外经济贸易大学杰出贡献奖、对外经济贸易大学科研标兵一等奖。2020年，《数据的民法属性及其民法地位》获教育部第八届高等学校科学研究优秀成果奖（人文社会科学）二等奖。

成果简介

本成果主要观点如下：计算机数据是不是财产以及其与民法客体的关系问题，在民法理论上缺乏基础性研究。既有的网络民事纠纷裁判及理论研究，倾向于单独将数据进行客体化和财产化的处理。数据没有特定性、独立性，亦不属于无形物，不能归入表彰民事权利的客体；数据无独立经济价值，其交易性受制于信息的内容，且其价值实现依赖于数据安全和自我控制保护，因此，也不宜将其独立视作财产。基于数据的非客体性，大数据交易的合同性质宜界定为数据服务合同；基于主体不确定、外部性问题和垄断性的缺乏，数据权利化也难以实现。数据具有工具中立性的本质特征，法律能够对其实现的规制功能有限。网络民事纠纷可以区分为工具性和虚拟性两类，分别适用一般侵权救济和违反保护他人法律的侵权救济。

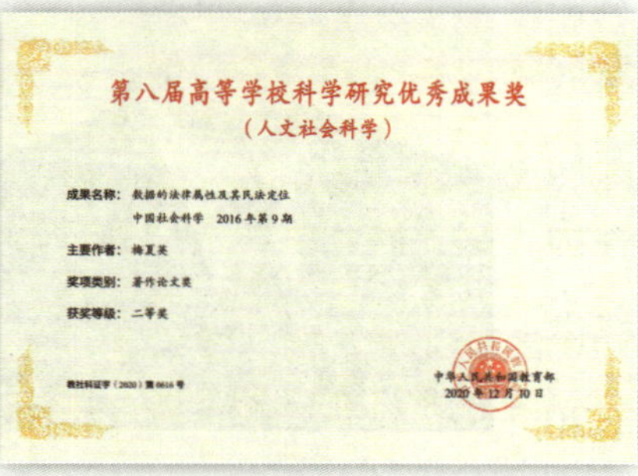
第八届高等学校科学研究优秀成果奖
（人文社会科学）

成果名称：数据的法律属性及其民法定位
中国社会科学　2016 年第 9 期

主要作者：梅夏英

奖项类别：著作论文奖

获奖等级：二等奖

中华人民共和国教育部
2020 年 12 月 30 日

成果名称 《扩大我国油气战略储备研究》

作　　者 董秀成　蒋庆哲　董聪　孔朝阳　等

奖项名称 第八届高等学校科学研究优秀成果奖（人文社会科学）

获奖等级 二等奖

获奖时间 2020年

作者简介

董秀成 1962年2月生，男，对外经济贸易大学“一带一路”能源贸易与发展研究中心主任，中国国际低碳经济研究所执行所长，二级教授，博士生导师。兼任中国石油流通协会副监事长兼专家委员会主任、中国能源资源系统工程学会副理事长、国家发展和改革委员会价格专家咨询委员会委员、国家能源局政策法规特聘专家、中国地质矿产经济学会资源管理委员会副主任委员等。长期为国家能源管理部门提供战略和政策咨询服务，被相关部门采纳资政报告20余篇；其中，被中央领导批示5篇。主持各类科研项目100余项；其中，国家社会科学基金重大专项1项、教育部哲学社会科学重大课题攻关项目1项、国家自然科学基金重大研究计划项目1项、科技部创新方法工作专项1项。发表学术论文250余篇；其中，ESI热点论文2篇、ESI高被引论文5篇。出版学术著作20余部。获省部级成果奖励20余项。入选教育部“新世纪优秀人才”和北京市文化宣传系统“四个一批”人才。

成果简介

第八届高等学校科学研究优秀成果奖
（人文社会科学）

成果名称：扩大我国油气战略储备研究
有关单位采纳　2014 年 12 月

主要作者：董秀成，蒋庆哲，周仲兵，张琼，董聪，孙仁金，冯连勇，刘毅军，王琳，高建，张海霞，曾叶丽，方红，郭杰，皮光林，孔朝阳

奖项类别：咨询服务报告奖

获奖等级：二等奖

教社科证字（2020）第 1252 号

中华人民共和国教育部
2020 年 12 月 10 日

本成果的主要内容及学术贡献：（1）基于公共政策视角，对我国战略石油储备的政策问题进行重新构建，明确指出战略石油储备项目具有公共属性和私有双重属性；（2）针对油气战略储备的最优规模、基地选址和存储方式，采取定性分析与定量计算相结合的研究方法，运用计量经济学和动态规划等经济决策理论，以科学模型筛选、策略体系集成为定量支撑，确保油气战略储备规划与建设的系统性和科学性；（3）采用宏观与微观多层次对接的研究方法，对多维度、多层次、多方面地对扩大油气战略储备的基础、条件、情境、对象分别进行独立研究，针对各环节的重叠性和异构性，选择接口并优化整合，形成一整套系统化和集成化的战略体系；（4）向国家部委、《人民日报》（内参）等提交 14 份研究报告或资政报告，并被相关政府部门或机构采纳；（5）作者两次受邀为国务院有关部门作有关国家油气储备体系建设等专题报告；（6）在国外期刊发表相关学术论文 29 篇，其中，在国际顶级期刊发表论文 10 篇；（7）在国内 CSSCI 期刊发表相关论文 7 篇；（8）出版国家油气储备战略与政策等相关学术著作 4 部。

成果名称 《汉文化经典外译：理论与实践》

作　　者 徐珺

奖项名称 第八届高等学校科学研究优秀成果奖（人文社会科学）

获奖等级 三等奖

获奖时间 2020年

作者简介

徐珺 1964年11月生，女，博士，教授，博士生导师，博士后合作导师。外国语言学与应用语言学、翻译学学科带头人，《语言服务研究》执行主编。曾任对外经济贸易大学学术委员会委员、英语学院学术委员会副主任、翻译研究所所长、《商务外语研究》主编，大连市政协委员、民进大连市委委员、CSSCI期刊《外语与外语教学》主编。首届中国外语青年学者论坛（1998）、首届中国外语博士论坛（1999）、首届中国外语教授沙龙（2001）和世纪之交我国翻译学论辩发起者之一。研究领域为翻译理论与实践、商务英语、语言经济学、外语教育等。主持各类课题19项。在SSCI/CSSCI等期刊上发表与合作发表论文百余篇。出版专著、译著、教材等20部。英国剑桥大学高级研究学者，俄罗斯莫斯科大学访问学者。主要学术兼职：国家社科基金项目通讯评审专家、国家社科中华学术外译项目评审专家、教育部人文社科规划基金项目通讯评审专家、教育部学位论文评审专家等；中国语言服务研究会秘书长、中国英语写作研究会常务理事等。

成果简介

本成果共分八章。第一章绪论，主要阐述研究背景、目标与意义、语料来源、主要研究方法与研究路径。第二章对汉文化经典外译及其研究进行了简要的回顾，对相关术语进行了界定。第三章选取《红楼梦》最具代表性的两个英译本（杨宪益、戴乃迭译本和霍克斯译本）中，极具特色的王熙凤服饰描述片段为案例，从文化语境视角出发，就服饰文化汉英翻译中的文化差异及其翻译策略进行了思考与探讨。第四章聚焦“帽子”的英汉互译，思考服饰文化的可译性和不可译性，探讨译者的翻译策略，并就如何避免翻译失误、最大限度保证文化传真提出自己的思考。第五章从文化协调的视角，探讨《红楼梦》中“荷包”汉译英的翻译策略。第六章从意识形态对翻译的操控入手，采取文化批评模式，从社会文化、意识形态、政治制度、译者文化身份等方面解析威利英译《论语》中的误读误译现象。第七章就 21 世纪全球化语境中，汉文化经典外译的策略进行了思考与探索。第八章是对本研究的总结及展望。

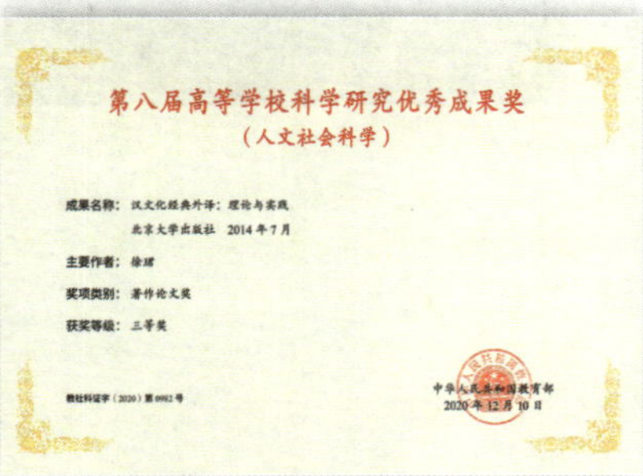

本成果从理论与实践两个方面，探讨了中华优秀文化外译的相关问题：（1）通过大量数据，梳理了中华优秀文化外译过程中出现的问题并分析了相关原因；（2）结合典型案例，从历时和共时角度探讨译者个体意识形态、社会主流意识形态操控与中国文化被误读误解的内在关联性；（3）从文化理念、意识形态方面，剖析了中国优秀文化“走出去”过程中被误读误译的成因并提出解决方案；（4）建议从传承与弘扬、宣讲与传播两大方面入手，培养既热爱祖国、热爱优秀中华文化，又具备扎实的跨文化传播能力与水平的服务国家战略之合格人才。

成果名称 《均等下的不公——城镇居民基本医疗保险受益公平性的理论与实证研究》

作　　者 周钦　等

奖项名称 第八届高等学校科学研究优秀成果奖（人文社会科学）

获奖等级 青年成果奖

获奖时间 2020年

作者简介

周钦 1985年11月生，女，经济学博士，副教授，博士生导师。主要从事社会保障、卫生经济学、劳动经济学等领域的相关研究。在《经济研究》《经济学（季刊）》及 *Health Policy and Planning*、*Social Indicators Research* 等国内外权威杂志发表学术论文20余篇。主持国家社会科学基金等多项课题。入选对外经济贸易大学第六批“惠园优秀青年学者”培育项目。2017年，获澳大利亚-亚太经济合作组织女性研究学者项目资助。2018—2019年，赴美国斯坦福大学进行合作交流。

成果简介

第八届高等学校科学研究优秀成果奖
（人文社会科学）

成果名称：均等下的不公——城镇居民基本医疗保险受益公平性的理论与实证研究
经济研究 2016 年第 6 期

主要作者：周钦，田森，潘杰

奖项类别：青年成果奖

教社科证字（2020）第 1531 号

中华人民共和国教育部
2020 年 12 月 10 日

本成果的主要内容：(1)“均等化”医保对高收入者是“正收益”，其获得的期望医保补偿超过参保费用；而对低收入者是“负收益”，其缴纳的保费超过期望医保补偿。换言之，在该制度设计下，低收入者将其一部分收入“逆向”补贴给了高收入者。(2) 在“均等化”制度设计下的城居保政策，存在受益不公平问题：高收入参保人群的受益超过低收入人群。考虑到政府对基本医保的参保补贴，本研究结论意味着，政府的巨大财政投入更多“流向”高收入人群。(3) 由于低收入人群健康水平更差，“均等化”医保制度设计将加剧健康的不公平。因此，政府部门需要更加重视医保不公平问题，实现多部门协作，将健康、医疗服务利用和医保补偿作为整体进行政策干预。(4) 基于基本医保制度显现出的“均等下的不公”问题，本成果认为，应调整“均等化”制度设计，采取差异化缴费或报销水平，或是加大对低收入人群的医疗补贴；也可以借鉴发达国家的经验，单独设立针对低收入人群的医疗保险，使低收入人群直接受益。

成果名称 *Trust Development in Globally Distributed Collaboration: A Case of U.S. and Chinese Mixed Teams*

作　　者 程絮森　等

奖项名称 第八届高等学校科学研究优秀成果奖（人文社会科学）

获奖等级 青年成果奖

获奖时间 2020年

作者简介

程絮森　1984年1月生，男。2010年，获英国曼彻斯特大学商学院信息学博士学位。2010—2019年，在对外经济贸易大学信息学院工作，历任讲师、副教授、教授，曾任电子商务系主任、院长助理。现任中国人民大学信息学院教授，博士生导师。主要从事信息管理与电子商务领域的相关研究。主持国家自然科学基金项目5项。在国际顶级与权威SSCI/CSSCI期刊以及国内外学术会议发表论文100余篇，出版英文专著2部。

成果简介

本成果论述：由于参与跨国团队协作的双方存在多种差异，往往存在团队信任问题。为探索跨国团队协作过程中的信任发展过程、优化跨国团队协作的信任，进而提升协作满意度，本成果基于设计科学研究范式（Design Science Research，DSR），结合欧美新兴的协作工程理论与建导式协作方法，创新性地集合多种信息技术设计跨国团队协作流程，并将其应用于中美跨国团队协作中。

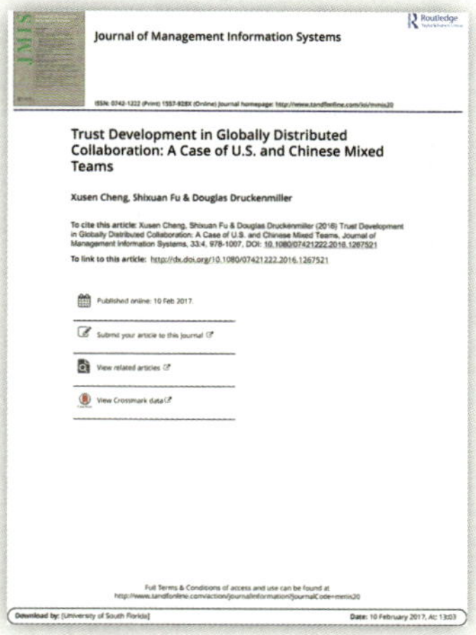
Journal of Management Information Systems

ISSN: 0742-1222 (Print) 1557-928X (Online) Journal homepage: http://www.tandfonline.com/loi/mmis20

Trust Development in Globally Distributed Collaboration: A Case of U.S. and Chinese Mixed Teams

Xusen Cheng, Shixuan Fu & Douglas Druckenmiller

To cite this article: Xusen Cheng, Shixuan Fu & Douglas Druckenmiller (2016) Trust Development in Globally Distributed Collaboration: A Case of U.S. and Chinese Mixed Teams, Journal of Management Information Systems, 33:4, 978-1007, DOI: 10.1080/07421222.2016.1267521

To link to this article: http://dx.doi.org/10.1080/07421222.2016.1267521

Published online: 10 Feb 2017.

Submit your article to this journal

View related articles

View Crossmark data

Full Terms & Conditions of access and use can be found at http://www.tandfonline.com/action/journalInformation?journalCode=mmis20

Download by: [University of South Florida] Date: 10 February 2017, At: 13:03

本成果采用 thinkLets 模块，融合跨国团队协作任务，设计建导式协作流程，通过对中美混合虚拟团队展开实验，在实验组跨国团队协作任务中，引入建导式协作流程和信息技术，使用访谈与文档数据，深入挖掘了一系列影响信任提升的因素，并发现：使用建导式协作流程能够通过缓解时差、语言障碍、文化差异等因素的干扰，影响任务分配方式、领导力和协作态度等，有效控制团队成员感知协作风险，提升团队协作中的收益水平，进而提升跨国团队协作中，小组成员之间的信任感知和协作满意度水平。本成果通过发现跨国团队协作中信任的影响因素，揭示所设计协作流程产生效果的过程机制，评估其提升跨国团队协作信任与团队协作满意度的效果，实现了管理理论与信息技术在应用上的融合，具有重要的推广应用价值。

第八届高等学校科学研究优秀成果奖

（人文社会科学）

成果名称：Trust Development in Globally Distributed Collaboration: A Case of U.S. and Chinese Mixed Teams

Journal of Management Information Systems　Volume 33, Issue 4, 2017

主要作者：Xusen Cheng（程絮森），Shixuan Fu（傅诗轩），（美）Douglas Druckenmiller

奖项类别：青年成果奖

教社科证字（2020）第1497号

中华人民共和国教育部

2020年12月10日

成果名称 《中国对外贸易通史》

作　　者 孙玉琴　孙倩　等

奖项名称 商务发展研究成果奖（2019 年）

获奖等级 一等奖

获奖时间 2020 年

成果简介

本成果的内容涵盖自古迄今数千年来的中国对外贸易发展历程。第一卷（古代卷），围绕陆上和海上丝绸之路，研究汉代至清前期中国对外贸易的发展历程；分析历代王朝贸易政策的缘起与演变、对外贸易地理方向、进出口商品及技术输出与输入、对外贸易产生的宏观社会经济效应等。第二卷（近代卷），研究近代中国半殖民地对外贸易发展历程；分析半殖民地对外贸易的形成路径、近代中国外经贸政策的演变轨迹、进出口商品结构的变化、对外贸易平衡状况及其引致的问题、近代外国在华投资状况；探讨近代对外贸易及外资产生的社会经济效应。第三卷（新中国卷），研究新中国对外贸易发展的历程：一是从对外贸易、对外经济技术合作等方面，梳理和分析自新中国成立至改革开放前，对外贸易曲折的发展历程；二是梳理和分析改革开放以来的对外贸易战略、对外贸易体制改革、利用外资、对外投资、对外经济援助政策的演变等，定性与定量分析了对外贸易、利用外资，以及对外投资的方式、规模、结构变化及成效等。第四卷为中国对外贸易史图册，利用广泛搜集于中外博物馆、档案馆、历史遗迹的相关文物和文献图片，生动、直观地展现中国对外贸易的发展历程。

证　书

由孙玉琴担任总主编，孙玉琴、常旭著（第一卷），孙玉琴、陈晋文、蒋清宏、常旭著（第二卷），曲韵、王微微、郑春芳、张鲁青、苏小莉著（第三卷），孙玉琴、孙倩编（第四卷）的《中国对外贸易通史》在商务发展研究成果奖（2019 年）评选中获论著类一等奖。

特发此证。

中华人民共和国商务部

商务发展研究成果奖奖字（2019）第062号

成果名称 《嵌入全球价值链会导致中国制造的“低端锁定”吗？》

作　　者 吕越　等

奖项名称 商务发展研究成果奖（2019 年）

获奖等级 二等奖

获奖时间 2020 年

成 果 简 介

本成果基于 2000—2006 年的中国知识产权数据库、工业企业数据库和海关数据库的高度细化合并数据，考察制造业企业嵌入 GVC 是否以及如何影响研发创新行为的问题，且从技术外溢的过度依赖、企业的吸收能力以及发达国家的“俘获效应”等角度，进一步探究导致参与 GVC 没有产生预期技术升级的原因。研究发现：（1）嵌入 GVC 对企业研发创新行为具有显著抑制作用，对外资企业、加工贸易企业以及高技术企业尤为明显。（2）通过影响机制的分析看，参与 GVC 的正向促进机制不足以抵消过度依赖于进口高质量、高技术的中间投入而产生的替代效应。（3）本土企业吸收能力不足，也阻碍了企业将 GVC 溢出技术转化为自身研发创新能力的渠道。（4）基于考察我国制造业与发达国家的技术距离，发现 GVC 参与程度较深的企业，当其与发达国家先进技术的距离较近时，发达国家受到竞争威胁会展开对发展中国家技术升级的“俘获行为”。（5）以中国加入 WTO 的外生冲击构建因果识别机制，采用双重差分法考察不同 GVC 嵌入程度企业的自主研发行为，发现考虑 WTO 冲击后，GVC 嵌入仍对制造业企业研发行为存在显著抑制作用且其呈逐年递增趋势。故实现中国制造的价值链攀升，需不断提升企业技术吸收能力、引入外部竞争机制以及更深度参与国际经贸规则的全球治理。

证　书

吕越、陈帅、盛斌的论文《嵌入全球价值链会导致中国制造的“低端锁定”吗？》在商务发展研究成果奖（2019 年）评选中获论文类二等奖。

特发此证。

中华人民共和国商务部
二〇二〇年二月

成果名称 《从繁荣走向辉煌：经济大国宏观调控的智慧》

作　　者 吴卫星　等

奖项名称 商务发展研究成果奖（2019年）

获奖等级 三等奖

获奖时间 2020年

成果简介

本成果论述：近现代经济的发展表明，一国经济的发展成败与宏观调控息息相关。由于历史条件、发展阶段、经济制度和发展理念不同，各国宏观调控的方式、手段、力度和时机都有很大不同，其理论和逻辑也会随之变化。本成果首先思考和回答的问题是，与过去相比，现在和未来一段时间，宏观经济环境和条件到底发生了哪些变化，已经解决了哪些问题，哪些问题还没有解决，又出现或将出现什么新问题。回答好这些问题，对做好新时期宏观调控至关重要。成果通过研究经济大国面临的新时期宏观调控的挑战和机遇，试图回答政府宏观调控的边界、经济大国宏观调控的特殊性、当前和未来一段时间中国宏观调控面临的挑战和机遇、其他经济大国在近些年的宏观调控中取得哪些成功经验和失败教训等问题。在此基础上，提出作为经济大国，中国在新时期做好宏观调控应坚持的原则以及应对新挑战和机遇的具体建议。

本成果属于政策性研究，分为七章：（1）经济大国宏观调控的理论背景及其新进展；（2）中国宏观调控的历史逻辑与基本经验；（3）作为经济大国，中国宏观调控面临的挑战；（4）作为经济大国，中国宏观调控面临的新机遇；（5）经济大国宏观调控的国际经验、反思及启示；（6）特朗普新政对中国外溢影响及应对措施；（7）政策建议。

成果名称 《产业结构变动与经济周期波动——基于劳动力市场视角的分析与检验》

作　　者 赵旭杰　等

奖项名称 商务发展研究成果奖（2019 年）

获奖等级 三等奖

获奖时间 2020 年

作者简介

赵旭杰　1983 年 12 月生，男，对外经济贸易大学国际经济贸易学院副教授，硕士生导师。毕业于中国人民大学财政金融学院，获经济学博士学位。香港中文大学访问学者。主要研究领域为财税理论与政策、宏观经济理论与政策等。主持国家级、省部级和校级科研课题多项。在《管理世界》《世界经济》《财贸经济》等权威期刊发表学术论文多篇，曾被《中国社会科学文摘》《高等学校文科学术文摘》及中国人民大学《复印报刊资料》转载。出版专著 1 部。所讲授课程财政学、税收学，获对外经济贸易大学本科课堂教学质量评价前 10%，并获对外经济贸易大学教学标兵称号、青年教师教学基本功大赛三等奖等。

成果简介

本成果论述：我国在产业结构调整升级驶入快车道的同时，遭遇强大的经济周期波动下行压力。尽管近年来政府通过积极财政政策和稳健货币政策不断推出“微刺激”措施，但成效似乎并不显著。因此，我们需探究和揭示产业结构变动对经济周期波动的影响及其传导机理，为制定和实施更加精准的宏观调控政策以保持经济平稳增长提供参考依据。本成果在回顾国内外相关文献后发现，由于样本国家所处的发展阶段不同，产业结构、经济周期波动的度量指标存在差别以及研究方法各异，最终结论并不一致。因此，成果以文献中普遍认可的，劳动力转移在产业结构变动和经济周期波动之间的传导作用为依据，通过建立一般均衡模型，分别从劳动力市场中劳动力价格和劳动力数量传导路径，刻画产业结构变动对于经济周期波动的影响机理，然后分两步进行定量研究。结果表明：首先，第一产业就业比重变动的影响比较模糊。其次，第二、第三产业在两条传导路径上对经济周期波动具有显著的非对称加剧作用。另外，在对第二产业分行业进行经济周期波动效应的研究后发现，制造业是第二产业影响经济周期波动的主要力量。最后，成果提出几点政策启示：（1）产业结构调整升级是一项长期发展战略，国家在出台支持产业结构调整的具体措施时，应关注地区的发展资质，探索各地区实施不同产业结构调整模式的可能性，实现优势互补。（2）地方政府应深入了解自身经济发展面临的主要问题，对产业结构调整进程进行合理化论证，在贯彻落实中央产业政策精神的前提下，根据本地区的产业链支撑状况推动产业结构升级。（3）我国在快速推进产业结构调整升级过程中，可能要忍受一定程度的经济波动。

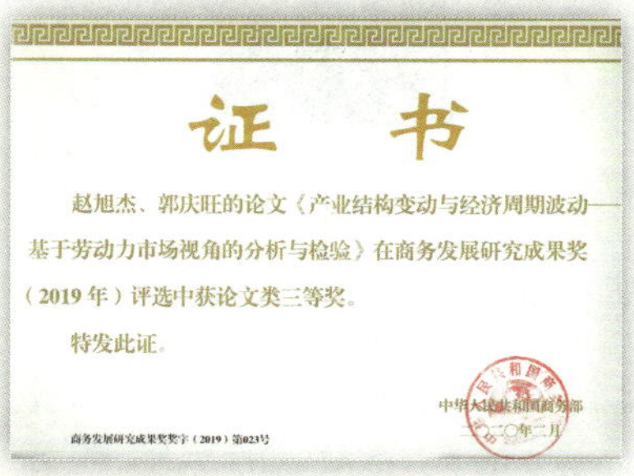
证　书

赵旭杰、郭庆旺的论文《产业结构变动与经济周期波动——基于劳动力市场视角的分析与检验》在商务发展研究成果奖（2019年）评选中获论文类三等奖。

特发此证。

中华人民共和国商务部
二〇二〇年二月

商务发展研究成果奖奖字（2019）第023号

成果名称 《对外开放四十年：回顾与展望》

作　　者 课题组（负责人：桑百川）

奖项名称 商务发展研究成果奖（2019 年）

获奖等级 三等奖

获奖时间 2020 年

成果简介

本成果以回望中国四十年对外开放历史、总结四十年对外开放经验、展望未来对外开放前景、推动深化对外开放为主线，围绕四十年来中国对外开放理论演变、对外贸易发展、吸收外商投资、对外投资、国际经济合作、参与全球经济治理六大部分展开研究，具有很高的理论价值和实践参考价值。

成果运用历史分析与逻辑分析相结合的方法，抽象提炼出中国对外开放的基本经验：（1）以开放促发展，是中国崛起的宝贵经验；（2）中国只有走坚定开放之路，才是反制单边主义、维护多边体制的最佳选择，才是实现更好、更快发展的最优途径；（3）以区域优先开放带动全方位开放，是中国开放发展的基本方式；（4）发挥比较优势、培养竞争优势，是中国成为贸易大国的根本原因；（5）重视吸收外资和推动企业“走出去”、全面利用全球资源，是中国深度融入世界经济体系的主要路径；（6）坚持创新开放，是中国影响力不断提升的依托和保障。成果入选“人民日报学术文库”，国内外众多媒体对本成果的出版给予了高度评价。

证　书

对外经济贸易大学国际经济研究院课题组著的《对外开放四十年：回顾与展望》在商务发展研究成果奖（2019 年）评选中获论著类三等奖。

特发此证。

中华人民共和国商务部

商务发展研究成果奖奖字（2019）第077号

成果名称 《劳动保护能促进企业高学历员工的创新吗？——基于A股上市公司的实证研究》

作　　者 王 珏　祝继高

奖项名称 商务发展研究成果奖（2019年）

获奖等级 优秀奖

获奖时间 2020年

作者简介

王 珏　1981年6月生，女，管理学（会计方向）博士，副教授，任教于对外经济贸易大学金融学院。研究领域为公司金融和资本市场投资等。主持和参与国家社会科学和自然科学基金项目多项，在《管理世界》《南开管理评论》《中国工业经济》《中国软科学》《会计研究》等期刊发表学术论文多篇，出版专著1部。论文成果《劳动保护能促进企业高学历员工的创新吗？》获商务发展研究成果奖（2019）论文类优秀奖。教学案例《哔哩哔哩——来自于二次元世界的商业模式、财务分析与估值》获第六届全国金融硕士教学案例大赛优秀案例奖，入选专业学位教学案例中心案例库。

成果简介

本成果以《劳动合同法》的实施作为劳动保护提高的外生冲击事件，检验劳动保护对企业高学历员工创新产出的影响。研究发现，高学历员工对企业的创新产出具有促进作用，但《劳动合同法》的颁布弱化了这种促进作用。这种弱化作用主要集中在非发明专利的申请数和有效专利数。通过分组分析发现，劳动保护对高学历员工创新产出的弱化效果，在民营企业和最低工资标准高的地区更为显著。而民营企业和最低工资水平高的地区的企业，恰恰又是创新产出的主力军。这部分企业高学历员工对创新产出的促进作用被显著弱化，会对企业整体的创新产出产生更大的负面效果。同时，在《劳动合同法》颁布后，最低工资标准的强制提高，显著地降低了高学历员工对创新产出的促进作用，进一步动态地验证了劳动保护弱化了高学历员工对企业创新产出的促进作用。

本成果的研究结论表明，《劳动合同法》的实施在企业内部员工之间可能造成从投入收益配比角度感知到的结果不公平，从而降低高学历员工的工作积极性。同时，《劳动合同法》的实施效果，在不同产权性质的企业和不同最低工资标准地区的企业存在差异。而这种差异体现出《劳动合同法》在追求社会公平的同时，损失了部分效率。本成果的研究结论为劳动保护在企业创新层面的实施效果提供了政策参考，也为企业进一步制定有效的创新激励措施提供了依据。

成果名称 《CETA 视角下国际高标准自贸协定开放水平研究》

作　　者 庄芮　等

奖项名称 商务发展研究成果奖（2019 年）

获奖等级 优秀奖

获奖时间 2020 年

成果简介

本成果论述:《欧盟加拿大综合经济与贸易协定》（CETA）是欧盟和加拿大两个发达经济体签署的一个高水平自由贸易协定。它是迄今为止欧盟最先进的自由贸易协定，为未来的协议树立了一个标杆。与迄今被公认为最能代表高标准自贸协定的 TPP（《跨太平洋伙伴关系协定》）相比，CETA 更注重条款的细致规定与解读，在货物贸易领域的开放程度更高。虽然 CETA 在跨境服务贸易和投资领域的开放程度不及 TPP，但在投资领域比 TPP 有创新。CETA 和 TPP 的开放水平，充分反映出未来自由贸易协定（FTA）谈判可能面临的压力。基于 CETA 的开放水平可以看出，今后我国构建高标准的 FTA 网络，亟须关注以下方面:（1）货物贸易领域进一步开放;（2）广泛采用“负面清单”模式对外开放;（3）规范电商发展，推动金融改革;（4）完善我国 FTA 投资争端解决机制的相关条款。

成果名称 《引入存量调查改进外商直接投资统计的思路》

作　　者 许晓娟　刘立新

奖项名称 商务发展研究成果奖（2019 年）

获奖等级 优秀奖

获奖时间 2020 年

作者简介

许晓娟　1983 年 3 月生，女。2010 年，毕业于中国人民大学统计学院，获经济学博士学位。现为对外经济贸易大学国际商学院副教授，中国对外经济贸易统计学会理事、学术委员会委员，中国国民经济核算研究会理事。研究方向为直接投资与对外贸易等。

刘立新　1966 年 3 月生，男，理学博士。现任对外经济贸易大学统计学院院长，教授，博士生导师。教育部统计学类教学指导委员会委员，中国统计学会常务理事，全国统计教材编审委员会委员。主要研究领域为金融统计、金融工程、金融定价、风险管理等。

成果简介

本成果论述：随着国际贸易投资规则的变化和我国外商直接投资的发展，外商投资企业在国内的经营对外资存量的影响逐步扩大，现有统计体系缺少关于外资存量的统计数据。仅仅观察中国实际利用外资的流量和存量总额，已经不能满足研究外资经济和制定外资政策的要求，需要从基础数据层面完善中国的外商投资统计体系。本成果在借鉴国际上相关的统计标准、结合中国利用外资实践、梳理中国外商投资统计体系的基础上，提出引入存量调查改进中国外商直接投资统计的思路——依托“中国外商投资存量调查”，采用方向原则，提供按境外投资者和实际控制人分别统计的中国双边内向直接投资存量。根据本成果提供的思路和方法获得的中国外商投资存量数据体系，提供了按境外投资者和实际控制人分别统计的外商投资股权和债权存量，是当时观察我国外资存量结构最直接、最权威的数据资料。

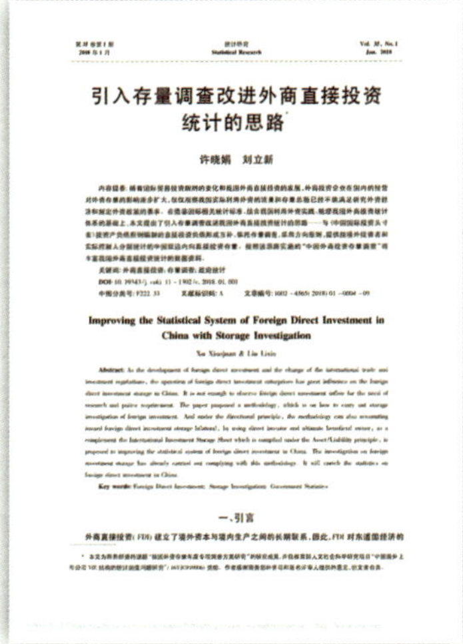
引入存量调查改进外商直接投资统计的思路

许晓娟　刘立新

Improving the Statistical System of Foreign Direct Investment in China with Storage Investigation

一、引言

证　书

许晓娟、刘立新的论文（引入存量调查改进外商直接投资统计的思路）在商务发展研究成果奖（2019年）评选中获论文类优秀奖。

特发此证。

成果名称　《世界经济结构变迁中的外商撤资与风险控制》

作　　者　李玉梅

奖项名称　商务发展研究成果奖（2019 年）

获奖等级　优秀奖

获奖时间　2020 年

成果简介

本成果论述：世界经济结构面临深刻调整，创新和产业转型进入孕育期，新兴市场国家力量步入上升期，发达经济体和新兴市场经济体同为产业转移的主要力量。技术创新是发达国家能够取得比较利益、超额利润的重要手段。金融危机爆发以来，世界主要发达国家都把科技创新作为重塑竞争优势、走出危机的根本手段。技术创新在未来国际产业转移格局中，将发挥更为重要的作用。国际直接投资区位转移成为国际产业转移的实现载体。一方面，发达国家和新兴市场国家可以通过产业转移调整产业结构，实现全球战略目标；另一方面，发展中国家可以通过承接产业转移，促进对外贸易的发展、加快产业结构升级和经济发展。当前，中国吸收外商直接投资的国内外投资环境发生变化，东部沿海地区吸收外资的区位优势正在逐渐变迁；沿海地区外商投资虽未出现大规模集中撤离现象，但劳动密集型制造业外商直接投资外移的趋势凸显。本成果分析外商投资撤资和区位转移的特点和发展趋势，比较分析我国与其他国家吸收外资的区位优势，实证分析我国沿海地区外商投资撤资的影响，构建 FDI 撤离的风险预警机制，提出应对沿海地区外商投资企业撤资和区位转移的对策。

成果名称　《中国减税的经济效应评估——基于所得税分享改革“准自然实验”》

作　　者　李　明　冯　强　等

奖项名称　商务发展研究成果奖（2019 年）

获奖等级　优秀奖

获奖时间　2020 年

成果简介

本成果论述：2008 年全球金融危机后，财税政策经济效应评估再次得到国际社会的高度重视。从事前角度看，人们希望借助历史经验和对政策效果的模拟，为拟出台的新政寻找依据；在事中，希望考察政策执行的阶段性效果，方便及时调整政策方向及幅度。2012 年后，中国经济由高速增长阶段转向高质量发展阶段，如何提振宏观经济成为社会各界广泛讨论的问题，减税是其中争议颇多的一项。基于此，本成果利用规模以上工业企业数据和 2002 年所得税分享改革“准自然实验”，采用理论和断点回归模型两个策略，评估了中国税率波动的经济效应。《所得税收入分享改革方案》导致部分企业因登记注册时间的稍许差异，面临不同的所得税征管体制。当要素可自由流动时，过高的税负会引发企业迁移。回归模型证实了理论猜测，改革前成立旧企业的实际有效所得税率，约比改革后成立新企业低 1.99%。同时，检验显示，旧企业劳均增加值增速约比新企业高 6.43%。简单核算表明，税率每下降 1%，企业劳均增加值增速约提高 3.2%，显示减税的作用值得期待。

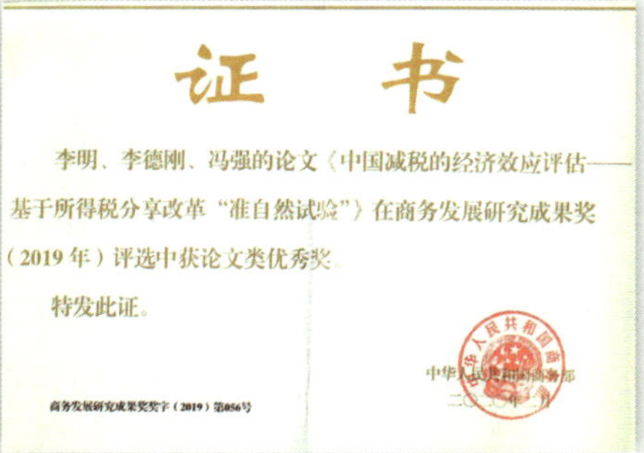

成果名称 《新时期中非发展合作研究报告》

作　　者 武雅斌

奖项名称 商务发展研究成果奖（2019 年）

获奖等级 优秀奖

获奖时间 2020 年

作者简介

武雅斌 1974 年 10 月生，男，中国人民大学法学硕士，英国伦敦大学学院公共政策硕士，中科院管理科学与工程博士，北京大学应用经济学博士后，美国杜克大学亚太研究所访问学者。曾任对外经济贸易大学全球价值链研究院执行院长、国际战略投资研究中心主任。现任联合国工业发展组织投资和技术促进办公室（中国・北京）主任。兼任中国国际贸易学会常务理事，中国信息化百人会成员，中华股权投资协会首席经济学家，美国索菲亚大学客座教授。曾就职于商务部，长期从事宏观经济研究、贸易与产业政策制定和国际贸易谈判工作。曾任浙江省义乌市副市长、多家公司独立董事和顾问。著有《新时期中非发展合作研究报告》《进口贸易与中国实践》等，译有《金刚之美》《巨人的黄昏：大国的衰落与收缩》等。

成果简介

本成果就新时期中非发展合作中的重大理论发展、重要举措和最佳案例进行研究，旨在通过国际普遍接受的学术语言和分析范式，全面、独立呈现中非发展合作在近年来的新理念、新发展和新实践，同时吸收了国内外知名专家学者的大量宝贵意见和建议，得到广泛认同。第一部分研究叙述了中非战略发展历史；第二部分“中非发展合作专题研究”和第三部分“中非发展合作案例研究”，分别对减贫、农业、经贸、基础设施、环境、卫生健康、自贸区、教育等近年来中非发展合作重点领域的政策和实践进行了分析阐释和经验总结，同时对存在的问题与挑战不掩饰、不回避，对步入全新阶段的中非发展合作提供了重要的参考与借鉴。以中非减贫合作为例，成果认为，在“减贫”的概念上，中外理解存在一定程度的偏差：国际社会上，减贫通常是各种发展干预措施的目标；而中国语境中，减贫既是社会发展的目标，又是社会发展的手段。本成果清醒地认识到，政府主导的中国减贫经验对于弱政府的非洲国家适应性不强，中非减贫合作必须进一步结合非洲的发展实际，才能满足非洲综合性减贫战略的需求。在中非农业合作专题中，本成果通过对相关参与部门和研究人员的访谈，认识到中非农业合作发展迅速的同时，也存在项目规模小且分散、缺乏综合战略和规划指导等不足，并从当地参与、需求导向、项目可持续性、语言文化障碍及国际舆论压力等方面找到合作的短板与提升的起点。

证　书

武雅斌主编的《新时期中非发展合作研究报告》在商务发展研究成果奖（2019年）评选中获论著类优秀奖。

特发此证。

成果名称 《拉动经济的第三匹马：经济学视角与统计学视角》

作　　者 贾怀勤　等

奖项名称 商务发展研究成果奖（2019 年）

获奖等级 优秀奖

获奖时间 2020 年

作者简介

贾怀勤　1947 年 2 月生，男，对外经济贸易大学教授。曾任对外经济贸易大学党委副书记、副校长，校友总会会长，中国对外经济贸易统计学会副会长。在应用统计学领域，继承先师李志伟教授开创的学科，带领教学团队全面建设此学科；1993 年，获北京市优秀教学成果一等奖。在商务统计领域，师承先师陈及时教授开创的学科，多年来一直跟踪研究商务统计重大问题。研究报告多次得到中央领导的首肯、批示或被新华社内参转述。获“安子介国际贸易研究奖”优秀论文一等奖（1998）。学术专著有《统计百家丛书 · 贸易测度方法制度研究和专题实证》《国际贸易统计：理论、规范与实务》。在技术经济领域，是生产管理、商务调研方法、数据模型与决策和管理研究方法等课程的创始人，所著《数据、模型与决策》获北京市优秀教材一等奖（2006 年）。近年来，在国内率先开展数字贸易测度研究，是国家数字贸易专家组 11 名专家之一。

成果简介

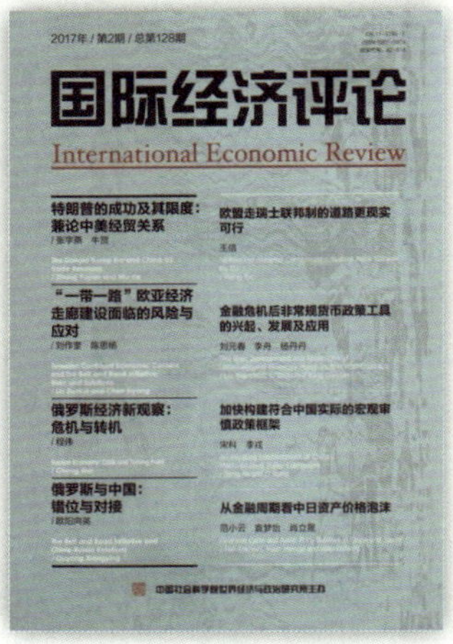

本成果论述：传统上认为拉动 GDP 的三项因素是国内消费、国内投资和净出口。经济统计学者往往从数据可获性出发，直接测度最终消费、资本形成和净出口三项因素对国民生产总值的增长大的贡献和拉动作用。但是净出口有正（贸易顺差）有负（贸易逆差），以净出口计算对 GDP 的拉动贡献，会出现负贡献率和负拉动系数，这就是传统的“三驾马车拉动说”的负效应悖论。曾有学者对此质疑，但是未进行深入探究，更不曾提出替代测度方法。本成果的的贡献在于，将全球价值链概念融入经济统计测度，将 GDP 恒等式重新解释为国内最终消费需求、国内投资需求和国外需求，从而使国外需求不再为负效应，并使用国际投入产出表数据对新释三因素的拉动贡献进行测算；在此基础上，提出经济新常态下，开发国外需求的建议。

证　书

吴珍倩、贾怀勤、杨贵中的论文《拉动经济的第三匹马：经济学视角与统计学视角》在商务发展研究成果奖（2019年）评选中获论文类优秀奖。

特发此证

中华人民共和国商务部

商务发展研究成果奖奖字（2019）第026号

中国社会科学院副院长蔡昉撰文《双循环战略下中国经济如何实现潜在增长率》，在论述国际循环的作用时，引述了本成果的发现。他指出：“对外经贸大学吴珍倩等几位学者研究发现，在 1995—2011 年期间，外需对 GDP 增长的贡献率仍可高达 22%。而按统计数据来算，同期外需的贡献率只有 2.5%。”“这个研究体现的概念是对的，也就是说，外需仍然十分重要。”（见 *NEW FINANCE* 2020 年第 12 期）

成果名称 《分配差距扩大、信用扩张和金融危机——关于美国次贷危机的理论思考》

作　　者 殷剑峰　等

奖项名称 商务发展研究成果奖（2019 年）

获奖等级 优秀奖

获奖时间 2020 年

作者简介

殷剑峰 1969 年 12 月生，男，对外经济贸易大学金融学院教授，博士生导师，享受国务院政府特殊津贴专家。兼任中国现代金融学会常务理事和学术委员会委员、中国金融学会理事、中国国际金融学会理事、中国世界经济学会常务理事、中国首席经济学家论坛理事等。曾获孙冶方经济科学奖（第十二届）和胡绳青年学术奖（第四届）。多次获中国人民银行、商务部、中国社会科学院等部委颁发的科研成果奖。2013 年，入选国家“百千万人才工程”国家级人选，并获“有突出贡献中青年专家”荣誉称号。

成果简介

本成果以美国次贷危机为背景，基于一个在同代人之间存在分配差距的交叠世代模型，分析了分配差距扩大导致的内生信用扩张和利率、房价、杠杆率等的变化。与次贷危机前的典型特征相符，成果发现：在外生信用扩张因素既定的情况下，收入分配差距扩大也会在居民部门内部推动金融资产向收入中高端集中和金融负债向收入中低端集中，从而形成内生性的信用扩张。在这一过程中，储蓄率和利率下降，房价上涨；并且如果只观察居民部门整体的资产负债质量，会大大低估实际存在的金融风险，因为收入中低端的杠杆率尤其是违约概率显著大于整体平均水平。对于我国当前房价的过快上涨和居民部门杠杆率的过快上升，我们应保持高度警惕，需要监控负债在不同收入水平家庭间的分布。

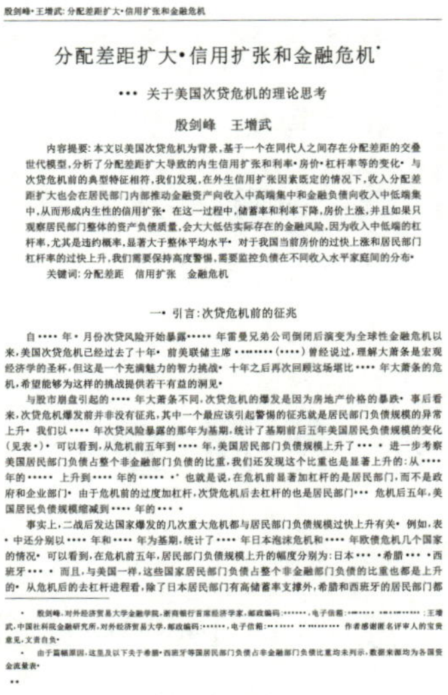
殷剑峰· 王增武: 分配差距扩大· 信用扩张和金融危机

分配差距扩大· 信用扩张和金融危机·

··· 关于美国次贷危机的理论思考

殷剑峰 王增武

内容提要: 本文以美国次贷危机为背景，基于一个在同代人之间存在分配差距的交叠世代模型，分析了分配差距扩大导致的内生信用扩张和利率· 房价· 杠杆率等的变化· 与次贷危机前的典型特征相符，我们发现，在外生信用扩张因素既定的情况下，收入分配差距扩大也会在居民部门内部推动金融资产向收入中高端集中和金融负债向收入中低端集中，从而形成内生性的信用扩张· 在这一过程中，储蓄率和利率下降，房价上涨，并且如果只观察居民部门整体的资产负债质量，会大大低估实际存在的金融风险，因为收入中低端的杠杆率，尤其是违约概率，显著大于整体平均水平· 对于我国当前房价的过快上涨和居民部门杠杆率的过快上升，我们需要保持高度警惕，需要监控负债在不同收入水平家庭间的分布·

关键词: 分配差距 信用扩张 金融危机

一· 引言: 次贷危机前的征兆

自···· 年· 月份次贷风险开始暴露····· 年雷曼兄弟公司倒闭后演变为全球性金融危机以来，美国次贷危机已经过去了十年· 前美联储主席 ········(····) 曾经说过，理解大萧条是宏观经济学的圣杯，但这是一个充满魅力的智力挑战· 十年之后再次回顾这场堪比 ···· 年大萧条的危机，希望能够为这样的挑战提供若干有益的洞见·

与股市崩盘引起的 ···· 年大萧条不同，次贷危机的爆发是因为房地产价格的暴跌· 事后看来，次贷危机爆发前并非没有征兆，其中一个最应该引起警惕的征兆就是居民部门负债规模的异常上升· 我们以 ···· 年次贷风险暴露的那年为基期，统计了基期前后五年美国居民负债规模的变化(见表·)· 可以看到，从危机前五年到 ···· 年，美国居民部门负债规模上升了 ··· · 进一步考察美国居民部门负债占整个非金融部门负债的比重，我们还发现这个比重也是显著上升的: 从 ···· 年的 ····· 上升到 ···· 年的 ····· ·' 也就是说，在危机前显著加杠杆的是居民部门，而不是政府和企业部门· 由于危机前的过度加杠杆，次贷危机后去杠杆的也是居民部门··· 危机后五年，美国居民负债规模缩减到 ···· 年的 ··· ·

事实上，二战后发达国家爆发的几次重大危机都与居民部门负债规模过快上升有关· 例如，表· 中还分别以 ···· 年和 ···· 年为基期，统计了 ···· 年日本泡沫危机和 ···· 年欧债危机几个国家的情况· 可以看到，在危机前五年，居民部门负债规模上升的幅度分别为: 日本 ··· ·希腊 ··· ·西班牙 ··· · 而且，与美国一样，这些国家居民部门负债占整个非金融部门负债的比重也都是上升的· 从危机后的去杠杆进程看，除了日本居民部门有高储蓄率支撑外，希腊和西班牙的居民部门都

· 殷剑峰，对外经济贸易大学金融学院，浙商银行首席经济学家，邮政编码: ······，电子信箱: ······ ···········; 王增武，中国社科院金融研究所，对外经济贸易大学，邮政编码: ······，电子信箱: ······ ·········· 作者感谢匿名评审人的宝贵意见，文责自负·

· 由于篇幅原因，这里及以下关于希腊· 西班牙等国居民部门负债占非金融部门负债比重均未列示，数据来源均为各国资金流量表·

··

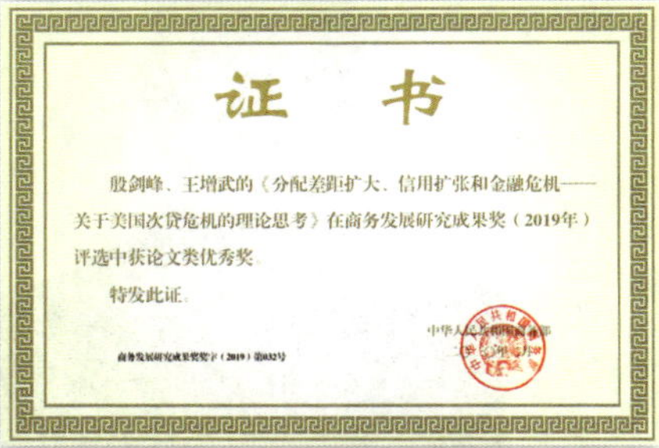
证 书

殷剑峰、王增武的《分配差距扩大、信用扩张和金融危机——关于美国次贷危机的理论思考》在商务发展研究成果奖（2019年）评选中获论文类优秀奖。

特发此证。

商务发展研究成果奖奖字（2019）第032号

成果名称　《全球价值链重塑下的中国企业升级》

作　　者　吕 越

奖项名称　第二十一届“安子介国际贸易研究奖”

获奖等级　优秀著作三等奖

获奖时间　2020 年

成 果 简 介

本成果论述：全球价值链新型分工模式已成为世界经济的一个显著特征并影响现有国际贸易理论研究的发展方向。其中，如何在全球价值链分工体系中重新解读异质性厂商理论——理解企业在全球价值链分工模式中的重塑和调整，成为当前研究的重点。本成果从效率异质性、金融异质性、劳动力市场异质性等视角，采用中国工业企业数据库和海关进出口贸易数据库合并的高度细化微观数据，全面评析全球价值链新型国际分工模式下，企业异质性的表现以及交互影响机制。该研究可能具有以下实践意义：首先，测算中国企业的价值链参与模式不仅是正确理解中国“出口模式”的基础性工作，而且全球价值链嵌入度的研究有利于更深入地理解中国当前“走出去”战略的合理性和必要性。这不仅涉及所谓的“边界”政策，还会对有效的“边界后”政策的调整具有重要的指导意义。其次，由于不同企业在价值链中的参与程度存在差异性，参与程度的不同又会决定企业在全球价值链中实现跃升的能力和阶段的不同。本成果试图从效率、金融、劳动力市场以及其他因素等多个方面，去研究其与企业价值链参与模式之间的交互作用。这将为全面实现本土制造业在全球价值链中的地位跃升和突破“价值链低端锁定”困局提供有益的理论支持。

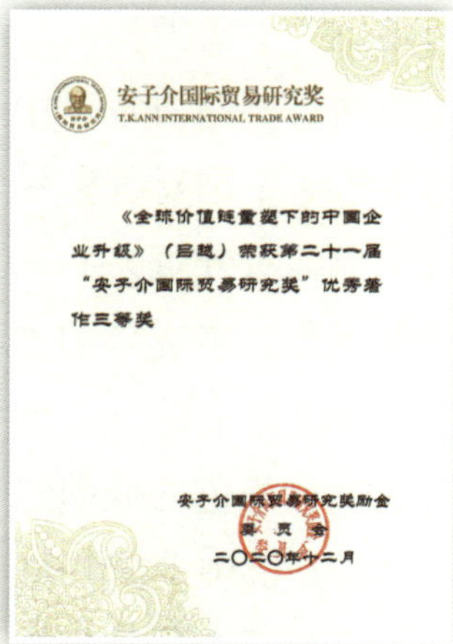

成果名称 《全球价值链重构视角下我国对外贸易发展问题研究》

作　　者 李计广　等

奖项名称 第二十一届“安子介国际贸易研究奖”

获奖等级 优秀著作三等奖

获奖时间 2020 年

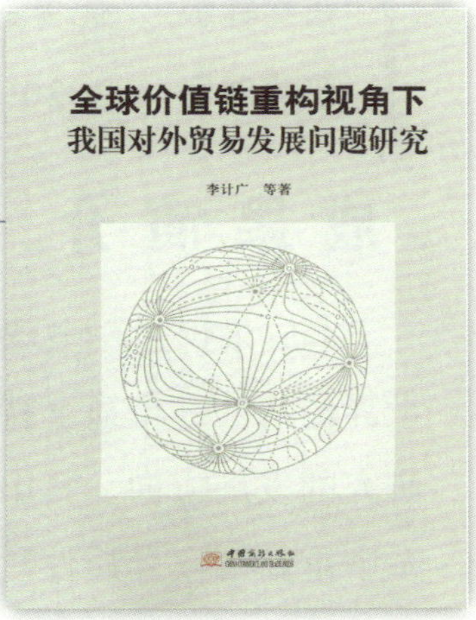

成果简介

本成果论述：全球价值链的变化是国内外学术界研究当前全球贸易发展的关键性因素。20 世纪 90 年代以来，全球价值链分工不断扩张，带来全球贸易的繁荣增长。然而，2008 年全球性经济危机后，全球贸易持续低迷，全球价值链处于重构时期。同样，中国对外贸易也进入增速下滑期甚至出现负增长“超调”，主要原因在于全球贸易面临的结构性因素，即全球价值链重构是中国对外贸易发展轨迹发生重大变化的重要原因。本成果讨论了中国对外贸易发展概况、中国在全球价值链中的分工地位与角色、中美贸易战对全球价值链及其重构的影响、美墨加新贸易协定对中国出口贸易的影响、全球价值链重构对中国对外贸易的影响、中国对外贸易发展潜力、中国对外贸易的动能转换与国际竞争新优势的形成等问题。本成果的主要观点：（1）重点分析中国在全球价值链中的分工地位和角色，认为已逐步摆脱中间品吸收角色的低端定位，中间品提供角色有所强化；（2）分析中美贸易战对全球价值链及其重构的影响，主要表现为贸易转移效应、投资和产业转移效应、脱钩效应并促生新的价值链，改变中国的价值链升级路径；（3）定量分析全球价值链重构对中国对外贸易的影响，认为全球贸易面临的结构性因素是中国对外贸易发展轨迹发生重大变化的重要原因；（4）定量分析中国对外贸易的发展潜力，认为货物贸易和服务贸易的发展潜力还存在一定的挖掘和实现空间；（5）讨论中国对外贸易的动能转换与国际竞争新优势的初步形成。

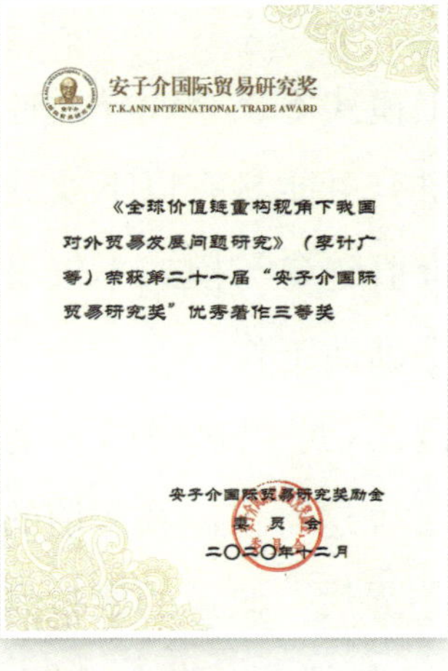

成果名称 *The Driving Forces of the Convergence of WTO Dispute Settlement Mechanism and International Investment Arbitration*

作　　者 李沣桦

奖项名称 第二十一届“安子介国际贸易研究奖”

获奖等级 优秀论文三等奖

获奖时间 2020 年

作 者 简 介

李沣桦 1985 年 4 月生，男，毕业于中国政法大学国际法学院（学士、硕士、博士）和英国格拉斯哥大学法学院（博士）。中国法学会法治基地——对外经济贸易大学“一带一路”法治研究中心秘书长。

首位获国际法协会 ILA Scholarship Award 的中国青年学者，成果发表在 *Cambridge Journal of International Law*、*German Yearbook of International Law*、*Journal of Word Trade*、*Marine Policy* 等期刊。

成果简介

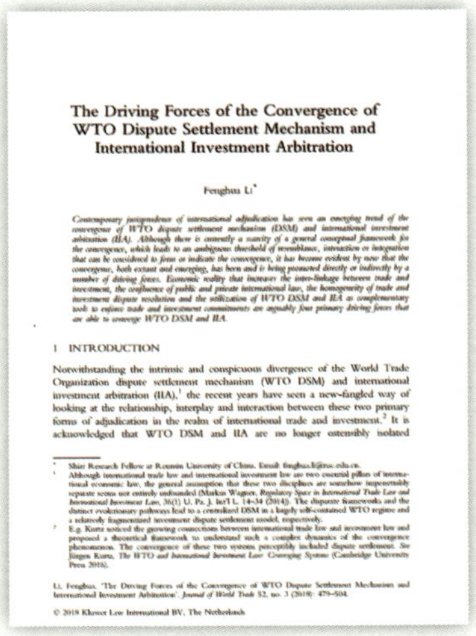

The Driving Forces of the Convergence of WTO Dispute Settlement Mechanism and International Investment Arbitration

Fenghua Li*

Contemporary jurisprudence of international adjudication has seen an emerging trend of the convergence of WTO dispute settlement mechanism (DSM) and international investment arbitration (IIA). Although there is currently a scarcity of a general conceptual framework for the convergence, which leads to an ambiguous threshold of resemblance, interaction or integration that can be considered to form or indicate the convergence, it has become evident by now that the convergence, both extant and emerging, has been and is being promoted directly or indirectly by a number of driving forces. Economic reality that increases the inter-linkage between trade and investment, the confluence of public and private international law, the homogeneity of trade and investment dispute resolution and the utilization of WTO DSM and IIA as complementary tools to enforce trade and investment commitments are arguably four primary driving forces that are able to converge WTO DSM and IIA.

1 INTRODUCTION

Notwithstanding the intrinsic and conspicuous divergence of the World Trade Organization dispute settlement mechanism (WTO DSM) and international investment arbitration (IIA),[1] the recent years have seen a new-fangled way of looking at the relationship, interplay and interaction between these two primary forms of adjudication in the realm of international trade and investment.[2] It is acknowledged that WTO DSM and IIA are no longer ostensibly isolated

* Shiyi Research Fellow at Renmin University of China. Email: fenghua.li@ruc.edu.cn.

1 Although international trade law and international investment law are two essential pillars of international economic law, the general assumption that these two disciplines are somehow impenetrably separate seems not entirely unfounded (Markus Wagner, *Regulatory Space in International Trade Law and International Investment Law*, 36(1) U. Pa. J. Int'l L. 14–34 (2014)). The disparate frameworks and the distinct evolutionary pathways lead to a centralized DSM in a largely self-contained WTO regime and a relatively fragmentized investment dispute settlement model, respectively.

2 E.g. Kurtz noticed the growing connections between international trade law and investment law and proposed a theoretical framework to understand such a complex dynamics of the convergence phenomenon. The convergence of these two systems perceptibly included dispute settlement. *See* Jürgen Kurtz, *The WTO and International Investment Law: Converging Systems* (Cambridge University Press 2016).

Li, Fenghua. 'The Driving Forces of the Convergence of WTO Dispute Settlement Mechanism and International Investment Arbitration'. *Journal of World Trade* 52, no. 3 (2018): 479–504.

© 2018 Kluwer Law International BV, The Netherlands

本成果尝试为全球化与多边主义格局下的国际经济治理中，动态而复杂的贸易和投资争端解决机制的发展提供一个新的理论基础。这一理论是在国际贸易法与国际投资法领域的“互养”与潜在“系统性融合”的趋势下提出，通过经济学、交叉法学等研究视角，探析WTO争端解决机制与国际投资仲裁趋同的四大主要驱动力，即增进国际贸易和国际投资相互连接的经济现实、国际公法与国际私法的融合、国际贸易和国际投资争端解决的同质性以及利用WTO争端解决机制和国际投资协定作为执行投资和贸易承诺的补充工具。本成果发表后，多次被国际同行讨论和引用，在国际学界关于国际贸易与投资争端解决系统性、整体性与协同性问题的讨论中发出了中国声音。在“百年未有之大变局”叠加全球疫情、个别国家单边主义和保护主义愈演愈烈的时代背景下，研究多边贸易格局下争端解决的多元化与趋同问题，有助于推动形成多边贸易和投资规则，彰显中国维护多边贸易体制和推动多边经贸规则改革和现代化的立场。

安子介国际贸易研究奖
T.K.ANN INTERNATIONAL TRADE AWARD

《The Driving Forces of the Convergence of WTO Dispute Settlement Mechanism and International Investment Arbitration》（李沣桦）荣获第二十一届“安子介国际贸易研究奖”优秀论文三等奖

安子介国际贸易研究奖励金委员会
二〇二〇年十二月

成果名称　《技术变化、产业结构演进与全球非平衡增长》

作　　者　陈福中

奖项名称　第二十一届“安子介国际贸易研究奖”

获奖等级　优秀著作三等奖

获奖时间　2020 年

成果简介

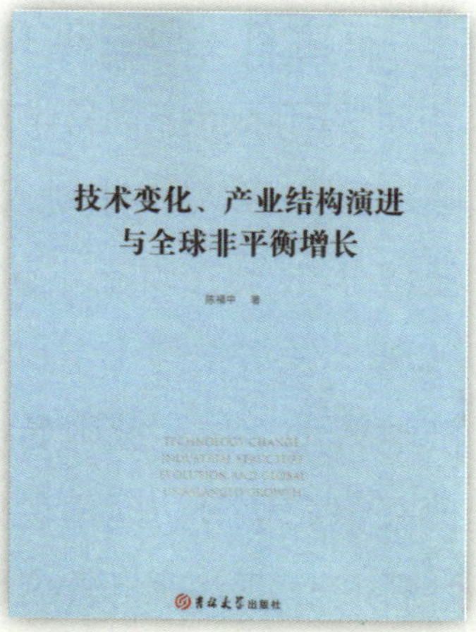

本成果以中国宏观经济管理战略转型为出发点，探讨技术变化对京津冀区域产业结构演进的作用。基本结论:（1）技术变化与产业结构演进具有显著的内生促进作用，并且技术变化对资本密集型部门产业结构演进的效应更强;（2）劳动密集型部门产业结构演进与出口贸易结构变化存在显著内生作用（3）产业结构演进对贸易结构调节的影响，持续时间较长;（4）产业结构演进与贸易结构变化的内生作用，较少受外部因素影响，而进出口贸易结构的内生作用则受其他因素作用较多;（5）以技术创新推进宏观经济管理战略由需求侧向供给侧转型，加快产业结构演进;（6）科技水平的提升将加快技术变化，从而促进服务业生产率增长和产业结构演进;（7）全球非平衡增长会导致贸易摩擦，而贸易摩擦会反作用于产业部门产出，进而引发新一轮的经济非平衡增长，加剧经济失衡;（8）发达国家的贸易摩擦和争端可能会改善局部贸易失衡问题，但却是以牺牲社会福利或其他产业产出为代价的。着眼于技术变化与产业结构演进的内生影响关系，立足于全球非平衡增长的形成机制，本研究结论可进行拓展和延伸:（1）全球平衡增长议题，可能会对国际贸易分工理论基础形成挑战;（2）该议题的提出，可能引发对经济开放战略的重新审视;（3）应审慎采用贸易摩擦措施，避免加剧全球范围内的经济失衡。

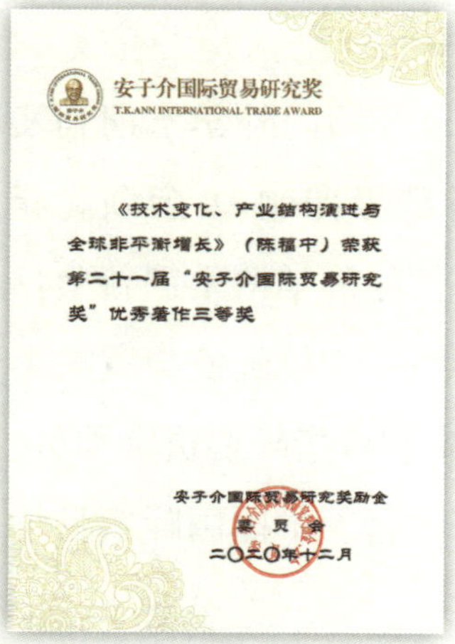
安子介国际贸易研究奖
T.K.ANN INTERNATIONAL TRADE AWARD

《技术变化、产业结构演进与全球非平衡增长》（陈福中）荣获第二十一届“安子介国际贸易研究奖”优秀著作三等奖

安子介国际贸易研究奖励金
董事会
二〇二〇年十二月

成果名称　《中国高铁、贸易成本与企业出口研究》

作　　者　唐宜红　等

奖项名称　第二十一届“安子介国际贸易研究奖”

获奖等级　优秀论文三等奖

获奖时间　2020 年

作 者 简 介

唐宜红　1966 年 12 月生，女，对外经济贸易大学国际经济贸易学院院长，教授，博士生导师。国家级人才计划入选者。获北京师范大学经济学学士、硕士学位，获伦敦政治经济学院（LSE）经济学硕士学位，获对外经济贸易大学经济学博士学位。英国曼彻斯特大学、澳大利亚阿德莱德大学等访问学者。北京市师德标兵，国家社科基金重大项目首席专家。研究领域为国际贸易理论和政策、外资理论和政策等。在《中国社会科学》《经济研究》《管理世界》及 *The World Economy* 等国内外学术期刊发表学术论文 80 余篇，出版著作多部。主持国家级、省部级课题 10 余项。获“安子介国际贸易研究奖”、北京市教育教学成果奖和当代经济学博士创新项目获奖博士论文指导教师等教学和科研奖项。兼任教育部高等学校经济与贸易类专业教学指导委员会委员，全国国际商务专业学位研究生教育指导委员会委员，全国高校国际贸易学科协作组副秘书长，中国世界经济学会、中国国际贸易学会常务理事等职务。

成果简介

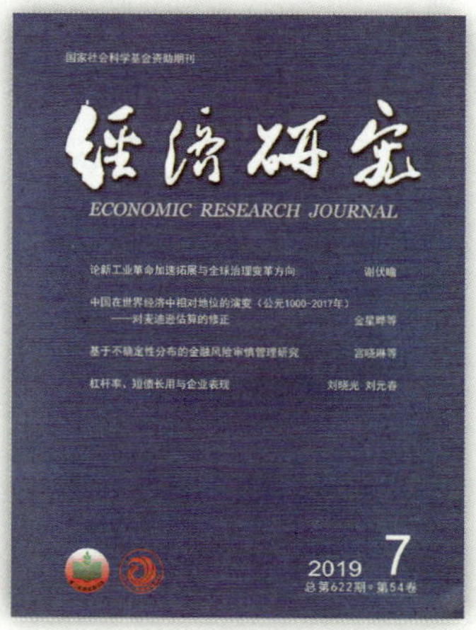

本成果论述：中国高铁对经济社会发展产生日益显著的影响。本成果使用 2000—2011 年中国高铁、海关、工业企业和城市等数据，将开通高铁视作一项准自然实验，基于贸易成本变动视角，考察中国高铁对企业出口的影响及其作用机制，为优化中国高铁修建规划和促进企业出口结构转型升级提供了有益启示。主要观点：（1）本成果是国内最早关注中国高铁对企业出口影响的研究之一。研究发现，高铁开通的城市，企业出口提高了 12.7%。（2）借鉴 Faber（2014）为高速公路构建工具变量的逻辑，基于地理信息数据为高铁构建了工具变量——“最小生成树（Least Cost Path Spanning Tree Networks）”来处理内生性问题，识别高铁对企业出口影响的因果关系。（3）参考 Donaldson & Hornbeck（2016）和 Lin（2017），引入并计算“市场准入”指标作为贸易成本的代理变量，发现开通高铁，通过提高市场准入，降低固定贸易成本，促进企业出口的内在机制。高铁的开通，通过促进人与人之间面对面交流，改变固定贸易成本发挥作用。（4）异质性分析显示，高铁的开通主要促进了企业出口扩展边际的增长，对资本或技术密集型行业、时间敏感性产品、东部地区城市和高铁直达港口的城市出口促进作用更大。高铁对企业出口的有效影响范围，约是高铁站到其所在城市中心 30 千米以内的道路距离。本成果在中国社会科学院“世界经济学 2019 年最佳中文论文 TOP 10”总榜排名第 3 名，在“国际贸易学 2019 年最佳中文论文 TOP 10”总榜排名第 2 名。

成果名称　《改革开放40周年：中国与多边贸易体制的关系变迁》

作　　者　屠新泉　等

奖项名称　第二十一届“安子介国际贸易研究奖”

获奖等级　优秀著作三等奖

获奖时间　2020年

作者简介

屠新泉　1973年生，男，经济学博士，对外经济贸易大学中国世界贸易组织研究院院长，教授，博士生导师。研究专长为WTO、中国对外贸易政策、中美经贸关系等。北京市第十四届人大代表，商务部经贸政策咨询委员会对外贸易专家，新华社特约经济分析师，中国世界贸易组织研究会常务理事，中国法学会WTO法研究会常务理事，中国沈阳自贸区专家咨询委员会委员，内蒙古自治区法律专家库委员，深圳WTO事务咨询中心顾问委员会委员，中国与全球化智库特约高级研究员。WTO秘书处、美国蒙特雷国际研究院、美国印第安纳大学、美国约翰斯·霍普金斯大学国际关系学院、德国国际和安全事务研究院、韩国国际经济政策研究所访问学者。在国内外刊物发表学术论文100余篇，主持国家级、省部级课题20余项，撰写或主编并出版的有影响的专著、编著、译著10余部。多次获中国法学会WTO法研究会优秀论文奖、商务部全国商务发展研究成果奖、“安子介国际贸易研究奖”优秀著作奖。

成果简介

本成果共分导论、上篇和下篇三个部分。导论部分重点阐述了改革开放是决定中国命运的关键抉择，融入多边贸易体制是中国改革开放的重要途径。改革开放 40 年，中国与多边贸易体制经历了接触、融入、适应和影响的过程。

上篇为第一章至第四章，回顾了中国改革开放 40 年进程中中国与多边贸易体制关系变迁的四个阶段：（1）1978 年开始的改革开放，推动着国内经济体制和贸易体制变革，中国开始尝试接触多边贸易体制。（2）1992 年，党的十四大正式宣布建立社会主义市场经济体制后，中国加快了融入多边贸易体制的进程，于 2001 年成为世界贸易组织正式成员。（3）2002 年，中国基本形成中国特色社会主义市场经济体制后，中国通过积极履行加入 WTO 承诺，逐步适应多边贸易体制，建立了统一、开放、竞争、有序的大市场，形成全方位、多层次、宽领域的开放格局。（4）在中国特色社会主义市场体制逐步完善的基础上，中国开始积极影响多边贸易体制，为全面深化改革注入新的动力。

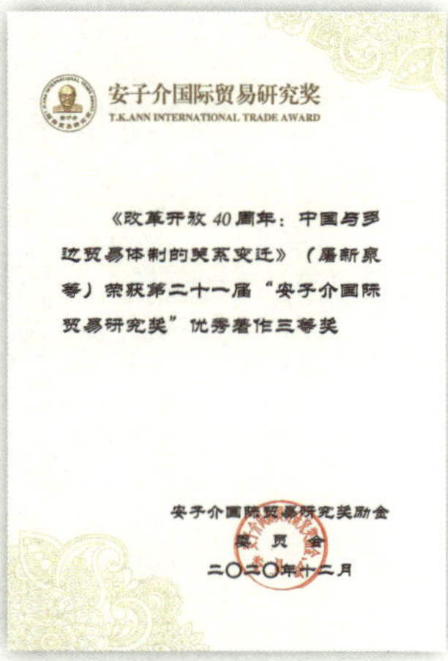

下篇为第六章至第十章，分专题介绍改革开放 40 年间中国与多边贸易体制的关系，具体包括：（1）多边贸易体制与中国市场经济体制建设。（2）多边贸易体制与社会主义法制化建设。（3）多边贸易体制与中国全方位的对外开放。（4）多边贸易体制与中国利用外资。（5）多边贸易体制下，中国自由贸易区发展战略。（6）中国在多边贸易体制中的地位与作用。

附录

对外经济贸易大学优秀学术研究成果集粹（2011—2020年）入选作品清单

序号	获奖时间	作者	成果名称	成果形式	奖项名称
1	2011	杨震宁　等	中国企业研发国际化：动因，结构和趋势	论文	全国商务发展研究成果奖二等奖
2	2011	蓝庆新	国际碳关税发展趋势析论	论文	全国商务发展研究成果奖二等奖
3	2011	马其家	碳关税及我国的应对策略研究	论文	全国商务发展研究成果奖三等奖
4	2011	陈卫东 石静霞	WTO 体制下文化政策措施的困境与出路——基于“中美出版物和视听产品案”的思考	论文	全国商务发展研究成果奖三等奖
5	2011	张汉林　等	WTO 主要成员贸易政策体系与对策研究	著作	全国商务发展研究成果奖三等奖
6	2011	林桂军 冷柏军 周　婷	我国外贸企业出口技能的识别与排序	著作	全国商务发展研究成果奖三等奖
7	2011	王　强　等	航空物流与国际贸易的关系：基于中国的实证研究	论文	全国商务发展研究成果奖优秀奖
8	2011	庄　芮 杨立强　等	中国外资流入与外贸发展关系研究	研究报告	全国商务发展研究成果奖优秀奖
9	2011	李计广	欧盟贸易政策体系与互利共赢的中欧经贸关系	著作	全国商务发展研究成果奖优秀奖

续表

序号	获奖时间	作者	成果名称	成果形式	奖项名称
10	2011	姜荣春　等	后危机时代中国服务外包产业发展的机遇挑战及路径选择	论文	全国商务发展研究成果奖优秀奖
11	2011	吴卫星　等	流动性、生命周期与投资组合相异性——中国投资者行为调查实证分析	论文	第九届全国优秀论文及调研报告评选（论文类）二等奖
12	2012	张新民 钱爱民	企业财务质量与管理质量关系研究	著作	北京市第十二届哲学社会科学优秀成果奖一等奖
13	2012	桑百川 李玉梅 李计广 太　平 张军生 郑建明	统筹国内发展和对外开放：依据、内容与路径	著作	北京市第十二届哲学社会科学优秀成果奖一等奖
14	2012	王国军	中国社会保障制度一体化研究	著作	北京市第十二届哲学社会科学优秀成果奖二等奖
15	2012	卢海君	版权客体论	著作	北京市第十二届哲学社会科学优秀成果奖二等奖 版权客体论（第二版） 2017 年第七届吴玉章人文社会科学奖一等奖
16	2012	李长安	转轨时期农民工就业歧视问题研究	著作	北京市第十二届哲学社会科学优秀成果奖二等奖
17	2012	林汉川 张新民 雷光勇 王铁栋 汪　洋 王分棉	中国企业国际化经营研究报告 2010	著作	北京市第十二届哲学社会科学优秀成果奖二等奖
18	2012	徐朝阳　等	发展战略与经济增长	论文	北京市第十二届哲学社会科学优秀成果奖二等奖

续表

序号	获奖时间	作者	成果名称	成果形式	奖项名称
19	2012	檀有志	美国对华公共外交战略	著作	北京市第十二届哲学社会科学优秀成果奖二等奖
20	2012	石静霞 陈卫东	*The 'Specificity' of Cultural Products versus the 'Generality' of Trade Obligations-Reflecting on 'China-Publications and Audiovisual' Products*	论文	第十七届"安子介国际贸易研究奖"优秀论文二等奖
21	2012	何 茵 等	*Southern Innovation and Reverse Knowledge Spillovers: A Dynamic FDI Model*	论文	第十七届"安子介国际贸易研究奖"优秀论文二等奖
22	2012	白树强	全球竞争政策——WTO 框架下竞争政策议题研究	著作	第十七届"安子介国际贸易研究奖"优秀著作三等奖
23	2012	陈志鸿 葛 赢 等	*Foreign Direct Investment and Wage Inequality: Evidence from China*	论文	第十七届"安子介国际贸易研究奖"优秀论文三等奖
24	2012	石静霞	WTO 服务贸易法专论	著作	第四届钱端升法学研究成果奖三等奖
25	2013	王永贵 等	顾客创新论——全球竞争环境下"价值共创"之道	著作	第六届高等学校科学研究优秀成果奖（人文社会科学）二等奖
26	2013	廉 思 等	关于"高校毕业生低收入聚居群体"（蚁族）的调研报告	咨询报告	第六届高等学校科学研究优秀成果奖（人文社会科学）二等奖
27	2013	王 强 等	*The Impact of Information Technology on the Financial Performance of Third-Party Logistics Firms in China*	论文	第六届高等学校科学研究优秀成果奖（人文社会科学）三等奖

续表

序号	获奖时间	作者	成果名称	成果形式	奖项名称
28	2013	邓慧慧	贸易自由化、要素分布和制造业集聚	论文	第六届高等学校科学研究优秀成果奖（人文社会科学）三等奖
29	2013	石静霞	*Telecommunications Universal Services in China:Making the Grade on A Harmonious Information Society*	论文	第六届高等学校科学研究优秀成果奖（人文社会科学）三等奖
30	2013	孙华好 潘红宇	操纵人民币汇率的可能与现实	论文	第六届高等学校科学研究优秀成果奖（人文社会科学）三等奖
31	2013	赵映雪　等	*Coordination of Supply Chains by Option Contracts: A Cooperative Game Theory Approach*	论文	第六届高等学校科学研究优秀成果奖（人文社会科学）三等奖
32	2013	钱爱民 张新民	新准则下利润结构质量分析体系的重构	论文	第六届高等学校科学研究优秀成果奖（人文社会科学）三等奖
33	2013	倪耀东　等	*Minimizing the Expected Complete Influence Time of a Social Network*	论文	第六届高等学校科学研究优秀成果奖（人文社会科学）三等奖
34	2013	潘亚玲	*Interkulturelle Kompetenz als Prozess*	专著	第六届高等学校科学研究优秀成果奖（人文社会科学）三等奖
35	2013	卢进勇	“走出去”战略与中国跨国公司崛起——迈向经济强国的必由之路	著作	2012/2013 年度全国商务发展研究成果奖二等奖
36	2013	李玉梅	经济全球化视角下的 FDI 与自主创新	著作	2012/2013 年度全国商务发展研究成果奖二等奖
37	2013	周念利	缔结“区域贸易安排”能否有效促进发展中经济体的服务出口	论文	2012/2013 年度全国商务发展研究成果奖二等奖
38	2013	桑百川 张军生 蓝庆新　等	中国出口产业国际竞争力研究报告 2011	报告	2012/2013 年度全国商务发展研究成果奖二等奖

续表

序号	获奖时间	作者	成果名称	成果形式	奖项名称
39	2013	王剑锋　等	中国贸易顺差增长与波动的政治经济学分析——中国式分权体制的视角	论文	2012/2013年度全国商务发展研究成果奖三等奖
40	2013	汤　碧	中国高技术产业价值链地位的测度和影响因素分析	论文	2012/2013年度全国商务发展研究成果奖三等奖
41	2013	李计广	中国开放新阶段的政策选择	论文	2012/2013年度全国商务发展研究成果奖三等奖
42	2013	余　珮　等	新经济地理学框架下跨国公司在中国分层区位选择研究	论文	2012/2013年度全国商务发展研究成果奖三等奖
43	2013	周　末　等	产品异质条件下市场势力估计与垄断损失测度：运用新实证产业组织方法对白酒制造业的研究	论文	2012/2013年度全国商务发展研究成果奖三等奖
44	2013	周　煊	境外国有资产监管问题研究	著作	2012/2013年度全国商务发展研究成果奖三等奖
45	2013	王分棉 林汉川	国际品牌：一个新的概念框架及实证分析	论文	2012/2013年度全国商务发展研究成果奖优秀奖
46	2013	王铁栋 任冠华	从单一的比较优势到系统的竞争优势：我国企业竞争力的演进路径	论文	2012/2013年度全国商务发展研究成果奖优秀奖
47	2013	石静霞	“同类产品”判定中的文化因素考量与中国文化贸易发展	论文	2012/2013年度全国商务发展研究成果奖优秀奖
48	2013	李卫刚　等	论经济全球化与国际劳工标准之互动关系及其对中国的影响	论文	2012/2013年度全国商务发展研究成果奖优秀奖

续表

序号	获奖时间	作者	成果名称	成果形式	奖项名称
49	2013	李紫莹	中国企业在拉美投资的政治风险及其对策	论文	2012/2013 年度全国商务发展研究成果奖优秀奖
50	2013	薛 源	后 TRIPs 时代国际商标立法：从最低保护到规则统一	论文	2012/2013 年度全国商务发展研究成果奖优秀奖
51	2013	魏巍贤 等	技术进步对中国二氧化碳排放的影响——基于省际面板数据的经验研究	论文	第十一届全国统计科研优秀成果奖三等奖
52	2014	孙玉琴 赵崔莉 孙 倩 李玉梅 等	中国对外开放史	专著	北京市第十三届哲学社会科学优秀成果奖一等奖
53	2014	林汉川 蓝庆新 王分棉 等	中国企业转型升级若干问题的调研报告	专著	北京市第十三届哲学社会科学优秀成果奖一等奖 2015 年第七届高等学校科学研究优秀成果奖（人文社会科学）一等奖
54	2014	王永贵 等	*Testing the Moderating Effects of Toolkits and User Communities in Personalization: the Case of Social Networking Service*	论文	北京市第十三届哲学社会科学优秀成果奖二等奖 2015 年第七届高等学校科学研究优秀成果奖（人文社会科学）三等奖
55	2014	邓慧慧	中国制造业集聚与对外贸易：微观经济视角的分析	专著	北京市第十三届哲学社会科学优秀成果奖二等奖 2015 年第七届高等学校科学研究优秀成果奖（人文社会科学）三等奖

续表

序号	获奖时间	作者	成果名称	成果形式	奖项名称
56	2014	杨杭军　等	*Effects of High-speed Rail and Air Transport Competition on Prices, Profits and Welfare*	论文	北京市第十三届哲学社会科学优秀成果奖二等奖
57	2014	张新民	从报表看企业——数字背后的秘密	专著	北京市第十三届哲学社会科学优秀成果奖二等奖
58	2014	陈学权	DNA 证据研究	专著	北京市第十三届哲学社会科学优秀成果奖二等奖
59	2014	钱震杰	中国国民收入的要素分配份额研究	专著	北京市第十三届哲学社会科学优秀成果奖二等奖 2015 年第七届高等学校科学研究优秀成果奖（人文社会科学）二等奖
60	2014	董青岭 戴长征	网络空间威慑：报复是否可行	论文	北京市第十三届哲学社会科学优秀成果奖二等奖
61	2014	洪俊杰　等	*Exploring the Role of Government Involvement in Outward FDI from Emerging Economies*	论文	第十八届“安子介国际贸易研究奖”优秀论文一等奖
62	2014	石静霞	*Free Trade and Cultural Diversity in International Law*	专著	第十八届“安子介国际贸易研究奖”优秀著作二等奖 2015 年第七届高等学校科学研究优秀成果奖（人文社会科学）二等奖
63	2014	田　巍　等	人口结构与国际贸易	论文	第十八届“安子介国际贸易研究奖”优秀论文三等奖

续表

序号	获奖时间	作者	成果名称	成果形式	奖项名称
64	2014	张军生	中国制造业国际竞争力研究——基于机电产业的实证分析	专著	第十八届“安子介国际贸易研究奖”优秀著作三等奖 2014/2015 年度商务发展研究成果奖二等奖
65	2014	裴建锁　等	*Trade, Production Fragmentation, and China's Carbon Dioxide Emissions*	论文	第十八届“安子介国际贸易研究奖”优秀论文三等奖
66	2015	陈香兰	语言与高层转喻研究	著作	第七届高等学校科学研究优秀成果奖（人文社会科学）二等奖
67	2015	孙瑾　等	*The Effect of Attribute Alignability on Service Evaluation: the Moderating Role of Uncertainty*	论文	第七届高等学校科学研究优秀成果奖（人文社会科学）三等奖
68	2015	杨杭军 王强　等	*Market Conduct of the Three Busiest Airline Routes in China*	论文	第七届高等学校科学研究优秀成果奖（人文社会科学）三等奖
69	2015	吴卫星　等	信心比黄金更重要？——关于投资者不确定性感受和资产价格的理论分析	论文	第七届高等学校科学研究优秀成果奖（人文社会科学）三等奖
70	2015	杨震宁 范黎波　等	是“腾笼换鸟”还是“隐性冠军”——加工贸易企业转型升级路径多案例研究	论文	2014/2015 年度商务发展研究成果奖三等奖
71	2015	祝继高 汤谷良　等	上市公司为什么要退市——基于盛大互动和阿里巴巴的案例研究	论文	2014/2015 年度商务发展研究成果奖三等奖
72	2015	徐进亮　等	中国所涉自贸区原产地规则与相关问题研究	著作	2014/2015 年度商务发展研究成果奖三等奖
73	2015	丁志杰　等	美元过度特权经济暗物质与全球治理变革	论文	2014/2015 年度商务发展研究成果奖优秀奖

续表

序号	获奖时间	作者	成果名称	成果形式	奖项名称
74	2015	李 丽	低碳经济条件下我国对外经济贸易发展研究——基于国家竞争优势理论	著作	2014/2015 年度商务发展研究成果奖优秀奖
75	2015	杨立强 王丽丽 桑百川 李玉梅 太 平 庄 芮 李 丽 汤 碧 陈 昊 蓝庆新 蔡彤娟 姜荣春 邓慧慧 郭桂霞 张晓静 等	中国外商投资发展报告（2014）——新一轮改革开放下的外商投资	著作	2014/2015 年度商务发展研究成果奖优秀奖
76	2015	陈福中 等	开放经济条件下外资进入对中国流通企业的影响——基于批发和零售业企业省级面板数据的实证考察	论文	2014/2015 年度商务发展研究成果奖优秀奖
77	2015	周念利	区域服务贸易自由化分析与评估	著作	2014/2015 年度商务发展研究成果奖优秀奖
78	2015	蔡彤娟	欧债危机背景下的欧元区：理论根源宏观政策冲突与货币区前景	著作	2014/2015 年度商务发展研究成果奖优秀奖
79	2016	史 薇 曲一帆 周禹彤 孔 坤	现代职业教育体系建设与提高对外开放水平的关系研究	研究报告	第五届全国教育科学研究优秀成果奖二等奖
80	2016	娄 宇	我国高校“非升即走”制度的合法性反思	论文	第五届全国教育科学研究优秀成果奖二等奖

续表

序号	获奖时间	作者	成果名称	成果形式	奖项名称
81	2016	王 直 祝坤福　等	总贸易核算法：官方贸易统计与全球价值链的度量	论文	第十九届“安子介国际贸易研究奖”优秀论文一等奖 2020 年第八届高等学校科学研究优秀成果奖（人文社会科学）二等奖
82	2016	桑百川　等	国际直接投资规则变迁与对策	著作	第十九届“安子介国际贸易研究奖”优秀著作二等奖
83	2016	冯 辉	国际税收监管协作的新发展：以美国《海外账户税收合规法》的推行为中心	论文	第十九届“安子介国际贸易研究奖”优秀论文三等奖
84	2016	李玉梅 刘雪娇 杨立卓	外商投资企业撤资：动因与影响机理——基于东部沿海 10 个城市问卷调查的实证分析	论文	第十九届“安子介国际贸易研究奖”优秀论文三等奖
85	2016	葛 赢　等	*Multinational Price Premium*	论文	第十九届“安子介国际贸易研究奖”优秀论文三等奖
86	2017	邵 婧 杨 柳	企业转型升级中供应链优化的若干理论与方法研究	著作	北京市第十四届哲学社会科学优秀成果奖一等奖 2020 年第八届高等学校科学研究优秀成果奖（人文社会科学）二等奖
87	2017	檀有志	网络空间全球治理：国际情势与中国路径	论文	北京市第十四届哲学社会科学优秀成果奖一等奖
88	2017	王永贵　等	服务外包中创新能力的测量提升与绩效影响研究——基于发包与承包双方知识转移视角的分析	论文	北京市第十四届哲学社会科学优秀成果奖二等奖

续表

序号	获奖时间	作者	成果名称	成果形式	奖项名称
89	2017	杨杭军 王 强 等	*Market Power and its Determinants in the Chinese Airline Industry*	论文	北京市第十四届哲学社会科学优秀成果奖二等奖
90	2017	陈德球	政府质量公司治理与企业资本配置效率	著作	北京市第十四届哲学社会科学优秀成果奖二等奖
91	2017	周念利	中国服务业改革对制造业微观生产效率的影响测度及异质性考察——基于服务中间投入的视角	论文	北京市第十四届哲学社会科学优秀成果奖二等奖
92	2017	赖早兴	刑罚力度问题研究——中国刑罚力度趋轻化之探讨	著作	北京市第十四届哲学社会科学优秀成果奖二等奖
93	2017	杨言洪	一带一路黄皮书 2014	著作	宁夏第十三届社会科学优秀成果奖（2013—2014 年） 二等奖
94	2017	孙 瑾	*How Risky Are Services? An Empirical Investigation on the Antecedents and Consequences of Perceived*	论文	2016 年国家旅游局优秀研究成果奖 优秀奖
95	2018	姜荣春	新时期构建开放型经济新体制的理论宗旨逻辑主线与主要内容	论文	商务发展研究成果奖（2017 年）一等奖
96	2018	桑百川	新一轮对外开放：目标布局与政策选择	著作	商务发展研究成果奖（2017 年）一等奖
97	2018	丁志杰 等	论资本项目有管理可兑换	论文	商务发展研究成果奖（2017 年）三等奖
98	2018	吕 越 刘 斌 等	异质性企业与全球价值链嵌入：基于效率和融资的视角	论文	商务发展研究成果奖（2017 年）三等奖

续表

序号	获奖时间	作者	成果名称	成果形式	奖项名称
99	2018	刘 斌 吕 越 祝坤福 等	制造业服务化与价值链升级	论文	商务发展研究成果奖（2017 年）三等奖
100	2018	庄 芮 蔡彤娟 张晓静 郭桂霞 等	我国服务贸易出口促进政策效果调研报告	政策调研	商务发展研究成果奖（2017 年）优秀奖
101	2018	李 明 赵旭杰 冯 强	经济波动中的中国地方政府与企业税负：以企业所得税为例	论文	商务发展研究成果奖（2017 年）优秀奖
102	2018	陈 进 等	电子商务经济发展战略	著作	商务发展研究成果奖（2017 年）优秀奖
103	2018	周 末 谢海滨 等	成品油价格管制能限制石油企业的垄断利润吗？	论文	商务发展研究成果奖（2017 年）优秀奖
104	2018	白树强 等	互联网跨境数字化与关税征收	著作	第二十届“安子介国际贸易研究奖”优秀著作三等奖
105	2018	吕 越 等	全球价值链嵌入的生产率效应：影响与机制分析	论文	第二十届“安子介国际贸易研究奖”优秀论文三等奖
106	2018	刘 斌 等	制造业投入服务化与企业出口的二元边际——基于中国微观企业数据的经验研究	论文	第二十届“安子介国际贸易研究奖”优秀论文三等奖

续表

序号	获奖时间	作者	成果名称	成果形式	奖项名称
107	2018	林汉川 李玉梅 蓝庆新 王分棉　等	提升中国产品海外形象研究	著作	第二十届“安子介国际贸易研究奖”优秀著作三等奖 2019年北京市第十五届哲学社会科学优秀成果奖一等奖 2020年第八届高等学校科学研究优秀成果奖（人文社会科学）一等奖
108	2018	荆 然　等	*Import Sourcing of Chinese Cities: Order Versus Randomness*	论文	第二十届“安子介国际贸易研究奖”优秀论文三等奖
109	2018	姜荣春 王 波　等	深入学习习近平新时代对外开放重要思想推动形成全面开放新格局	论文	第二十届“安子介国际贸易研究奖”优秀论文三等奖
110	2018	薛 源	投资者与东道国争端仲裁与我国法律机制的衔接	论文	第二十届“安子介国际贸易研究奖”优秀论文三等奖
111	2018	苏丽锋	少数民族人口流动特征与就业质量研究	论文	第四届全国民族研究优秀成果奖二等奖
112	2019	卢进勇 杨国亮 杨立强	中外跨国公司发展史（上下卷）	著作	北京市第十五届哲学社会科学优秀成果奖一等奖 2020年第八届高等学校科学研究优秀成果奖（人文社会科学）三等奖
113	2019	廉 思　等	当代中国新的社会阶层研究报告	调研报告	北京市第十五届哲学社会科学优秀成果奖一等奖 2020年第八届高等学校科学研究优秀成果奖（人文社会科学）二等奖
114	2019	王立非 崔启亮　等	中国企业“走出去”语言服务蓝皮书（2016）	调研报告	北京市第十五届哲学社会科学优秀成果奖二等奖
115	2019	邓慧慧　等	北京非首都功能疏解与减量发展研究	调研报告	北京市第十五届哲学社会科学优秀成果奖二等奖

续表

序号	获奖时间	作者	成果名称	成果形式	奖项名称
116	2019	石静霞	国际贸易投资规则的再构建及中国的因应	论文	北京市第十五届哲学社会科学优秀成果奖二等奖 2020 年第八届高等学校科学研究优秀成果奖（人文社会科学）二等奖
117	2019	杨杭军 王 强 等	*Impact of High-speed Rail on China's Big Three Airlines*	论文	北京市第十五届哲学社会科学优秀成果奖二等奖 2020 年第八届高等学校科学研究优秀成果奖（人文社会科学）二等奖
118	2019	邹兰芳	阿拉伯传记文学研究	著作	北京市第十五届哲学社会科学优秀成果奖二等奖
119	2019	陈德球 等	政策不确定性税收征管强度与企业税收规避	论文	北京市第十五届哲学社会科学优秀成果奖二等奖
120	2019	郝旭光	证券监管效果论	著作	北京市第十五届哲学社会科学优秀成果奖二等奖
121	2019	黄 薇	医保政策精准扶贫效果研究——基于 URBMI 试点评估入户调查数据	论文	北京市第十五届哲学社会科学优秀成果奖二等奖 2020 年第八届高等学校科学研究优秀成果奖（人文社会科学）二等奖
122	2019	童 晋	西方国家工人阶级意识问题研究	著作	北京市第十五届哲学社会科学优秀成果奖二等奖 2020 年第八届高等学校科学研究优秀成果奖（人文社会科学）二等奖
123	2019	戴长征 等	数字政府治理——基于社会形态演变进程的考察	论文	北京市第十五届哲学社会科学优秀成果奖二等奖
124	2020	王永贵 等	*Project Customization and the Supplier Revenue-Cost Dilemmas: the Critical Roles of Supplier-Customer Coordination*	论文	第八届高等学校科学研究优秀成果奖（人文社会科学）一等奖

续表

序号	获奖时间	作者	成果名称	成果形式	奖项名称
125	2020	吴卫星 陶利斌　等	家庭财富不平等会自我放大吗？——基于家庭财务杠杆的分析	论文	第八届高等学校科学研究优秀成果奖（人文社会科学）一等奖
126	2020	林桂军 王　飞 裴建锁	*Global Value Chain Perspective of US-China Trade and Employment*	论文	第八届高等学校科学研究优秀成果奖（人文社会科学）二等奖
127	2020	赵映雪　等	*Contract Analysis and Design for Supply Chains with Stochastic Demand*	著作	第八届高等学校科学研究优秀成果奖（人文社会科学）二等奖
128	2020	梅夏英	数据的民法属性及其民法定位	论文	第八届高等学校科学研究优秀成果奖（人文社会科学）二等奖
129	2020	董秀成 蒋庆哲 董　聪 孔朝阳　等	扩大我国油气战略储备研究	咨询服务报告	第八届高等学校科学研究优秀成果奖（人文社会科学）二等奖
130	2020	徐　珺	汉文化经典外译：理论与实践	著作	第八届高等学校科学研究优秀成果奖（人文社会科学）三等奖
131	2020	周　钦　等	均等下的不公——城镇居民基本医疗保险受益公平性的理论与实证研究	论文	第八届高等学校科学研究优秀成果奖（人文社会科学）青年成果奖
132	2020	程絮森　等	*Trust Development in Globally Distributed Collaboration: a Case of U.S. and Chinese Mixed Teams*	论文	第八届高等学校科学研究优秀成果奖（人文社会科学）青年成果奖
133	2020	孙玉琴 孙　倩　等	中国对外贸易通史	著作	商务发展研究成果奖（2019 年）一等奖
134	2020	吕　越　等	嵌入全球价值链会导致中国制造的“低端锁定”吗？	论文	商务发展研究成果奖（2019 年）二等奖

续表

序号	获奖时间	作者	成果名称	成果形式	奖项名称
135	2020	吴卫星　等	从繁荣走向辉煌：经济大国宏观调控的智慧	著作	商务发展研究成果奖（2019 年）三等奖
136	2020	赵旭杰　等	产业结构变动与经济周期波动——基于劳动力市场视角的分析与检验	论文	商务发展研究成果奖（2019 年）三等奖
137	2020	对外经济贸易大学国际经济研究院课题组（桑百川　等）	对外开放四十年：回顾与展望	著作	商务发展研究成果奖（2019 年）三等奖
138	2020	王　珏 祝继高	劳动保护能促进企业高学历员工的创新吗？——基于 A 股上市公司的实证研究	论文	商务发展研究成果奖（2019 年）优秀奖
139	2020	庄　芮　等	CETA 视角下国际高标准自贸协定开放水平研究	论文	商务发展研究成果奖（2019 年）优秀奖
140	2020	许晓娟 刘立新	引入存量调查改进外商直接投资统计的思路	论文	商务发展研究成果奖（2019 年）优秀奖
141	2020	李玉梅	世界经济结构变迁中的外商撤资与风险控制	著作	商务发展研究成果奖（2019 年）优秀奖
142	2020	李　明 冯　强　等	中国减税的经济效应评估——基于所得税分享改革“准自然实验”	论文	商务发展研究成果奖（2019 年）优秀奖
143	2020	武雅斌	新时期中非发展合作研究报告	著作	商务发展研究成果奖（2019 年）优秀奖
144	2020	贾怀勤　等	拉动经济的第三匹马：经济学视角与统计学视角	论文	商务发展研究成果奖（2019 年）优秀奖

续表

序号	获奖时间	作者	成果名称	成果形式	奖项名称
145	2020	殷剑峰　等	分配差距扩大信用扩张和金融危机——关于美国次贷危机的理论思考	论文	商务发展研究成果奖（2019 年）优秀奖
146	2020	吕　越	全球价值链重塑下的中国企业升级	著作	第二十一届“安子介国际贸易研究奖”优秀著作三等奖
147	2020	李计广　等	全球价值链重构视角下我国对外贸易发展问题研究	著作	第二十一届“安子介国际贸易研究奖”优秀著作三等奖
148	2020	李沣桦	*The Driving Forces of the Convergence of WTO Dispute Settlement Mechanism and International Investment Arbitration*	论文	第二十一届“安子介国际贸易研究奖”优秀论文三等奖
149	2020	陈福中	技术变化产业结构演进与全球非平衡增长	著作	第二十一届“安子介国际贸易研究奖”优秀著作三等奖
150	2020	唐宜红　等	中国高铁贸易成本与企业出口研究	论文	第二十一届“安子介国际贸易研究奖”优秀论文三等奖
151	2020	屠新泉　等	改革开放 40 周年：中国与多边贸易体制的关系变迁	著作	第二十一届“安子介国际贸易研究奖”优秀著作三等奖